Seiner ZEIT voraus!

Prinz Max von Sachsen –
Priester und Visionär

Inhalt

Prinz Max am Priesterseminar in Köln, Foto, 1912.

Seiner ZEIT voraus!

Prinz Max von Sachsen –
Priester und Visionär

Herausgegeben von Iris Kretschmann und André Thieme

Staatliche Schlösser, Burgen und Gärten Sachsen gemeinnützige GmbH
Schloss & Park Pillnitz

Sandstein Verlag

IHS
Ω

Vorwort

Erst Kronprinzessin Luise, dann König Friedrich August der III. und nun also Prinz Max!

Wir können hier mittlerweile von einer Tradition sprechen, wenn wir uns im dritten Jahr in Folge einem Mitglied der wettinischen Königsfamilie widmen. Die Pillnitzer Ausstellung über die Flucht der Kronprinzessin Luise vom Dresdner Hof hat uns gezeigt, wie sehr diese illustre Persönlichkeit bis heute im Gedächtnis der Dresdner und der Sachsen verankert ist. Unsere Ausstellung im vergangenen Jahr über den letzten sächsischen König war ein Riesenerfolg. Seine Volkstümlichkeit hatte ihm auch lange nach seiner Abdankung 1918 einen festen Platz in der sächsischen Erinnerungskultur gesichert.

Und nun also Max! Es ist ein Wagnis, sich einer relativ unbekannten Gestalt aus dem Hause Wettin zu nähern. Werden die Besucher auch in diesem Jahr reichlich kommen? Warum sollen wir uns heute überhaupt mit einer Persönlichkeit auseinandersetzen, die einerseits tatsächlich ihrer Zeit voraus gewesen ist, andererseits aber auf höchst charmante Weise hinter ihrer Zeit zurückgeblieben war? Denn eines wird man mit Gewissheit sagen: Prinz Max frönte sicherlich nicht dem Zeitgeist, machte nicht jede Mode mit, ja, er widersetzte sich der allgemein vorherrschenden Meinung in vielen Punkten. Auch wenn es in früheren Jahren durchaus üblich, vielleicht auch sogar die Regel war, dass wenigstens einer aus der Riege einer hochadligen Familie den Priesterstand wählte, so war dies keineswegs eine ausgemachte Sache oder gar ein ungeschriebenes Gesetz. Bei Max wird es, so wie wir ihn kennengelernt haben, weit mehr gewesen sein, als der unausgesprochene Zwang, sich einem Studium der Theologie zu widmen. Es war eine tiefe innere Berufung. In einer weitgehend agnostischen Gesellschaft können wir uns vielleicht nur schwer vorstellen, was im Kopf von Prinz Max vorgegangen sein mag. Er war auch vor seiner Priesterweihe nicht für einen ausschweifenden Lebenswandel bekannt, sondern eher ein im Geistigen seine Befriedigung sehender Zeitgenosse. Bemerkenswert ist die Vielzahl an alten Sprachen, die er alle mit großem Enthusiasmus gelernt hatte. Aber nicht nur das war es, was ihn von seinen Zeitgenossen abhob. Sein bedingungsloser Pazifismus wollte so gar nicht in die Lebenswelt des Hochadels Europas passen.

In der Ausstellung wird Ihnen eine hoch spannende Lebensgeschichte begegnen. Möglicherweise ist Prinz Max so anregend, weil er gerade wegen seiner heute antiquiert erscheinenden Lebensweise in Wirklichkeit seiner Zeit voraus gewesen ist.

Nicht zustande gekommen wäre die Ausstellung, wenn wir nicht allerbeste Kontakte zur Katholischen Universität in Eichstätt-Ingolstadt und zur Theologischen Fakultät Fulda geknüpft hätten. Den dortigen Mitstreitern sei hier ausdrücklich gedankt! Auch allen, die sich finanziell für die Ausstellung eingesetzt haben, sagen wir ganz herzlich Danke.

Dr. Christian Striefler
Geschäftsführer
Staatliche Schlösser, Burgen und Gärten
Sachsen gemeinnützige GmbH

Schloss Pillnitz, Katholische Schlosskapelle, Foto, 2019.

Grußwort

Die Ausstellung über Prinz Max von Sachsen ist das Ergebnis einer intensiven und produktiven Zusammenarbeit der Katholischen Universität Eichstätt-Ingolstadt und der Theologischen Fakultät Fulda mit der Staatlichen Schlösser, Burgen und Gärten Sachsen gGmbH.

Studierende aus geistes- und sozialwissenschaftlichen Studiengängen (Eichstätt) und der katholischen Theologie (Fulda) haben im Sommersemester 2018 und Wintersemester 2018/19 in einem gemeinsamen Projektseminar, bei einer Exkursion nach Sachsen, in einem Workshop mit den Ausstellungsprofis der Staatlichen Schlösser, Burgen und Gärten Sachsen gGmbH und in Praktika nicht nur die beeindruckende Persönlichkeit des Prinzen Max kennengelernt und zeitgeschichtliche und theologische Verortungen, Hintergründe und Deutungen erarbeitet. Fachvorträge und Gespräche mit den Ausstellungsmachern und den Gestalterinnen sowie exzellente Beispiele aus der Museums- und Ausstellungspraxis der Staatlichen Schlösser, Burgen und Gärten Sachsen gGmbH in Dresden, Meißen und Weesenstein und des Diözesanarchivs des Bistums Dresden-Meißen in Bautzen vermittelten anwendungsorientierte Zugänge zu einer innovativen Museumsdidaktik und Museumspädagogik und damit zentrale Kompetenzen einer zeitgemäßen Geschichtskultur. Aufbauend auf diesen Grundlagen konnten die Studierenden nicht nur aktiv an der Erarbeitung und Umsetzung des Ausstellungskonzepts mitwirken, sondern auch als Autoren an diesem Begleitbuch. Für diese Möglichkeiten und wertvollen Erfahrungen sind wir sehr dankbar.

Die Zusammenarbeit unserer Hochschulen und von uns Hochschullehrern ist nicht nur Ergebnis eines gemeinsamen Interesses am Thema. Es war der ausdrückliche Wunsch von Prinz Max, sein silbernes Priesterjubiläum 1921 am Grab des Heiligen Bonifatius im Fuldaer Dom zu feiern. Fulda war für ihn wie Eichstätt ein wichtiger lebensgeschichtlicher Ort.

Ein größerer Teil der Exponate stammt aus dem Universitätsarchiv der Katholischen Universität Eichstätt-Ingolstadt, das seit 2006 jene Gegenstände des Nachlasses des Prinzen Max von Sachsen bewahrt, die er in seinem Testament dem Konvent der Kanisiusschwestern in Fribourg (Schweiz) zueignete. Die Übergabe aus der Stadt, in der er die längste Zeit seines Lebens verbrachte, an den institutionellen Nachfolger des Bischöflichen Lyzeums Eichstätt – dort studierte er in den 1890er Jahren katholische Theologie – war mit der Auflage verbunden, die Erinnerung an ihn wach zu halten. Wir haben dem bisher mit einer kleinen biografischen Ausstellung im Jahr 2006, der Ausstellung »Prinz Max von Sachsen (1870–1951): Königssohn, Priester und Pazifist im Ersten Weltkrieg« zum 100. Jahrestag des Kriegsausbruchs 2014 (beide in Eichstätt) und einer Beteiligung mit Exponaten an der Ausstellung über seinen Bruder »Ein Prinz im Orient. Johann Georg von Sachsen als Reisender, Sammler und Schlossbesitzer« 2017 im Schloss Weesenstein entsprochen. Umso mehr freuen wir uns darüber, dass Prinz Max von Sachsen mit der Sonderausstellung 2019 im Schloss Pillnitz in seiner Heimat wieder bekannt wird.

Darüber hinaus haben wir eine Vielzahl wissenschaftlicher Publikationen über Prinz Max, seine Zeit, die für ihn zentralen Lebensthemen und die Erinnerungskultur an ihn ausgewertet. Bis heute sind die Arbeiten von Dr. Iso Baumer aus Fribourg die wichtigsten biografischen Quellen. Ihm gebührt das große Verdienst, mit seinen Forschungen und Publikationen in den 1980er Jahren die Erinnerung in der Schweiz und darüber hinaus neu erweckt zu haben. Niemand, der sich mit Prinz Max von Sachsen beschäftigt, kommt an seinem Werk vorbei.

Katholische Universität Eichstätt-Ingolstadt, Foto, o. J.

Wir bedanken uns sehr herzlich bei allen, die dieses gemeinsame Projekt unterstützten, bei unseren Hochschulleitungen, besonders bei der Präsidentin der Katholischen Universität Eichstätt-Ingolstadt Frau Professorin Gabriele Gien und dem Kanzler Herrn Thomas Kleinert sowie dem Rektor der Theologischen Fakultät Fulda Herrn Professor Christoph G. Müller, bei den Mitarbeitern und studentischen Hilfskräften des Eichstätter Universitätsarchivs, besonders bei Frau Barbara Böhm. Von Seiten des Bistums Dresden-Meißen gilt unser Dank Herrn Bischof Heinrich Timmerevers, Herrn Generalvikar Andreas Kutschke, Herrn Ordinariatsrat i. R. Christoph Pötzsch, Frau Archivdirektorin Dr. Birgit Mitzscherlich und Herrn Akademiedirektor Dr. Thomas Arnold. Mit dem Institut für Katholische Theologie der Technischen Universität Dresden konnten wir einen weiteren wichtigen Partner gewinnen, der für die Besucher der Ausstellung die für Prinz Max zentralen Lebensthemen Vegetarismus, Tierschutz und Lebensreform erschließt. Wir bedanken uns besonders bei Frau Professorin Maria Häusl und Frau Dr. Cornelia Aßmann.

Ein herzlicher Dank geht an den Geschäftsführer der Staatlichen Schlösser, Burgen und Gärten Sachsen gGmbH, Herrn Dr. Christian Striefler, und an die Schlossleiterin von Schloss Pillnitz, Frau Sybille Gräfe, für Vertrauen und Unterstützung. Besonders herzlich danken wir unseren engeren Kooperationspartnern, dem Bereichsleiter Museen der Staatlichen Schlösser, Burgen und Gärten Sachsen gGmbH Herrn Dr. André Thieme, Frau Dr. Birgit Finger vom Schloss Weesenstein, unseren Kuratoren Herrn Mike Huth und Frau Iris Kretschmann sowie den Gestalterinnen Frau Antje Werner und Frau Anja Maria Eisen. Unsere immer anregende, ausgezeichnete Zusammenarbeit ist ein gutes Beispiel für erfolgreiche Teamwork von Hochschulen und Gesellschaft.

Wir hoffen, dass die Ausstellung viele interessierte und wissbegierige Besucherinnen und Besucher anzieht und wünschen viel Erfolg!

Eichstätt und Fulda, 23. Januar 2019

Prof. Dr. Frank E. W. Zschaler
Prof. Dr. Bernd Dennemarck

Oben: Bibliothek der Theologischen Fakultät Fulda, Foto, o. J.

Rechts: Maria mit Jesuskind, Stickerei auf einer Casel (Messgewand) des Prinzen Max aus seinem Nachlass, Foto, 2019.

Dank an die Leihgeber

Was wäre eine Ausstellung ohne Objekte, Dokumente oder wie bei dieser Ausstellung zu Leben und Wirken von Prinz Max von Sachsen ohne zahlreiche Archivalien, Bücher, Fotos und zum Teil sehr private Gegenstände? Und stellen Sie sich vor, was wäre, wenn diejenigen, die den Nachlass verwalten oder im Besitz von interessanten Dingen sind, nicht so außerordentlich großzügig bereit wären, uns diese für eine Ausstellung zu überlassen?

Es ist ein großes Glück und hier nicht genug zu würdigen, dass uns alle Partner, Leihgeber und Beteiligte so überaus freigiebig bei der Vorbereitung und Umsetzung dieses besonderen Ausstellungsprojektes unterstützt haben. Wir haben solch wunderbare Mitstreiter gefunden! Mein allerherzlichster Dank für die umfangreiche, über das übliche Maß hinausgehende Unterstützung und die anregende, produktive Zusammenarbeit gilt Herrn Prof. Dr. Frank E. W. Zschaler von der Katholischen Universität Eichstätt-Ingolstadt und Herrn Prof. Dr. Bernd Dennemarck von der Theologischen Fakultät Fulda, ohne die die Ausstellung nie zustande gekommen wäre.

Ganz besonderer Dank gilt dem Hauptleihgeber, der Katholischen Universität Eichstätt-Ingolstadt, in deren Universitätsarchiv der Nachlass des Prinzen Max verwahrt wird. Von dort stammt ein umfangreiches Konvolut, das den Kern der Ausstellung bildet, wie zum Beispiel Briefe, Postkarten, Fotos, Bücher, Zeitschriften, Gegenstände des alltäglichen Lebens, Kleidung, liturgische Gewänder, liturgisches Gerät und der Feldaltar des Prinzen Max. Mit dem Sächsischen Staatsarchiv, Hauptstaatsarchiv Dresden pflegen wir seit Jahren eine enge Verbindung, und auch dieses Mal standen uns die Kollegen in bewährter Weise mit der Ausleihe verschiedener Archivalien und eines Buches zur Seite.

Weitere wichtige Leihgeber, denen wir zu tiefem Dank verpflichtet sind:

- Das Diözesanarchiv des Bistums Eichstätt, von dem wir den Programmablauf der Weihe von Prinz Max zum Priester und mehrere Briefe erhielten.
- Das Archiv der Erzabtei Beuron, das uns den Brief von Prinz Max zur Verfügung stellte, in dem er seinen Entschluss mitteilt, Priester zu werden.
- Die Deutsche Nationalbibliothek Leipzig mit Prinz Max' Buch »Gib, Herr, Frieden in unseren Tagen«.
- Das Bischöfliche Seminar Eichstätt mit einem Pop-Art-Gemälde von Prinz Max.
- Das Domkapitel des Bistums Eichstätt mit der Kirche in Wintershof, die sich für die Dauer der Ausstellung von der wertvollen Monstranz getrennt haben, die Prinz Max der Kirche gestiftet hatte und mit Edelsteinen aus seinem Erbe schmücken ließ.
- Die Handschriftenabteilungen der Schweizer Kantons- und Universitätsbibliothek Freiburg, die Fotos und Archivalien ausgeliehen haben.

- Die Katholische Pfarrei St. Martin, Gemeinde St. Hubertus, Dresden-Weißer Hirsch und Pillnitz, mit liturgischem Gerät und Kleidungsstücken, die heute noch verwendet werden.

All diese einzigartigen Exponate sind 2019 im Schlossmuseum Pillnitz zu sehen! Mögen sich zahlreiche Besucher daran erfreuen.

Dresden, 13. März 2019

Sybille Gräfe
Schlossleiterin Schloss & Park Pillnitz

Vorwort der Herausgeber

Damit hatten wir nun wirklich nicht gerechnet, dass Prinz Max von Sachsen, ein Wettiner jenseits dynastischer Bedeutsamkeit und hierzulande fast vergessen, für uns wissenschaftlich und persönlich zu einer außerordentlichen Erfahrung werden würde. Als uns die inzwischen lieb gewordenen Mitstreiter Prof. Dr. Frank Zschaler (Katholische Universität Eichstätt-Ingolstadt) und Prof. Dr. Bernd Dennemarck (Theologische Fakultät Fulda), vermittelt durch die Katholische Akademie des Bistums Dresden-Meißen, im Oktober 2017 erstmals mit Prinz Max als möglichem Ausstellungsthema bekannt machten, lief unsere große Sonderausstellung zu Bischof Benno von Meißen, Sachsens erstem Heiligen, in der Meißner Albrechtsburg, und wir waren vorab nachdenklich, ob wir nach Benno nun gleich die nächste »katholische« Ausstellung planen sollten. – Prinz Max und die beiden Professoren haben uns dann glücklicherweise schnell davon überzeugt…

Eine rein »katholische« Ausstellung ist die Pillnitzer Prinz-Max-Ausstellung freilich ebenso wenig geworden, wie es die Meißner Benno-Ausstellung war. Prinz Max, Priester, Wissenschaftler, Pazifist, Vegetarier und später Veganer, Tierschützer, Lebensreformer, Visionär, erscheint uns heute stattdessen als aufsteigender Held für die kommenden Jahrzehnte, als Mann, dessen Leben und Ideen an Brisanz und Interesse für die großen gesellschaftlichen Herausforderungen noch gewinnen dürften. Und das unterscheidet ihn gravierend von allen anderen Wettinern, die wir bislang in den Blick genommen haben: König Friedrich August I., Prinzessin Luise von Toscana und König Friedrich August III.

Prinz Max verstand sich zwar lebenslang als Mitglied der wettinischen Familie. Trotzdem scherte er in bemerkenswerter Entschlossenheit aus dem zeitgenössischen Trott aus und verweigerte sich ständisch-gesellschaftlichen Konventionen. Nur zwei Aspekte sollen hier angesprochen werden:

Erstens: Alles deutet darauf hin, dass Prinz Max die massenhaften Erschießungen belgischer Zivilisten durch sächsisch-deutsche Truppen in den ersten Kriegswochen 1914 nicht nur entschieden verurteilte, sondern dass er ihnen auch aktiv entgegengetreten ist. Der Prinz verdammte schon 1915 den Völkermord an den Armeniern, den das mit Deutschland verbündete Osmanische Reich im Schatten des Großen Krieges verübte. Aus dem Blickwinkel unserer heutigen Zeit gehört er damit zu den wenigen wirklichen Helden dieser dunklen, entsetzlichen und sinnlosen Kriegsjahre.

Zweitens: Noch bevor sich der Begriff »Veganer« nach 1944 selbst etablierte, zählte Prinz Max zu den vehementesten Tierschützern und Gegnern von Tierversuchen seiner Zeit. Möglicherweise macht ihn dieser Aspekt seiner Biografie für die kommende Generation zu einem ganz besonderen Vorbild und verhilft dem Prinzen zu einer heute noch ungeahnten Wiederentdeckung für die historische Erinnerung in einer Zeit, die mit Massentierhaltung, Tierausbeutung und verantwortungslosem Fleischgenuss aus ethischen und ökologischen Gründen in entschiedener Weise brechen wird.

Wie auch immer – Prinz Max jedenfalls erscheint uns heute als Höhepunkt der kleinen Wettiner-Ausstellungsreihe von 2015 bis 2019 im Schloss Pillnitz. Und er wird diese Reihe auch vorerst beschließen. Umso wichtiger war die Dokumentation von Ausstellung und Thema im vorliegenden Begleitband. Dessen Entstehung wurde uns durch die hervorragende Unterstützung der Professoren Zschaler und Dennemarck erheblich erleichtert. Deren breites Wissen und deren Kontakte sowie die Mitarbeit der von ihnen am Projekt beteiligten Studenten halfen, hier ein vielfältiges und lesbares Bild des Prinzen Max und der so verschiedenen Aspekte seines Lebens und Wirkens zu zeichnen.

Am Ende aller Mühen bleibt die Hoffnung, dass Ausstellung und Begleitband dazu beitragen werden, Prinz Max für die gegenwärtige Erinnerungskultur wiederzuentdecken – er wäre Gewinn und lebendige Anregung für uns alle.

Unser Dank gilt den Autorinnen und Autoren, unserer ausgezeichneten Buchgestalterin Simone Antonia Deutsch vom Sandstein Verlag sowie allen, die unmittelbar und mittelbar zum Gelingen des Bandes beigetragen haben. Darüber hinaus bedanken wir uns bei allen Leihgebern der Sonderausstellung und allen Helfern. Und schließlich danken wir ganz besonders unseren Kooperationspartnern an der Katholischen Universität Eichstätt-Ingolstadt und der Theologischen Fakultät Fulda, unserem Kurator Mike Huth, der gemeinsam mit Iris Kretschmann und Dr. Birgit Finger die Ausstellung vorbereitet hat, und nicht zuletzt unseren wieder großartigen Ausstellungsgestalterinnen Antje Werner und Anja Maria Eisen.

Herzlicher Dank sei auch den Mitgliedern des St. Heinrichs Ordens für ihre Unterstützung gesagt.

Wir danken ganz besonders Christian Amand, Pierre Brochet und Robert Maury für die Hilfe bei den Recherchen zur Rolle von Prinz Max in Belgien.

Dresden, 6. März 2019

Iris Kretschmann & Dr. André Thieme

Der gekreuzigte Jesus aus dem Nachlass des Prinzen Max, Metall, Leder, Elfenbein, um 1900.

Prinz Max von Sachsen

Lebenslauf in Daten

Ganz links: Prinz Max mit seinem Sekretär Alphons Weinrich, Foto, o. J.

Links: Prinz Georg und Prinzessin Maria Anna, die Eltern des Prinzen Max, Fotos, 1906.

17. November 1870
Maria Anna Infantin von Portugal (1843–1884), Tochter des portugiesischen Königs Ferdinand II., wird im Palais der Sekundogenitur um 0.30 Uhr »schnell und glücklich« von ihrem siebenten Kind und dritten Sohn entbunden. Der Vater, Prinz Georg Herzog zu Sachsen (1832–1904), befindet sich als Kommandant des XII. Armeekorps im Hauptquartier Vert-Galant. Das Abfeuern von 101 Kanonenkugeln findet früh 6 Uhr statt.[1]

18. November 1870
Die Taufe wird 13 Uhr im Gartenpalais des Prinzen Georg durch den apostolischen Vikar Bischof Ludwig Forwerk (1816–1875) vollzogen. Der Großvater, König Johann (1801–1873), hält den Täufling. Der Prinz erhält die Namen Maximilian Wilhelm August Albert Karl Gregor Odo. Taufpaten sind unter anderem der König und die Königin von Preußen.[2]

27. November 1870
In sämtlichen Kirchen des Landes ertönt während des Tedeums ambrosianischer Lobgesang. Es folgen drei mal zwölf Salutschüsse und dreimalige Salven von der auf dem Theaterplatz aufgestellten Infanterie. Nach Beendigung des Tedeums läuten alle Glocken, und noch einmal werden 101 Kanonenkugeln abgefeuert.[3]

Oben: König Johann von Sachsen, Lithografie von Vinzenz Katzler nach einem Gemälde von Friedrich Gonne, 1862.

Unten: Prinzessin Georg (Maria Anna, Max' Mutter) mit ihren Kindern, Stahlstich nach Foto von Hanns Hanfstaengl, o. J.

Rechts oben: Die königliche Familie im Jahr 1873, Prinz Max sitzt als Dreijähriger mit seiner Großmutter Amalie Auguste und seinen Geschwistern in der Kutsche.

Rechts unten: König Albert und Prinz Georg mit Familie, ganz rechts außen Prinz Max, Grafik nach Gemälde, 1880.

Kindheit

Maximilian wächst mit seinen Schwestern Mathilde (1863–1933), Maria Josepha (1867–1944) und den Brüdern Friedrich August (1865–1932), Johann Georg (1869–1938) und Albert (1875–1900) in einer familiären Atmosphäre auf. Die Familie lebt im Winter in Dresden im Palais der Sekundogenitur, im Sommer in der Villa Hosterwitz. Die Kinder werden durch die Mutter und das Kinderfräulein von Elterlein erzogen.

29. Oktober 1873

Nach dem Tod König Johanns (1801–1873) wird Kronprinz Albert (1828–1902) König.

1876

Elementarunterricht und militärisch-sportliche Ausbildung zusammen mit dem Bruder Johann Georg.

1880

Beginn des Gymnasialunterrichts im Familienpalais durch Privatlehrer.

17. November 1882

Ernennung durch König Albert zum Secondelieutenant.[4]

Links: Prinz Max als Secondelieutenant im Alter von zwölf Jahren, Foto, 1882.

Oben: Katholische Hofkirche in Dresden, kolorierter Stich, 19. Jahrhundert.

Rechts: Menükarte einer Familientafel anlässlich der 800-Jahr-Feier des Hauses Wettin am 15. Juni 1889. Serviert wurden zum Beispiel folgende Speisen: Rinderbrühe, Herzoginpastete, Steinbutt in Sahnesauce, Rinderfilet, Kalbsschnitzel, italienischer Salat, junges Huhn mit Salat und Kompott, Käse, Eis und Desserts. Dazu trank man Wein und Champagner.

5. Februar 1884
Die Mutter Prinzessin Maria Anna stirbt im Alter von 40 Jahren nach kurzer schwerer Krankheit. Sie wird in der Gruft der Katholischen Hofkirche beigesetzt.

2. Oktober 1886
Hochzeit von Max' Schwester Maria Josepha (1867–1944) mit dem Erzherzog Otto Franz Joseph von Österreich (1865–1906).

1888
Abitur.

Ostern 1888
Dienstantritt als Secondelieutenant im Königlich-Sächsischen 2. Grenadierregiment Nr. 101 zu Dresden. Anschließend ein Jahr aktive Dienstleistung als Inspektionsführer bei der Ausbildung der Rekruten.

6. April 1889
Beförderung zum Premierlieutenant.

15. bis 19. Juni 1889
Wettin-Jubelfeier zum 800-jährigen Bestehen des Hauses Wettin.

15. Juni 1889.
Consommé à la Royale
Madeira
Petits pátés à la Duchesse
Bord. St. Estèphe
Rüdesheimer
Turbot, sauce ravigote
Scharzhof-
berger
Filet de boeuf à la financière
Chât. Léoville
Escalopes de chevreuil
Salade à l'italienne
Poulardes, salade et
compote
Champ.
Verzenay
Timbale à la Viennoise
Fromage
Glaces et Dessert
Muscat-Lunel
1089
1889
Stammschloss Wettin

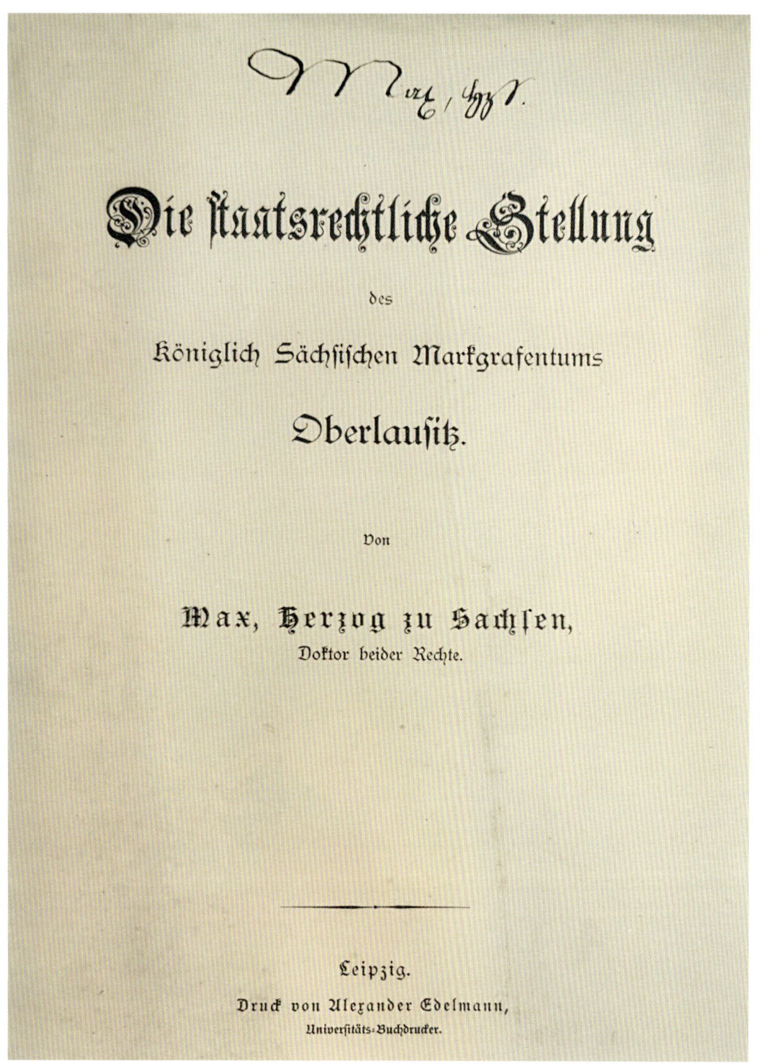

Die staatsrechtliche Stellung

des

Königlich Sächsischen Markgrafentums

Oberlausitz.

Von

Max, Herzog zu Sachsen,

Doktor beider Rechte.

Leipzig.

Druck von Alexander Edelmann,

Universitäts-Buchdrucker.

1889 bis 1892
Studium der Rechte und der Nationalökonomie in Freiburg im Breisgau und anschließend in Leipzig.
Volljährig nach dem Hausgesetz der Wettiner.[5]

1892
Promotion zum Dr. jur. mit seiner Dissertation: »Die staatsrechtliche Stellung des Königlich Sächsischen Markgrafentums Oberlausitz«.[6]

1892 bis 1893
Dienst als Premierlieutenant im Königlich Sächsischen 1. Ulanenregiment, Nr. 18 zu Oschatz.

10. Februar 1893
Gründung eines eigenständigen Hausstandes für die Prinzen Johann Georg und Max. Die jährliche Apanage, die aus dem Staatshaushalt finanziert wird, beträgt 50 000 Mark.[7]

12. Juli 1893
Ehrenvoller Abschied aus der Königlich-Sächsischen Armee.

Juli 1893
Aufnahme im bayerischen bischöflichen Lyzeum (später Theologische Hochschule) und Eintritt in das Priesterseminar in Eichstätt.[8]
Wagenpferde, Kleidungsstücke, eine silberne Taschenuhr und andere Gegenstände werden verkauft. Von dem Erlös soll Karl Graf zu Münster (1857–1938, ehemaliger Adjutant, später Landstallmeister in Moritzburg) die Prinz-Max-Stiftung gründen, mit der Bestimmung, die Zinserträge des gestifteten Kapitals den jeweils bedürftigen Angestellten des Rittergutes Jahnishausen zukommen zu lassen.[9]

28. August 1893
Bischof Franz Leopold von Leonrod (1827–1905) erteilt die Tonsur (kirchliche Zeremonie/Sakramentale).

Sommer 1894
Sommerferien in Hosterwitz.

Oktober 1894 bis Januar 1895
Genesungsaufenthalt am Gardasee nach einer schweren Atemwegserkrankung.

25./26. Juli 1895
Subdiakonats- und Diakonatsweihe in der Schutzengelskirche (Seminarkirche) Eichstätt. Sein Vater, Thronfolger Prinz Georg, reist aus Dresden an.

15. August 1895
Während des Sommeraufenthaltes in Hosterwitz predigt Prinz Max in der dortigen Kapelle.

26. Juli 1896
Priesterweihe in der mit dem Seminar in Eichstätt zusammenhängenden Schutzengelskirche durch Dr. Ludwig Wahl (1831–1905), Apostolischer Vikar im Königreich Sachsen.[10] Die königliche Familie reist aus Sachsen an.

1. August 1896
8 Uhr: Primiz in der Kapelle des Josephinenstiftes Dresden. Die von Max gewünschte Hofkirche wird ihm aus Rücksicht auf die überwiegend evangelische Bevölkerung Sachsens von König Albert verwehrt. Prinz Max erscheint im Messgewand, einem Geschenk von Königin Carola (1833–1907). Nach dem Evangelium hält Dr. Ludwig Wahl eine Predigt. Abschluss mit dem Primizsegen und dem Tedeum. Bei seinem Vater, Thronfolger Georg, wird mittags diniert. Am Abend königliche Tafel im Schloss Pillnitz.[11]

Déjeuner dinatoire

am 1. August 1896. 22 Couvert.

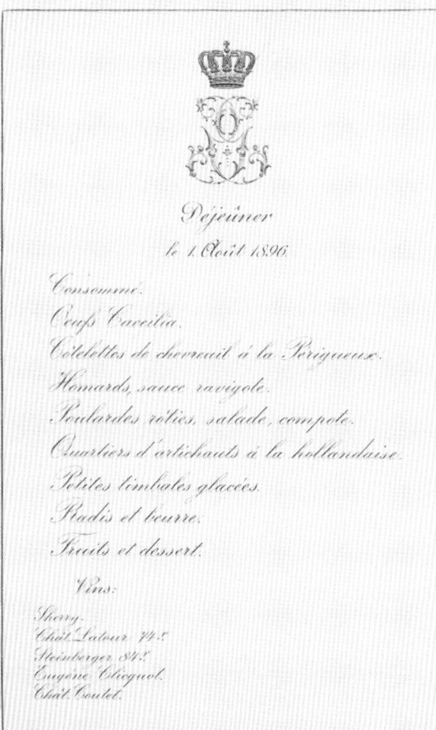
Déjeuner

le 1. Août 1896.

Consommé.

Oeufs Caecilia.

Côtelettes de chevreuil à la Périgueux.

Homards, sauce ravigote.

Poulardes rôties, salade, compote.

Quartiers d'artichauts à la hollandaise.

Petites timbales glacées.

Radis et beurre.

Fruits et dessert.

Vins:

Sherry.
Chât. Latour 74er
Steinberger 84er
Eugène Clicquot.
Chât. Coutet.

Sitzordnung.

Hofkaplan Resak.	Kaplan Mandel.
Stiftskaplan Infalt.	Sekr. d. Bischof von Eichstädt.
Cantor Blumentritt.	Probst Poischer.
Bischof Dr. Fritzen.	Scholasticus Wuschansky.
I. K. H. Prinzeß Mathilde.	Bischof Freiherr von Leonrod.
S. K. H. Prinz Georg.	S. K. H. Prinz Max.
I. K. K. H. Frau Erzherzogin Otto.	Bischof Dr. Wahl.
S. K. H. Prinz Albert.	Probst Vielkind.
Freiin von Gärtner.	Präses Maaz.
Superior Fischer.	Sekr. d. Bischof von Straßburg.
Sekr. vom Probst Vielkind.	Hofmarschall von Haugk.

Couvertpreis: 17 M. 90 Pfge.

Links: Dissertation mit Paraphe von Prinz Max.

Oben: Speisenfolge und Sitzordnung für ein »Déjûner dinatoire« anlässlich der Primiz am 1. August 1896 im Schloss Pillnitz. Das warme Menü ist für 22 Personen gedeckt und kostet pro Person 17 Mark und 90 Pfennig. Es gibt unter anderem eine Brühe, Eier »Caecilia«, Koteletts, Hummer, Poularden (junge Hühner) mit Salat, Eistörtchen, Radieschen und Butter, Früchte und Dessert. Sherry, Wein und Champagner.

Unten: In der Kapelle des Königlichen Josephinenstiftes auf der Großen Plauenschen Straße 16 in Dresden feiert Prinz Max seine erste Messe (Primiz). Postkarten, um 1900.

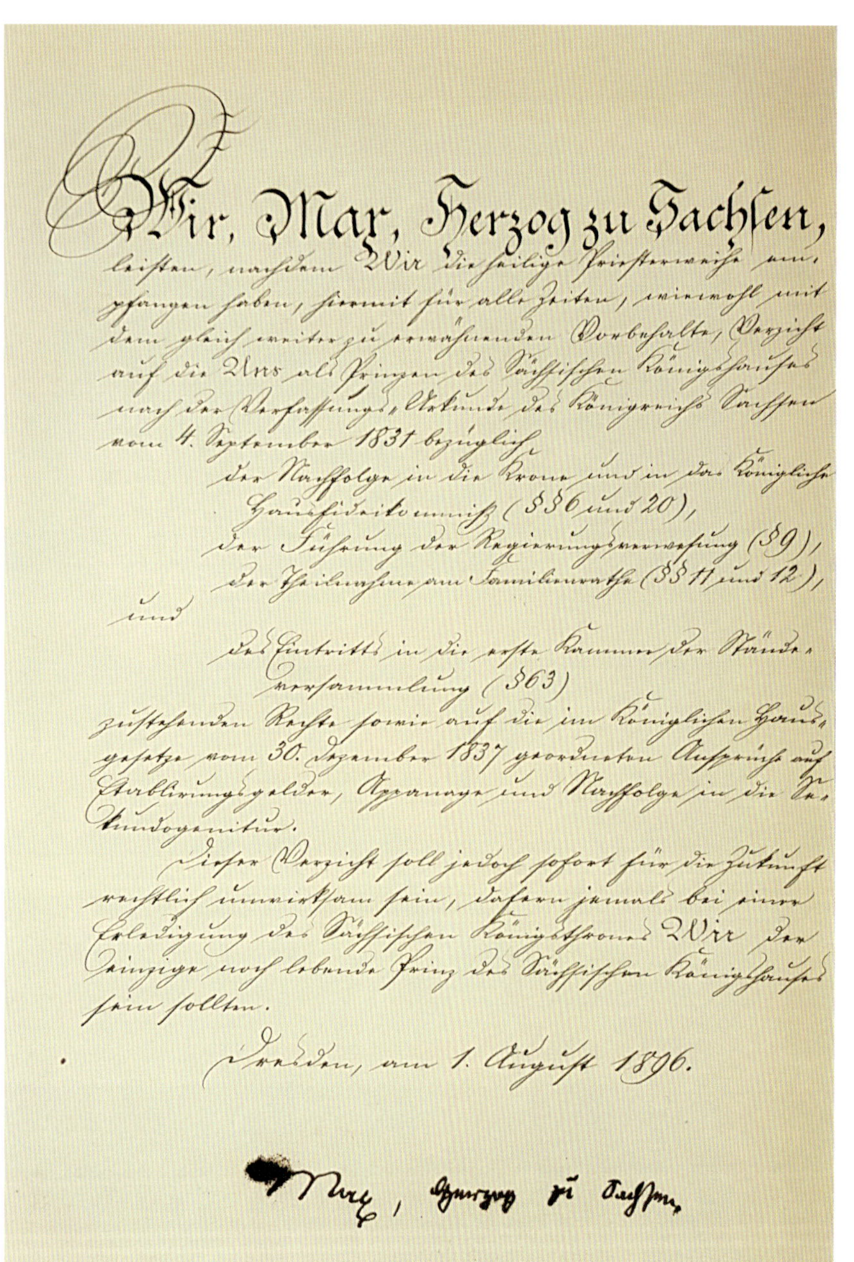

Wir, Max, Herzog zu Sachsen,
leisten, nachdem Wir die heilige Priesterweihe empfangen haben, hiermit für alle Zeiten, jedoch mit dem gleich weiter zu erwähnenden Vorbehalte, Verzicht auf die Uns als Prinzen des Sächsischen Königshauses nach der Verfassungs-Urkunde des Königreichs Sachsen vom 4. September 1831 bezüglich

der Nachfolge in die Krone und in das Königliche Hausfideicommiß (§§ 6 und 20),

der Führung der Regierungsverwesung (§ 9),

der Theilnahme am Familienrathe (§§ 11 und 12),

und

des Eintritts in die erste Kammer der Stände-Versammlung (§ 63)

zustehenden Rechte sowie auf die im Königlichen Hausgesetze vom 30. Dezember 1837 geordneten Ansprüche auf Etablirungsgelder, Apanage und Nachfolge in die Secundogenitur.

Dieser Verzicht soll jedoch sofort für die Zukunft rechtlich unwirksam sein, sofern jemals bei einer Erledigung des Sächsischen Königsthrones Wir der einzige noch lebende Prinz des Sächsischen Königshauses sein sollten.

Dresden, am 1. August 1896.

Max, Herzog zu Sachsen

Oben: Auszug aus der Verzichtserklärung des Prinzen Max, 1. August 1896.

Unten: Umschlag, in dem sich das Testament des Prinzen Max bis zum Widerruf 1902 befand.

11 Uhr im Residenzschloss Dresden: Verzichtserklärung auf alle Rechte als Mitglied des königlichen Hauses laut Verfassungsurkunde des Königreiches Sachsen. Der Verzicht wird unwirksam, falls Prinz Max der einzig noch lebende Prinz des sächsischen Königshauses sein sollte.[12]

6. August 1896
Das Ministerium des Kultus und öffentlichen Unterrichts genehmigt nach Antrag des Apostolischen Vicariats vom 5. August 1896, dass Prinz Max als Priester »innerhalb der erbländischen und der Oberlausitzer Diöcese bis auf weiteres in der Seelsorge aushilfsweise verwendet werde.«[13]

9. August 1896
Predigt in der Hofkirche.

Testament.

Das inneliegende Testament Seiner Königlichen Hoheit, des Doktors der Theologie und beider Rechte, Prinzen Max, Herzog zu Sachsen, in Dresden, errichtet am 26. September 1902 ~~durch mündliche Erklärung~~ durch Uebergabe einer Schrift —, ist von dem unterzeichneten Richter in Gegenwart Seiner Königl. Hoheit, des Erblassers sowie des als Gerichtsschreiber zugezogenen Referendars Mothes zweimal mit dem Amtssiegel verschlossen worden.

Dresden, den 26. September 1902.

Oberlandesgerichtspräsident [illegible]

Zeichen des Testaments: No: 12/1902

(BGB. § 2246.)
584.

Oben: Prinz Max als junger Priester, Foto, 1901.

Unten: Prinz Albert von Sachsen, Foto von Otto Mayer, Zeitungsausschnitt aus Illustrierte Zeitung, Leipzig vom 20. September 1900.

1896 und 1897
Tätigkeit als Seelsorger in der deutschen katholischen Mission in London, Whitechapel.

September 1897 bis 1898
Kaplan an der St. Walburg Pfarrei in Eichstätt.

20. Dezember 1898
Promotion zum Dr. theol. in Würzburg, Dissertation: »Der heilige Märtyrer Appolonius von Rom. Eine historisch-kritische Studie«, Mainz, 1903.
Tätigkeit als Seelsorger in Nürnberg.

29. Dezember 1898
Prinz Max hinterlegt sein Testament beim Oberlandesgericht Dresden.[14]

1899
Publikation: »Verteidigung der Moraltheologie des heiligen Alphonsus von Liguori gegen die Angriffe Robert Grassmanns« (mehrere Auflagen 1899–1901).

1900
Berufung zum Professor für Liturgik und kanonisches Recht an die Universität Freiburg/Fribourg (Schweiz).

16. September 1900
Sein jüngerer Bruder Prinz Albert verunglückt in Wolkau tödlich.

1902
Forschung und Lehre: Liturgien der orthodoxen und altorientalischen Kirchen.

19. Juni 1902
Der kinderlose König Albert stirbt in Sibyllenort. Max' Vater, Thronfolger Georg wird König.

26. September 1902
Schriftliche Erklärung zur Rücknahme des Testaments vom 29. Dezember 1898 und Errichtung eines neuen Testaments.[15]

1903
Reisen nach Palästina, Libanon und Ägypten.

15. Oktober 1904
Der Vater, König Georg, stirbt in Pillnitz, Max' Bruder, Kronprinz Friedrich August, wird König.

1905
Reisen nach Galizien (heute Region in der Ukraine und Polen), die Bukowina (heute Region Ukraine und Rumänien), über das Schwarze Meer nach Konstantinopel (heute Istanbul) und von da wieder zurück nach Russland, St. Petersburg.

3. April 1906
Abgabe aller Ordensdekorationen an die Direktion der Privat-Vermögensverwaltung des Königs.[16]

1906
Reisen nach Südungarn, Bosnien-Herzegowina, Montenegro, Griechenland, Smyrna (heute Izmir) und Konstantinopel (heute Istanbul).

1907
Reisen nach Armenien und Georgien, Konstantinopel (heute Istanbul), zum Heiligen Berg Athos (Halbinsel Chalkidikí in der Region Zentralmakedonien), Rückkehr durch den Balkan.
In diesem Jahr entsagt Prinz Max allen Genüssen und wird abstinent.

1909
Reisen nach Griechenland, Montenegro, Südungarn, Bosnien-Herzegowina, Dalmatien (Region in Kroatien), Smyrna (heute Izmir), Ephesos und Konstantinopel (heute Istanbul).

Ganz links: Gedenkpostkarte auf den Tod des Königs Albert von Sachsen, 1902.

Links: König Albert von Sachsen, Zeichnung von Ed. P. Baumann aus dem Nachlass des Prinzen Max, 20. November 1895.

Oben: Max' Bruder Prinz Friedrich August, Foto, um 1883.

Unten: Panoramaansicht von Konstantinopel (heute Istanbul/Türkei), Postkarte, um 1915.

Links: Ansicht von Lemberg (heute Lwiw/Ukraine), Heiliger Geist Platz, Postkarte, 1917.

Rechts: Kriegsminister und Generaloberst Max Clemens Lothar von Hausen, Foto von Otto Mayer, um 1900.

Ganz rechts: Feldpostkarte des Prinzen Max an seinen Bruder Prinz Johann Georg, 15. August 1914.

4. Oktober 1909

Zwei Schüsse treffen das Auto, in dem sich Prinz Max und der montenegrinische Kultusminister auf der Rückfahrt von Cettiuje nach Cattaro befinden. Die Zeitungen berichten von einem Attentat. Nach amtlicher Feststellung fährt der Chauffeur durch eine Schweineherde, was vermutlich bei den Landwirten zur gewalttätigen Verärgerung führt. Verletzt wird weder Mensch noch Schwein.[17]
Es handelt sich um Aviso- und Alarmschüsse.[18]

6. Oktober 1909

Telegramm des Bruders, Friedrich August aus Altenberg/Erzgebirge »an die Gesandtschaft in Cet[t]inje: bitte durch deutsche gesandtschaft in cetinge zu ergründen, ob das gerücht aus budapest wahr ist, wenn es auf wahrheit beruht, bitte ich durch die gesandtschaft meinem bruder den befehl zu übermitteln, dass ich es wünsche, dass er sofort seine Reise in den so unsicheren Ländern aufgibt, ich verbiete ihm als Chef des Hauses einen aufenthalt in montenegro, serbien, bulgarien, griechenland und der türkei. beharrt er auf einmal gefassten Beschlusse, so bitte ich, dass die regierungen für seine sicherheit verantwortlich gemacht werden, das letztere ist ihm zunächst nicht mitzuteilen, bitte um vortrag am Freitag, da ich davon weitere massregeln abhängig machen werden friedrich august«[19]

27. Oktober 1909

Vertrauliches Schreiben des Auswärtigen Amtes in Berlin an den Königlich Sächsischen Gesandten, Freiherr von Salza und Lichtenau: Der kaiserliche Botschafter in Konstantinopel (heute Istanbul) meldet, dass sich Prinz Max mit dem ökumenischen Patriarchen getroffen und dabei seinen Standpunkt geäußert hat, dass eine Annäherung der katholischen und orthodoxen Kirche nicht ausgeschlossen sei, da weit geringere Unterschiede beständen als allgemein angenommen werde. Während seines Aufenthaltes in Konstantinopel hält er in der griechisch unierten Kirche Hagia Trias in Pera eine Predigt in Griechisch und tauft ein syrisches Kind.[20]

1910 bis 1914

Jeweils in den Ferien Vorlesungen am Seminar der katholischen Ukrainer (Ruthenen) in Lemberg (heute Lwiw).

November 1910

Prinz Max veröffentlicht »Gedanken über die Frage der Einheit der Kirchen« in der Zeitschrift Roma e l'Oriente), herausgegeben von der griechisch-katholischen Abtei Grottaferrata bei Rom.
Es beginnt eine Zeitungsschlacht, Prinz Max widerlegt, fährt nach Rom und erhält Audienzen beim Papst.

24. Dezember 1910

Der katholische Hof in Dresden reagiert mit einer Erklärung an die Öffentlichkeit.

26. Dezember 1910

Der Vatikan lenkt ein. Es ergeht ein Breve (Entscheidungen und Verordnungen aus dem Vatikan) an die apostolischen Delegaten (päpstliche Gesandte) der römischen Kirche im Orient, veröffentlicht am 3. Januar 1911.

27. Dezember 1910

Die Audienz bei Papst Pius X. (1835–1914) beendet einen jahrelangen Pressefeldzug gegen Prinz Max.[21]

1911

Auf Weisung von Papst Pius X. muss Prinz Max die Universität Freiburg nach dem Wintersemester 1911/12 verlassen.

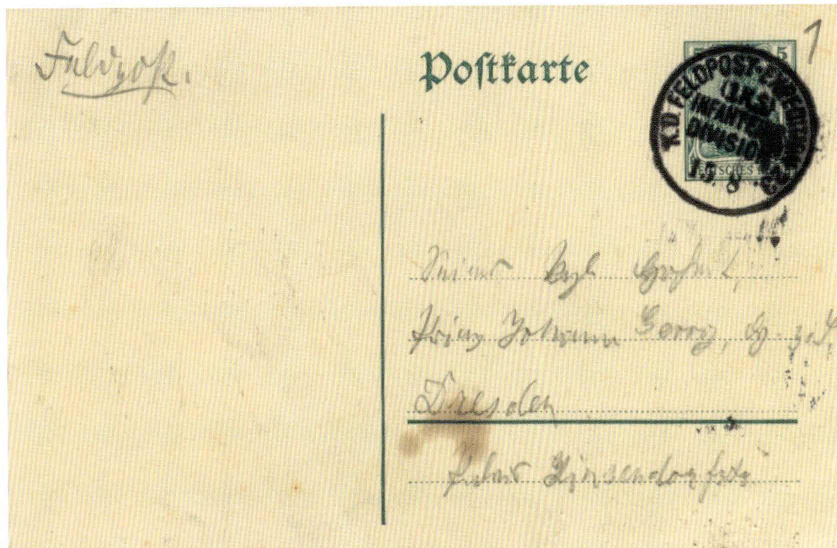

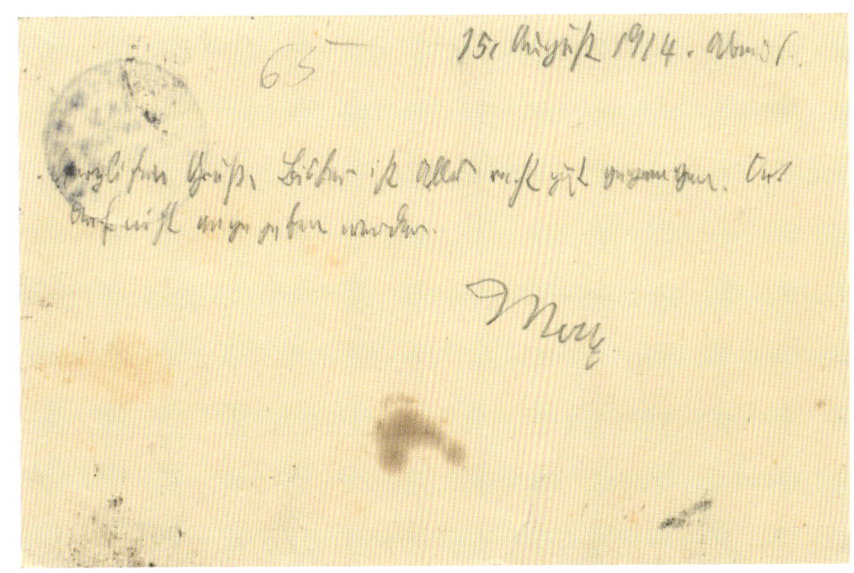

Oktober 1911
Der Vorstand der Päpstlichen Hofhaltung, Monsignore Bisletti, erwähnt, Prinz Max eine geistliche Tätigkeit in Rom anzuweisen. Dies würde den Wünschen des Papstes und insbesondere auch den Wünschen des Königs Friedrich August entsprechen. Nach Mitteilung des Bischofs Schäfer entspricht dieses Ansinnen nicht den Vorstellungen des Prinzen Max.[22]

1912
Neben seiner Tätigkeit als Seelsorger Berufung von Max an das Priesterseminar in Köln.

1913
Prinz Max wird Vegetarier.

23. Februar 1914
Rückgabe des am 26. September 1902 errichteten Testaments. Die Rückgabe erfolgt in den Räumen des Schlosses persönlich durch den Präsidenten des Oberlandesgerichts Dresden, Dr. Georg Albert Geßler, und dessen Referendar Dr. Baltzer. Ein neu errichtetes Testament wird am 24. Februar 1914 unter dem Aktenzeichen Nr. 1/1914 in Verwahrung genommen.[23]

28. Juli 1914
Kriegserklärung Österreich-Ungarns an Serbien.

2. August 1914
Erlass an das sächsische Heer zur Mobilmachung. Der Oberbefehl über die Armee wird dem schon im Ruhestand stehenden Generaloberst Max Clemens Lothar Freiherr von Hausen (1846–1922) übertragen. Der 68 jährige von Hausen übernimmt den Oberbefehl der 3. Armee bis 12. September 1914. Prinz Max wird als Feldgeistlicher bei den sächsischen Truppen in Belgien und Frankreich eingesetzt.

15. August 1914
Prinz Max schreibt an seinen Bruder Prinz Johann Georg eine Feldpostkarte. »Herzliche Grüße. Bisher ist alles recht gut gegangen. Ort darf nicht angegeben werden. Max.«[24]

Ganz oben: Rethel, Café Goury auf der Rue Colbert, Postkarte, 1913. Vor der Zerstörung war das Leben noch friedlich, vor dem Café steht ein Kellner und wartet auf Gäste.

Oben: Rethel wird im Ersten Weltkrieg beinahe vollkommen zerstört, Postkarte, 1915.

Rechts oben: Schloss Guteborn, Postkarte, um 1900.

Rechts unten: König Friedrich August III. von Sachsen, Gemälde von Georg Meckes, 1913.

30. November 1914
Prinz Max wird von Vouziers nach Rethel/Frankreich versetzt.[25]

9. Januar 1915
Prinz Max spendet 500 Mark an das Rote Kreuz.[26]

1. Dezember 1915
Prinz Max, seit 3. November 2014 Divisionspfarrer beim Zwölften Armeekorps, Erste Infanteriedivision Nr. 23, wird auf Antrag des Sächsischen Kriegsministeriums vom 29. November 1915 aus dem Militärdienst entlassen.[27]

Januar bis Juni 1916
Tätigkeit als Seelsorger im Lazarett Zeithain.

10./17. Juni 1916
Gutachten der Vollversammlung des Oberlandesgerichts Dresden zum Verhalten von Prinz Max, welcher Kritik zum Einmarsch der deutschen Truppen in Belgien übt. Die Gutachter empfehlen Friedrich August gegenüber seinem Bruder Max eine Missbilligung auszusprechen, den Aufenthaltsort innerhalb Sachsens zu beschränken und für die Dauer des Krieges alle öffentlichen Ämter zu versagen.[28]

21. Juni 1916
Geheime Absprache im Königlichen Schloss zwischen König Friedrich August und seinen Ministern zur »Confinierung« des Prinzen Max, d. h. seinen Aufenthalt durch gerichtliche Anordnung auf einen bestimmten Ort zu beschränken:
»Im Interesse der sächsischen und der ganzen deutschen Armee« wird als Aufenthaltsort Wermsdorf bestimmt. Korrespondenz und Personenkontakt werden überwacht.[29]
Abschied vom Militärseelsorgedienst. Wissenschaftliche Studien, Auseinandersetzung mit Fragen des Friedens und der Lebensform.

9. Oktober 1918
Prinz Max fragt nach, ob alle Maßregeln, die ihn betreffen, nunmehr aufgehoben werden können.[30]

22. Oktober 1918
Beschluss des Ministeriums des Königlichen Hauses: Die Maßregeln gegen Prinz Max werden aufgehoben.[31]

9. November 1918
Ende der Monarchie und Ausrufung der Republik in Deutschland.

2./10. November
Am 2. November letzter Eintrag im Hofjournal zur Jagd des Königs Friedrich August.
Am 10. November Eintrag vom Arbeiter- und Soldatenrat: »Am heutigen Tage wurde auf dem bisherigen Schloss das Banner der Freiheit, Gleichheit und Brüderlichkeit gehisst.«[32]

13. November 1918
14 Uhr auf Schloss Guteborn: Sein Bruder, König Friedrich August III., verzichtet für seine Person auf den Thron. Offiziere, Geistliche, Beamte und Lehrer werden vom Treueeid entbunden.

1918
Prinz Max arbeitet als Seelsorger in Bayern.

20. März 1919
Rechtsanwalt Dr. Bernhard Eibes (1867–1942) vertritt mit Generalvollmacht die Interessen der Mitglieder des ehemaligen Königshauses Wettin. Nach § 547, 683, 684 und 812 BGB erhebt er im Auftrag der Familie in einer 88-seitigen »Denkschrift« Anspruch auf das Privatvermögen.

Juni bis November 1919
Max ist als Seelsorger in Bad Elster[33] tätig. Er wohnt in der »Villa Fürst Bismarck«.

Links: Prinz Max in Sandalen, Foto, o. J.

Oben: Gestopfte Socken aus dem Nachlass des Prinzen Max von Sachsen.

Unten: Generalvollmacht der Wettiner für Dr. Eibes, 14. Juni 1924.

1921
Publizistische Ratschläge und Mahnungen zum Volks- und Menschheitswohle, Dresden, 1921. Rückkehr nach Fribourg (Schweiz) als Ordinarius an der Philosophischen Fakultät mit Lehrauftrag, Kulturen und Literaturen des Ostens. Ernennung zum päpstlichen Hausprälaten / Ablehnung durch den Prinzen Max. Vorlesungen zur Geschichte der Völker und Kirchen des Orients. Seelsorge bei den Kanisiusschwestern und im kantonalen Gefängnis, auf der Kanzel und im Beichtstuhl.

30. Oktober 1921
Erster Familientag des Hauses Wettin in Freiburg im Breisgau. Prinz Max wird von seinem Bruder Prinz Georg vertreten.[34]

25. Februar 1922
Eintragung in das Vereinsregister Nr. 693 beim Amtsgericht Dresden. Prinz Max gehört zu den Gründungsmitgliedern des neugegründeten »Vereins Haus Wettin Albertinischer Linie e.V.«[35]

20. Mai 1923
Wegen der bevorstehenden Hochzeit seines Sohnes Friedrich Christian mit Elisabeth Helene von Thurn und Taxis wendet sich Max' Bruder Friedrich August (1865–1932) in einem Brief an den gemeinsamen Bruder Johann Georg (1869–1938), der angeblich den größeren Einfluss auf Max hat. Max soll die Trauung vornehmen. Friedrich August schreibt: »Sein Rock ist alles andere als ein hochzeitliches Gewand. Auch ein Paar ordentliche Stiefel möchte er haben und ganze Strümpfe. Mit den schief gelatschten Sandalen kann er unmöglich auftreten. […] Das bayrische Haus ist nun aber ein sehr elegantes, in dem sehr viel auf gutes äußeres gegeben wird.«[36]

G e n e r a l v o l l m a c h t !

Am 10. November 1919 hat mir

Ihre Königliche Hoheit Prinzessin Maria Immaculata, Herzogin zu Sachsen, geborene Prinzessin von Bourbon-Sizilien

notariell beglaubigte Generalvollmacht zur Vertretung derselben bei der Auseinandersetzung zwischen dem sächsischen Königshaus und dem Staat Sachsen mit der Befugnis erteilt, die mir erteilte Generalvollmacht auf einen Unterbevollmächtigten zu übertragen.
Dasselbe haben getan

Seine Königliche Hoheit Kronprinz Georg, Herzog zu Sachsen

am 24. November 1919,

Seine Königliche Hoheit Prinz Friedrich Christian, Herzog zu Sachsen

am 13. November 1919

Seine Königliche Hoheit Prinz Ernst Heinrich, Herzog zu Sachsen

am 30. Oktober 1919 und

Seine Königliche Hoheit Prinz Max, Herzog zu Sachsen.

Namens und in Vollmacht meiner vorgenannten fünf Vollmachtgeber übertrage ich hiermit die mir erteilte Generalvollmacht auf

Herrn Justizrat Dr. Bernhard Eibes in Dresden, Pragerstraße 10, I.

Sibyllenort, den 14. Juni 1924.

Friedrich August

vormals regierender König von Sachsen.

Eine Goldmark

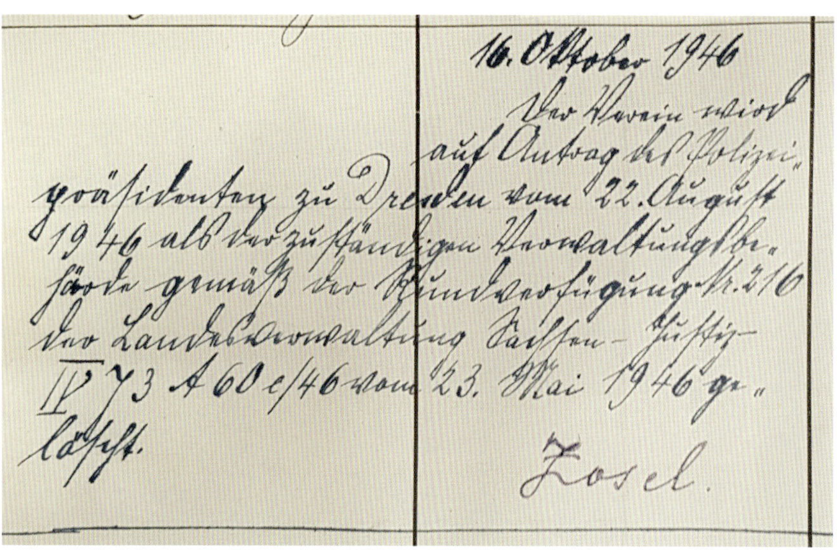
16. Oktober 1946
Der Verein wird auf Antrag des Polizeipräsidenten zu Dresden vom 22. August 1946 als der zuständigen Verwaltungsbehörde gemäß der Rundverfügung Nr. 216 der Landesverwaltung Sachsen – Justiz – IV 73 A 60 c/46 vom 23. Mai 1946 gelöscht.
Zosel.

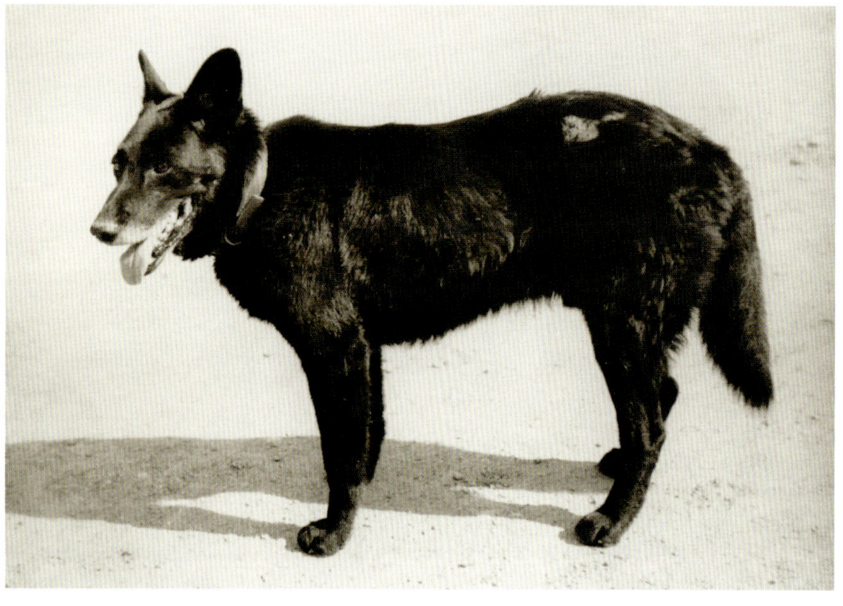

Oben: Der »Verein Haus Wettin Albertinischer Linie e.V.« wird auf Antrag des Polizeipräsidenten zu Dresden aus dem Vereinsregister 1946 gelöscht.

Unten: Der Hund Netti des Prinzen Max, Foto, nach 1940.

Rechts: Sterbebilder des Prinzen Max von Sachsen werden 1951 in deutscher und französischer Sprache gedruckt.

24. Mai 1924
Staatsvertrag/Auseinandersetzungsvertrag mit dem Verein Haus Wettin Albertinischer Linie e.V. Im Ergebnis soll Prinz Max eine jährliche Zuwendung von 3 000 Goldmark erhalten.

27. Mai 1924
Prinz Max erteilt seinem Bruder Friedrich August Generalvollmacht mit dem Recht, Untervollmachten auszustellen.

14. Juni 1924
Generalvollmacht für Justizrat Dr. Bernhard Eibes zur Durchsetzung der Ansprüche aus dem Staatsvertrag vom 24. Mai 1924.[37]

1934
Der Versuch, eine Frauenkongregation nach lebensreformerischen Grundsätzen zu fördern, scheitert.[38]

1938
Wohnsitz in Bürglen, Wallfahrtsort bei Fribourg (Schweiz).[39]

1941
Emeritierung, Fortsetzung der Vorlesungen als Honorarprofessor, Verfassen von Zeitungs- und Zeitschriftenartikeln.

16. Oktober 1946
Gemäß Rundverfügung der Landesverwaltung Sachsen wird der »Verein Haus Wettin Albertinischer Linie e.V.« im Vereinsregister gelöscht.[40]

Ende 1947
Max' treuester Begleiter, ein belgischer Schäferhund namens Netti, stirbt nach einem Unfall. Der Hund wird im Garten begraben und bekommt eine Gedenktafel.[41]

29. März 1948
Prinz Max verfasst ein neues Testament, weil er Zweifel an der Gültigkeit des Testaments vom 26. September 1902 hegt, wegen »der veränderten Verhältnisse in seiner Heimat«.

12. Januar 1951
Prinz Max stirbt 10.20 Uhr in der St. Anna-Klinik Freiburg (Fribourg/Schweiz). Aufbahrung im Marienheim der Kanisiusschwestern. Über 4 000 Personen kondolieren und beten für seine Seelenruhe, darunter auch der Bundeskanzler Oskar Leimgruber, S. Exz. Msgr. François Charrière, Bischof von Lausanne, Genf und Freiburg, der Kanzler, Dekane und Professoren der Universität und Familienangehörige des Hauses Wettin. Der Trauergottesdienst findet in der Wallfahrtskapelle Bürglen statt.

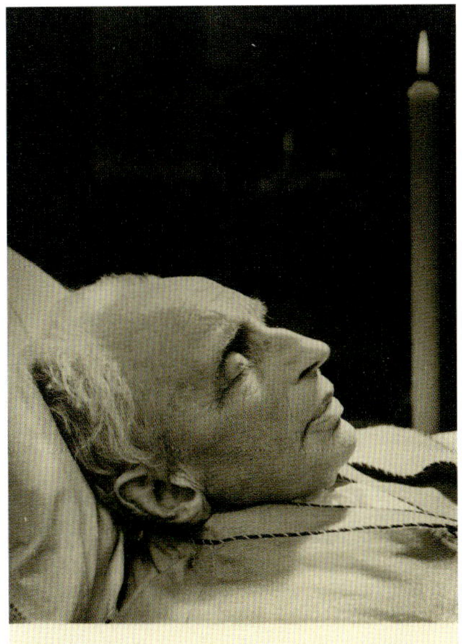

Prof. Dr. Prinz Max

Herzog zu Sachsen Päpstlicher Hausprälat

PROVIDENTIAE MEMOR

Seinen Mitbrüdern am Altare und den Gläubigen
wird empfohlen die Seele
des treuen Dieners und Priesters Gottes

Prof. Dr. Prinz Max

Herzog zu Sachsen
Päpstlicher Hausprälat

geboren zu Dresden am 17. November 1870
† zu Freiburg / Schw. am 12. Januar 1951

»Jesus, in Deine Hände lege ich meinen Geist!«

(Letzte Worte des Verewigten.)

O Gott, Du lässest die Völker, die an Dich glauben, durch keinerlei Schrecken erschüttert werden; so nimm das Flehen und die Opfergaben des Volkes, das Dir geweiht ist, huldvoll an, auf dass der Friede, den Deine Güte gewährt, die Länder der Christenheit vor jedem Feinde sicherstelle.

KANISIUSWERK FREIBURG

Photo Benedikt Rast, Fribourg - Alle Rechte vorbehalten

PROVIDENTIAE MEMOR

Aux prières de ses confrères
dans le sacerdoce et des fidèles
nous recommandons
l'âme du vénéré serviteur de Dieu

Mgr le Prince Max de Saxe

Professeur honoraire à l'Université
de Fribourg (Suisse)
Prélat domestique de Sa Sainteté

né à Dresde, le 17 novembre 1870
décédé à Fribourg, le 12 janvier 1951

« Jésus, je remets mon âme entre vos mains. »

(Dernières paroles du défunt)

O Dieu, qui ne permettez pas que les peuples qui croient en Vous soient ébranlés par aucune terreur, daignez agréer les prières et les offrandes du peuple qui Vous est consacré, afin que la paix accordée par votre miséricorde mette les frontières des chrétiens à l'abri de toute attaque de l'ennemi. Par Notre Seigneur Jésus-Christ Votre Fils. Ainsi soit-il.

OEUVRE ST-CANISIUS, FRIBOURG

Photo Benedikt Rast, Fribourg - Tous droits réservés

15. Januar 1951
Beerdigung des Prinzen Max auf dem Privatfriedhof der Kanisiusschwestern oberhalb Bürglen.

Nachtrag
Prinz Max versteht seine Priestertätigkeit als Berufung ohne politische Nebenabsichten. Er beherrscht neben seiner Muttersprache Deutsch auch Englisch, Französisch, Armenisch (Krapar), Kirchenslawisch, Russisch, Griechisch, Latein, Portugiesisch, Spanisch, Italienisch, Hebräisch und weitere Sprachen der ostkirchlichen Liturgie. Sein abstinenter Lebensstil verhilft ihm zu hohem Alter. Zeitzeugen berichten, dass er »fleißig, gewissenhaft, kenntnisreich, kindlichfromm, gutmütig, zum Teil närrischhumorvoll und in seiner Seele rein und schlicht« sei. Ihm angebotene hohe kirchliche Ämter lehnt er ab. Er gibt den Bedürftigen, predigt für die Einheit der Kirche und den Frieden. Seiner Familie ist er stets verbunden.

1 Sächsisches Staatsarchiv, HStA DD, 10006 OHMA A, Nr. 40.
2 Ebd.
3 Ebd.
4 Beförderung jeweils für die Prinzen zum 12. Geburtstag.
5 Nach § 61 des Königlich sächsischen Hausgesetzes vom 30. Dezember 1837 tritt die Volljährigkeit für den König mit vollendetem 18. Lebensjahr, für die übrigen Mitglieder des Königlichen Hauses mit dem 21. Lebensjahr ein.
6 Sächsisches Staatsarchiv, HStA DD, Bibliothek X 898.
7 Sächsisches Staatsarchiv, HStA DD, 10711 Ministerium des Königlichen Hauses, Loc. 30, Nr. 13.
8 Ebd.
9 Sächsisches Staatsarchiv, HStA DD, 10716 Verein Haus Wettin Albertinischer Linie e.V., Nr. 285.
10 Baumer, Iso, Max von Sachsen, Prinz und Prophet, Freiburg (Schweiz), 1992, S. 17.
11 Sächsisches Staatsarchiv, HStA DD, 10716 Verein Haus Wettin, Nr. 299.
12 Sächsisches Staatsarchiv, HStA DD, 10711 Ministerium des Königlichen Hauses, Loc. 51, Nr. 15.
13 Sächsisches Staatsarchiv, HStA DD, 11125 Ministerium des Kultus und öffentlichen Unterrichts, Nr. 10999/06.
14 Sächsisches Staatsarchiv, HStA DD, 11025 OLG Dresden, Nr. 176.
15 Ebd.
16 Sächsisches Staatsarchiv, HStA DD, 10730 Sächsische Gesandtschaft für Österreich Wien, Nr. 235.
17 Ebd.
18 Sächsisches Staatsarchiv, HStA DD, 10717 Ministerium für auswärtige Angelegenheiten, Nr. 9358.
19 Ebd.
20 Ebd.
21 Sächsisches Staatsarchiv, HStA DD, 10736 Ministerium des Innern, Nr. 11058 a, Bl. 150.
22 Sächsisches Staatsarchiv, HStA DD, 11125 Ministerium des Kultus und öffentlichen Unterrichts, Nr. 10999/06.
23 Sächsisches Staatsarchiv, HStA DD, 11025 OLG Dresden, Nr. 176.
24 Sächsisches Staatsarchiv, HStA DD, 13312 Fürstennachlass Johann Georg, Nr. 4.
25 Sächsisches Staatsarchiv, HStA DD, 11355 Armeeoberkommando der 3. Armee Nr. 484.
26 Sächsisches Staatsarchiv, HStA DD, 10717 Ministerium für auswärtige Angelegenheiten Nr. 9357.
27 Vgl. Anm. 25.
28 Sächsisches Staatsarchiv, HStA DD, 10717 Ministerium für auswärtige Angelegenheiten, Nr. 9364.
29 Ebd.
30 Vgl. Anm. 26.
31 Ebd.
32 Sächsisches Staatsarchiv, HStA DD, 10006 OHMA O IV, Nr. 324.
33 Vgl. Anm. 25.
34 Sächsisches Staatsarchiv, HStA DD, 10716 Verein Haus Wettin Al. L. e.V., Nr. 375.
35 Sächsisches Staatsarchiv, HStA DD, 10707 Sächsisches Hauptstaatsarchiv, Nr. 3716.
36 Sächsisches Staatsarchiv, HStA DD, 13312 Fürstennachlass Johann Georg, Nr. 23.
37 Sächsisches Staatsarchiv, HStA DD, 13893 Personennachlass Bernhard Eibes, Nr. 1.
38 Baumer, Iso, Prinz Max von Sachsen, Freiburg (Schweiz), 1985, S. 59.
39 Ebd.
40 Sächsisches Staatsarchiv, HStA DD, 11045 Amtsgericht Dresden, Nr. 1400, Vereinsregister, Nr. 693.
41 Prinz Max übernimmt den Hund von der Familie Dr. Steinmann im Jahr 1940.

Birgit Finger · Stefanie Sedlmaier

Ein glücklicher Familienmensch

Prinz Max und die Wettiner

Die familiären Bindungen prägen das ereignisreiche Leben des Prinzen Max von der Geburt bis zum Tod. Mit seiner Priesterweihe ändern sich diese Beziehungen kaum, nur die Aufgaben. In einer autobiografischen Skizze listet er auf mehreren Seiten seine verwandtschaftlichen Beziehungen zu den Herrscherhäusern Europas auf, die ihm bei aller Bescheidenheit doch wichtig sind.[1]

Lebensdaten

Prinz Max von Sachsen wird am 17. November 1870 im Palais der Sekundogenitur, dem sogenannten Prinzenpalais in der Langen Straße, der späteren Zinzendorfstraße, in Dresden in eine bereits kinderreiche Familie hineingeboren. Der Start ins Leben verläuft vielversprechend: »kräftig die Amme (Krempke), kommt nachmittags nach 6 Uhr an. Das Kind trinkt gut.« Und so erreichte der kleine Max bereits nach zwei Tagen ein Gewicht von reichlich 7 Pfund und einen Kopfumfang von 13,5 Zoll. Tag genau wird nun aktenkundig die Qualität der Milch der Amme dokumentiert: Ist sie den 21. November »knapp«, erscheint sie

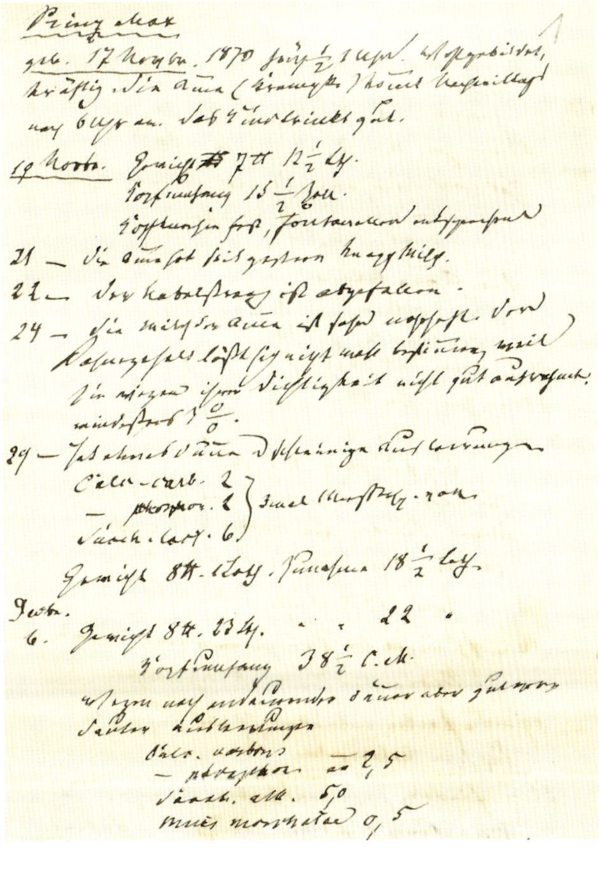

Links: Prinzessin Maria Anna mit ihrem Sohn Prinz Max, Foto, um 1875.

Oben: Prinzenpalais in der Zinzendorfstraße in Dresden, Blick vom Garten, Prinz Johann Georg von Sachsen, Foto, vor 1914.

Unten: Aufzeichnungen aus dem Fürstennachlass Prinz Max von Sachsen im Hauptstaatsarchiv Dresden, 1870.

Ganz links oben: Mutter Maria Anna von Portugal mit Max, Foto, um 1888.

Links oben: Königin Carola von Sachsen, Lithografie, um 1870.

Links unten: Prinzessin Maria Anna Fernanda von Portugal und Prinz Georg von Sachsen, Visitenkarten, Fotos von Hanns Hanfstaengl, um 1860.

Oben: König Friedrich August III. von Sachsen, Foto von Ermenegildo Carlo Donadini, o. J.

Unten: Prinz Johann Georg von Sachsen, Foto, um 1881.

am 24. November »sehr nahrhaft« und dagegen am 29. November »etwas dünn«. Doch trotz allem steigt das Gewicht des kleinen Jungen kontinuierlich.[2]

Bei der Taufe wirkt unter anderem Kronprinzessin Carola von Sachsen als Taufzeugin – der Beginn einer für sein weiteres Leben wichtigen Beziehung.

Max ist das siebente Kind und der dritte Sohn des Prinzen Georg von Sachsen und der Infantin Maria Anna von Portugal, der ältesten Tochter der regierenden Königin von Portugal, Maria da Glória. Nach dem Tod König Alberts besteigt Max' Vater, Prinz Georg, 1902 den sächsischen Thron, bevor ihm bereits zwei Jahre später sein älterer Bruder Friedrich August folgt, der bis 1918 als letzter König Sachsen regiert. Neben den Brüdern Friedrich August und Johann Georg besitzt Prinz Max vier weitere Geschwister: Prinzessin Mathilde bleibt ledig und widmet sich karitativen Aufgaben sowie der Malerei. Maria Josepha heiratet Erzherzog Otto von Habsburg und wird die Mutter des letzten österreichischen Kaisers Karl I. Der

Links oben: Die Prinzessinnen Mathilde und Maria Josepha von Sachsen, Foto, o. J.

Oben: Königin Amalie Auguste von Sachsen, Visitenkarte, Foto, um 1870.

Unten: Gedenkstein an der Unglücksstätte des Prinzen Albert von Sachsen, Postkarte, 1901.

Rechts oben: Rittergut Jahnishausen, nach einer Zeichnung von F. Heise, 1839.

Rechts unten: Der Rosengarten der Königlichen Villa in Hosterwitz, Gemälde der Prinzessin Mathilde, o. J.

jüngere Bruder Albert schlägt eine militärische Laufbahn ein und kommt mit nur 25 Jahren bei Nossen nach einem Manöver bei einem tragischen Verkehrsunfall ums Leben. Zwei weitere Schwestern, Marie Johanna und Elisabeth Albertine, sterben bereits im ersten Lebensjahr.

Sein Namensvorfahr, der Urgroßvater Prinz Maximilian von Sachsen, war der Überlieferung nach sehr fromm. Zu dessen Sohn, seinem gelehrten Großvater Johann, hat Max eine besondere Beziehung. Seine Großmutter, die Königinwitwe Amalie Auguste, hinterlässt ihm ihr Gut Jahnishausen. Er verkauft es später – jedoch so, dass es in Familienbesitz bleibt.

Kindheit

Der Prinz wächst am sächsischen Königshof unter strengem Protokoll und einer betont katholischen Erziehung auf. Zusammen mit seinen zahlreichen Geschwistern verlebt er im Stadtpalais der Sekundogenitur nahe der Dresdner Bürgerwiese und in der königlichen Sommervilla, die der Vater als Sommersitz der Familie in der idyllischen Elb-

Oben: Die Königliche Villa in Hosterwitz, Postkarte, um 1903.

Unten: Die Prinzen Friedrich August von Sachsen, Maximilian von Sachsen und Johann Georg von Sachsen, Foto, o. J.

landschaft erworben hat, in Dresden-Hosterwitz bei Pillnitz eine behütete Kindheit.[3] Später kommen zu der Villa die Privatkapelle »Maria am Wege«, Wirtschaftsgebäude und zwei Häuser im Schweizer Stil hinzu. Dem prinzlichen Paar stehen bei der Erziehung und Betreuung ihrer fünf Kinder mehrere Erzieher, Kammer- und Hoflakaien, Garderobieren und zwei Kinderfrauen, Laura von Elterlein, genannt »Eina«, für die Prinzen und Freiherrin Therese von Hausen für die Prinzessinnen zur Seite. Insgesamt gehören über 60 Personen zum Hofstaat des Prinzen Georg und der Prinzessin Georg – gemeint ist Maria Anna, denn die Frauen werden nach ihren Männern benannt. Dennoch sehen sich die Eltern als die ersten Erzieher. Maria Anna drückt es in einem Brief an die Erzieherinnen ihrer Töchter folgendermaßen aus: »Ich sehe es als meine heiligste Aufgabe an, mich so viel als möglich um die Erziehung meiner Kinder zu kümmern, und halte es für meine Pflicht, sie so viel als möglich bei mir zu haben.«[4] Gemeinsam ist den Eltern darüber hinaus ihre tiefe Religiosität. Während die Mutter künstlerisches Talent aufweist und gern malt, spielt der Vater hervorragend Klavier und singt Lieder von Schubert oder Opernarien. An seine andere große Leidenschaft, die Jagd – an einem einzigen Nachmittag soll er mit einem Freund 170 Fasane erlegt haben – erinnert sich Max später mit Abscheu. Für die Bescherung armer Kinder im

Oben: Die Familie des wettinischen Königshauses, v. l. n. r. untere Reihe: Friedrich August, Königin Carola, König Albert, Luise, Johann Georg, Mathilde, Maria Isabella, obere Reihe: Georg, Ernst Heinrich, Friedrich Christian, Albert, Georg, Max, Jubiläumspostkarte, 1898.

Unten: Die Prinzessinnen Mathilde und Maria Josepha und die Prinzen Friedrich August, Johann Georg, Max und Albert (vorn), Foto, 1882.

Palais finden gemeinsame Geschenkeeinkäufe statt – vielleicht eine frühe Anregung der späteren Nächstenliebe des Prinzen.

Unterrichtet wird Max zusammen mit seinem um ein Jahr älteren Bruder Johann Georg, genannt »Hans«, von den Privatlehrern Major Ernst Freiherr von Oer, Hofprediger Ludwig Wahl und Hofkaplan und Geschichtslehrer Dr. Adolf Fritzen.[5] Besonders letzterem schenkt Max wegen seiner »mit bescheidener Würde auftretender und doch lebhafter, warmherziger Persönlichkeit« volles Vertrauen. Die Woche strukturiert in der Regel ein abwechslungsreicher Tagesplan: Nach dem Aufstehen geht es halb acht Uhr zur Messe, gefolgt von einem Ausritt vor dem Frühstück, wo es die berühmten Hosterwitzer »Hörnchen« gibt. Anschließend steht der Schulunterricht auf dem Plan und ab halb vier Uhr das Mittagessen im Kreis der Familie, schließlich Spiele und Spaziergänge in der Natur, im Winter ersetzt durch Übungen im Tanzen und Turnen. Bei den Mahlzeiten herrschen strenge Tischregeln – ein starker Widerspruch zu Max' späterer sorgloser Art zu speisen. Dazu kommt die militärische Erziehung im Exerzieren, Schwimmen und Reiten. Gebadet wird in den Elbbädern der gegenüber dem Wasserpalais gelegenen Elbinsel, zu deren Badehäusern die »Fliegende Fähre« übersetzt. Regelmäßige Besuche in den zahlreichen Museen und Galerien Dresdens sowie naturkundliche Exkursionen in die Umge-

Oben: Schloss Pillnitz mit der Fliegenden Fähre im Vordergrund, kolorierte Radierung von Johann Friedrich Wizani nach Carl Gottlob Ehrlich, 1799/1801.

Unten: Schloss Weesenstein, Gemälde von Franz Wilhelm Leuteritz, 1876.

bung oder Besuche im Botanischen Garten runden das prinzliche Bildungsprogramm ab.

Auch das Bestellen von Blumenbeeten im Hosterwitzer Garten gehört zu den täglichen Pflichten. Mit zunehmendem Alter fahren die Prinzen dreimal in der Woche nach Dresden, um im Sekundogenitur-Palais unterrichtet zu werden. Für die sogenannte Prinzenschule werden dort ein eigenes Zimmer eingerichtet und ausgewählte Fachlehrer aus den Dresdner Schulen werden berufen. An freien Tagen unternehmen die Lehrer mit ihren Zöglingen oder die Familie wiederholt kürzere oder längere Wanderungen und Ausflüge mit dem Schiff oder dem Wagen in der näheren und weiteren Umgebung, etwa in der Sächsischen Schweiz oder durch das Müglitztal zum Schloss Weesenstein, wo die Familie 1877 längere Zeit zum Luftwechsel wohnt, weil die Kinder an Keuchhusten erkrankt sind. Bei dieser Gelegenheit trägt sich Max gemeinsam mit seinen Geschwistern ins Fremdenbuch des Schlosses ein.

Die Familie weilt möglichst lange in Hosterwitz, um hier in der ländlichen Umgebung freier von gesellschaftlichen und Standesverpflichtungen leben zu können – in der Regel von Anfang Mai bis Ende Oktober. Häufig besuchen die Eltern mit ihren Kindern nach dem Frühstück das Königspaar im benachbarten Schloss Pillnitz. Diese Gewohnheit wird unter König Albert beibehalten. Königin Carola lässt im Pillnitzer Park für die Kinder sogar Spielplätze einrichten und kleine Feste veranstalten.

Das einschneidendste Ereignis seiner Jugend ist für Prinz Max im Alter von 14 Jahren der Tod seiner Mutter an Typhus. Die kinderlos gebliebene Tante, Königin Carola, übernimmt danach mit großem Einsatz die mütterliche Fürsorge. Dennoch kann sie die Mutter nicht ersetzen. Prinz Max würdigt später seine Tante bei einer wehmütigen Aufzählung verstorbener naher Verwandter folgendermaßen: »Königin Carola von Sachsen, die Witwe König Alberts, die immer für mich eine besondere Liebe gehabt hatte.« Der tragische Verlust der Mutter prägt die Kinder stark. Aber auch der Witwer, Prinz Georg, seit der Jugend träumerisch und verschlossen, verbittert zunehmend und trägt sich sogar mit dem Gedanken, den Rest seines Lebens in einem Kloster zu verweilen. Im Todesjahr der Mutter verbringt er mit seinen Kindern den Sommer in der Schweiz. Auch in den Folgejahren unternimmt die Familie längere Ferienreisen an die Ostsee, zu den Hohenzollern nach Sigmaringen, zu bayerischen Schlössern der wittelsbachischen Verwandtschaft oder nach Stresa an den Lago Maggiore, die der Familie Aufheiterung und Ablenkung bieten sollen. So ergibt sich im Sommer 1886, kurz nach dem Tod König Ludwigs II. von Bayern bei einem Besuch der Herzogin in Bayern – einer Schwester der Königin Amalie Auguste – die Möglichkeit, die Schlösser Her-

Oben: Die königliche Familie, Königin Amalie Auguste von Sachsen und König Johann von Sachsen am Tisch, links Prinz Georg von Sachsen und Prinzessin Maria Anna von Sachsen, rechts Kronprinz Albert von Sachsen und Kronprinzessin Carola von Sachsen, Fotomontage, 1869.

Unten: König Johann von Sachsen und Königin Amalie Auguste von Sachsen, Foto, um 1870.

Oben: König Albert und Königin Carola vor Schloss Pillnitz, Postkarte, um 1900.

Unten: Schloss Neuschwanstein, Postkarte, um 1913.

Rechts oben: Erzherzog Otto Franz Joseph von Österreich und Prinzessin Maria Josepha von Sachsen, Foto von Hanns Hanfstaengl, o. J.

Rechts unten: Prinz Johann Georg von Sachsen auf einem Kamel, Sinai-Reise vom Katharinenkloster zum Roten Meer, Foto, 1910.

renchiemsee und Neuschwanstein, die zu diesem Zeitpunkt noch nicht der Öffentlichkeit zugänglich sind, zu besichtigen.[6]

Mit dem Lehrer von Oer unternehmen die Prinzen Johann Georg und Max kleine Wanderreisen nach Bayern. Vom Schloss Tegernsee machen sie einen Ausflug nach Bad Kreuth und besuchen dort den König von Neapel. Mit von Oer, dem späteren Benediktinerpater Sebastian im Kloster Beuron, und Wahl, dem späteren Bischof und Apostolischen Vikar in Sachsen, bleiben die Brüder in dauerhafter Verbindung. So schreibt Max an seinen früheren Erzieher von Oer: »Lieber verehrter Herr Pater Sebastian. Habe neulich auf dem Schreibzimmer meines Quartiers im Schloss zu Regensburg zu meiner Freude Ihren lieben Brief vorgefunden. [...] Beim kurzen Aufenthalt in Tuttlingen habe ich sehr bedauert, so zwei Schritte von Beuron entfernt zu sein und doch nicht gut hinüber zu koennen, habe aber den Herrgott gebeten, einen Gruß hinüber gelangen zu lassen.«[7]

Anlässlich der Hochzeit ihrer Schwester Maria Josepha mit dem Erzherzog von Österreich absolvieren die jungen Prinzen Johann Georg und Max 1886 ihren ersten Hofball und damit ihren Eintritt in die Gesellschaft. Nach dem Abschluss des Gymnasialunterrichts legt Max zusammen mit seinem Bruder 1888 in Gegenwart des Kultusministers das sogenannte Maturitätsexamen ab.

Militärdienst

Wie üblich wird Prinz Max im Alter von zwölf Jahren zum Leutnant ernannt, natürlich ohne Dienst zu tun. Erst mit 18 Jahren beginnt er seinen tatsächlichen Militärdienst als »Sekondelieutenant« im Königlich-Sächsischen 2. Grenadierregiment Nr. 101 zu Dresden. Ein Jahr später wird er zum »Premierlieutenant« befördert. Dem Regiment bleibt er stets verbunden.[8]

Studienzeit

1889 beginnen Max und Johann Georg ein Studium der Staats- und Rechtswissenschaft sowie der Nationalökonomie in Freiburg im Breisgau, wo den Brüdern ein kleiner Hofstaat zur Seite steht. Die privaten Vorlesungen des reformorientierten Theologen, Dante-Experten, Kunsthistorikers und Mitbegründers der modernen Christlichen Archäologie, Franz Xaver Kraus, prägen hier die künftigen Interessen der Prinzen nachhaltig. Mit seinem Bruder teilt Max die Begeisterung für die Kultur der christlichen Kirchen des Orients, verbunden mit entsprechenden Reisen.

Ein Jahr später setzen die jungen Männer ihr Studium in Leipzig fort. Aus dieser Zeit hinterlässt Harry Graf Kessler ein lebendiges Charakterbild über seinen Kommilitonen Max: »Der jüngere Prinz war äusserlich viel bescheidener, ein frischer, hübscher Junge, der geistig weniger hoch flog wie sein Bruder, aber im Gegensatz zu diesem ein glühendes Interesse für soziale Fragen hatte. Äusserlich gab er sich als junger, unbekümmerter Prinz, der für jeden Studentenulk zu haben war, doch wenn man ihn beobachtete, merkte man, dass er unwahrscheinlich rein und noch katholischer als sein Bruder war. Man musste ihn gern haben, und doch fühlte man, dass er, wie gewisse blonde Infanten von Velasquez, seelisch sonderbar verschlossen und unzugänglich war.«[9]

Anschließend tritt Max in das 1. Sächsische Ulanenregiment ein, beendet aber kurz darauf seine Militärlaufbahn, um Philosophie und Theologie am damaligen Bischöflichen Lyzeum in Eichstätt in Bayern zu studieren, wo er im Bischöflichen Priesterseminar wohnt. Zuvor ist seine Entscheidung zum Priesteramt gefallen; der Gedanke war schon länger in ihm wach.

Entscheidung für das Priesteramt

Lehrer von Oer erinnert sich: »Als während des Religionsunterrichtes bei den Prinzenkindern Hofkaplan Wahl davon sprach, jeder müsse sich prüfen, ob er nicht zum Priester berufen sei, seien Prinz Max die Tränen gekommen, worauf der Lehrer das Thema abgebrochen hätte. Die Entscheidung des Prinzen Max, Priester zu werden und auf seine Ansprüche auf den sächsischen Thron zu verzichten, markiert einen entscheidenden Wendepunkt in seinem Leben, der naturgemäß auch die Beziehung zu seiner Familie beeinflusst. Durch die Stellung der katholischen albertinischen Linie der Wettiner als das regierende Haus im protestantischen Sachsen bekommt diese eigentlich doch sehr persönliche Entscheidung eine weitere, geradezu staatstragende Dimension. Vor allem König Albert, der Großvater von Prinz Max, zeigt sich »anfangs gar nicht mit dem Gedanken einverstanden«.[10] Max ist sich der Folgen sehr wohl bewusst, die seine Entscheidung im Land wie auch innerhalb der Familie hervorrufen könnte. Durch die Geburt seines Neffen Prinz Georg, Sohn seines ältesten Bruders Friedrich August, sieht er sich aber weniger als zuvor in der Pflicht des Landes und der Dynastie. Dennoch scheint es keine leichte Entscheidung zu sein, gerade in Hinblick auf die Familie. »Der Abschied von dieser Welt wird mir nicht schwer werden, […] wohl aber der Abschied von meinem lieben Vater und der ganzen Familie«,[11] schreibt Prinz Max an von Oer und fasst damit in einem einzigen Satz den vollen Umfang der Konsequenzen seiner Entscheidung zusammen.

Der tief religiöse Vater, Prinz Georg, ist dem Wunsch seines Sohnes gegenüber um einiges aufgeschlossener als der König. Er begreift es als »eine grosse Ehre und ein grosses Glück, wenn ein Mitglied von Gott zum Priesterstand berufen wird«.[12] Gleichzeitig sieht er die sehr realen Schwierigkeiten, mit denen Max angesichts dieser so elementaren Entscheidung konfrontiert wird, als wichtige Prüfung der Tiefe und

Oben: Die sächsische Königsfamilie: König Albert und Königin Carola von Sachsen, am Tisch sitzend, dazwischen Prinzessin Mathilde von Sachsen, stehend Prinz Georg von Sachsen mit seinen Söhnen Friedrich August, Johann Georg, Max und Albert, Gemälde von Ludwig Rudow, 1888.

Rechts: Prinzessin Maria Isabella von Württemberg und Prinz Johann Georg bei ihrer Hochzeit, Foto, 1894.

Ganz rechts: Prinzessin Maria Immaculata von Bourbon-Sizilien und Prinz Johann Georg von Sachsen bei ihrer Hochzeit, die Trauung nahm Prinz Max vor, Foto, 1906.

Echtheit des Wunsches, sein Leben Gott zu widmen. So ist es Prinz Georg, der »den König als Vater [bittet,] da es eine Sünde sein würde, dem Willen Gottes länger zu widerstehen und da auch Max von dem geistlichen Beruf zurückgehalten nur unglücklich werden würde, die Sache geschehen zu lassen«.[13]

Auch Königin Carola, die sich stets mütterlich um Prinz Max sorgt, unterstützt ihren Neffen nach Kräften in seiner Entscheidung, ist aber dennoch über den Weggang des Prinzen Max aus der Königsfamilie höchst bekümmert.

Am 26. Juli 1896 wird Max in der Eichstätter Schutzengelkirche zum Priester geweiht und verzichtet am Tag der Primiz offiziell auf seinen Anspruch auf den sächsischen Königsthron. Am 1. August desselben Jahres findet die Primizfeier in Dresden in der Kirche des königlichen Josephinenstiftes statt.[14]

Besondere Beziehungen in der Familie

Doch auch nach der Priesterweihe im Juli 1896 verliert die Familie für Prinz Max nicht an Bedeutung. Aufgrund der räumlichen Distanz zwischen Dresden und den verschiedenen Wirkungsorten von Prinz Max verläuft der Kontakt allerdings überwiegend brieflich und weitaus weniger persönlich, als dies zuvor der Fall ist. Zum Geburtstag seines Bruders gratuliert er und schreibt über ganz alltägliche Dinge wie das Wetter und die Prüfungen: »Lieber Hans! Zu Deinem Geburtstage wünsch ich Dir alles erdenklich Gute und Schöne in jeder Beziehung, besonders aber für Deine Ella [Prinzessin Maria Isabella]. Ich werde auch im Gebet besonders Deiner gedenken. Übrigens danke ich Dir auch vielmals für deinen lieben Brief von neulich. Nächsten Monat komme ich also, so Gott will, nach Hosterwitz. Ich freue mich sehr darauf [...] Bis dahin scheint noch ein tüchtig heißer und anstrengender Monat zu kommen. Wir hatten bis vor kurzem stets kühle Witterung, aber jetzt ist es heiß und ordentlich schwül. Gestern wurde unter Zusammenströmen einer riesigen Volksmenge das Fest des Hl. Willibald gefeiert [...] In drei Wochen haben wir wieder Examina. Dann folgt bald der Schluß. Ich umarme Dich, Dein Dich liebender Bruder Max.«[15] So bleibt er auf diesem Weg trotz der Entfernung immer mit seiner Familie verbunden und teilt über Jahre und Jahrzehnte hinweg Glück und Leid der Familienmitglieder. Die Freude, die über Verlobungen und Eheschließungen seiner Geschwister und schließlich über die Taufen seiner Nichten und Neffen herrscht, aber auch die Trauer anlässlich der zahlreichen Schicksalsschläge und Verluste, welche die Wettiner ereilen, etwa die schwere Erkrankung seines Vaters im Winter 1891 oder der tragische Tod seines Bruders Albert am 16. September 1900. Der »Schlag, der unsere Familie getroffen hat, war gewiss schwer [...], Gott hat's so gewollt und gefügt [...], dass ich nach der Katastrophe eine Zeitlang in Sachsen bleiben konnte«,[16] schreibt Prinz Max

Oben: Sachsens Königshaus, Postkarte, um 1910.

Unten: Kronprinzessin Luise von Toscana mit einem ihrer Kinder, Foto, o. J.

Rechts oben: Prinz Johann Georg von Sachsen zu seinem 60. Geburtstag in Schloss Sibyllenort mit seiner Gemahlin Maria Immaculata, seinen Brüdern König Friedrich August III. und Prinz Max von Sachsen und seinen Schwestern Prinzessin Mathilde und Prinzessin Maria Josepha, Foto, 1929.

Rechts unten: Schloss Sibyllenort mit Schlossteich, Postkarte, um 1910.

einen Tag nach dem Unfall, wieder an von Oer, froh darüber, in dieser schweren Stunde im Kreise seiner Familie sein zu können.

Auch die Scheidung der Ehe seines Bruders Kronprinz Friedrich August und Luise von Toscana trifft den Prinzen sehr. Über die Flucht seiner Schwägerin äußert er sich später sachlich, wenn auch etwas ratlos: »Der schwerste Kummer des ganzen Lebens war die traurige Geschichte der noch heute lebenden Frau des späteren Königs Friedrich August. Man darf aber hoffen, dass sie mit der Zeit zu etwas anderer Denkweise gekommen ist. Und was die früheren Dinge betrifft, so darf man annehmen, dass etwas nicht ganz Normales dahinter steckt.« Besonderen Anteil nimmt er am Schicksal der Personen, die besonders von dem Ende der Ehe betroffen sind: dem König, dem Kronprinzen und vor allem den Kindern. So wandert Prinz Max im März 1903 zu Fuß durch die Schweizer Alpen nach Gardone am Gardasee, »um dort seinen Vater und die beiden Schwestern Mathilde und Maria Josepha aufzusuchen, einige Tage bei ihnen zu sein und sie zu trösten«.[17]

Neben der steten Korrespondenz, die zeitlebens andauert, bleibt der persönliche Kontakt zu seiner Familie auch durch gegenseitige Besuche, vor allem zwischen Prinz Max und den hohenzollerschen sowie den österreichischen Verwandten, bestehen. Gerade über die Schwester des Prinzen, die Mutter des österreichischen Kaisers Karl I., Erzherzogin Maria Josepha, bestehen enge Beziehungen zum Haus Habsburg. Besonders der Kaiserin Zita, letzte Kaiserin der österreich-ungarischen Doppelmonarchie, scheint er nahe zu stehen. Unterstrichen wird die besondere Tiefe der Verbindung zwischen der damaligen Prinzessin von Bourbon-Parma und späteren Kaiserin und dem zum Priester gewordenen Prinzen auch durch folgende Anekdote: Bei einer Audienz bei Papst Pius X. am 24. Juni 1911, knapp vier Monate vor ihrer Hochzeit mit dem österreichischen Erzherzog Karl, bittet sie den Heiligen Vater, ihr,

Oben: Hochzeit Prinzessin Margaretes mit Friedrich von Hohenzollern in Sibyllenort im Juni 1920.

Rechts: Hochzeitsfoto Prinzessin Margaretes mit Friedrich von Hohenzollern am 2. Juni 1920, Foto aus dem Nachlass des Prinzen Max von Sachsen.

wie zuvor schon ihren älteren Schwestern, den päpstlichen Majordomus Monsignore Bisletti zu ihrer Eheschließung abzuordnen. Sollte er dem Wunsch nicht nachkommen können, würde Prinz Max sie trauen. Letztendlich kommt es nicht dazu, denn der Papst entspricht dem Wunsch der Braut.[18] Dennoch ist diese Begebenheit nicht uninteressant, bezieht man die späteren, zu diesem Zeitpunkt keinesfalls vorhersehbaren Ereignisse ein, welche die junge Braut nur wenige Jahre später zur letzten Kaiserin von Österreich machen.

Auch diese Verbindung bleibt zeitlebens bestehen. Von Kaiserin Zita selbst sind häufige Besuche von Prinz Max bei ihrer Familie überliefert, offenbar auch sehr zur Freude der kaiserlichen Kinder. Und auch das Ende der Monarchie nach dem Ende des Ersten Weltkrieges und der Gang der kaiserlichen Familie ins Exil tun dem keinen Abbruch, sondern veranlassen Prinz Max, die Familie auch fern der österreichischen Heimat zu besuchen, so beispielsweise bereits 1918 bei einem Aufenthalt in der Schweiz.

Aber auch gegenseitige Besuche zwischen Prinz Max, seinen Geschwistern, dem Vater und der Königin Carola sind überliefert. So oft es ihm möglich ist, verbringt Prinz Max darüber hinaus einige Tage oder Wochen in der Königlichen Villa in Hosterwitz oder im Schloss Sibyllenort. Daran ändert auch der Verlust der sächsischen Krone für die Wettiner nach dem Ende des Ersten Weltkrieges nichts. Auch Max ist, wenn natürlich nicht in dem Maße wie sein regierender Bruder Friedrich August, vom Ende der Monarchie betroffen. Die geheimen Aufenthalte an verschiedenen Orten in der Nähe Dresdens als »Versteckensmaßregeln« beschreibt er als »ganz überflüssig, denn niemand aus dem Volke dachte daran, einem von uns auch nur ein Haar zu krümmen«. Schließlich geht er zunächst zusammen mit dem abgesetzten König und anderen Verwandten nach Sibyllenort in Schlesien.

Einzig die Zeit des Nationalsozialismus und des Zweiten Weltkrieges macht es Prinz Max für einige Jahre unmöglich, seine Angehörigen in Deutschland und Österreich zu besuchen und unterbindet damit die bis dahin gekannte Nähe innerhalb der Familie. So kann Prinz Max weder an der Beerdigung seines Bruders Johann Georg 1943 in Freiburg im Breisgau, noch an der seines Neffen, des zum Priester geweihten Kronprinzen Georg, im gleichen Jahr in Dresden oder an der seiner Schwester Maria Josepha 1944 in Wien teilnehmen. Erst nach Kriegsende ist es möglich, die gegenseitigen Besuche wieder aufzunehmen.

Schwer trifft Prinz Max die Zerstörung seiner Heimatstadt am Ende des Zweiten Weltkrieges. Sein Neffe Prinz Friedrich Christian berichtet darüber: »Als Onkel Max die Nachricht vom Untergang Dresdens empfing, war er zunächst ganz erstarrt, dann weinte er und verbrachte den Tag in völliger Zurückgezogenheit. Er war dann noch mehr gealtert und noch gebeugter. Seit diesem Tage konnte er nur noch selten wirklich fröhlich sein.« Als ihn noch später ein junger evangelischer Theologiestudent aus Sachsen besucht, fragt Max diesen: »Junger Freund, wer sitzt jetzt eigentlich auf Schloss Moritzburg?«[19]

2. Juni 1920.

Das letzte Foto von Prinz Max von Sachsen,
1950.

Seelsorge für die Familie

In engem Zusammenhang mit der königlichen Familie wie auch mit der priesterlichen Tätigkeit des Prinzen Max, steht die Seelsorge im Kreise der Familie. Nach der ersten Ansprache im Herbst 1900 nach dem bereits erwähnten tödlichen Kutschenunfall seines Bruders Albert, den »Worte[n] gesprochen am Sarge meines vielgeliebten Bruders Albert, am 19. September 1900«,[20] folgen viele weitere bei Trauungen oder Taufen. Dabei wählt Prinz Max meist einen Bibelspruch, den er dem jeweiligen Anlass entsprechend erläutert und interpretiert. Die Ausführungen sind dabei tief biblisch, und meist wird auch darin wieder die enge Verbundenheit des Prinzen Max mit seiner Familie deutlich. So erinnert er an schmerzliche oder freudige Momente für das Haus Wettin und resümiert Ausschnitte aus der Geschichte der Familie.[21] In der Ansprache bei der Trauung seiner Nichte Margarete mit dem Erbprinzen Friedrich von Hohenzollern, einer Trauung »fernab der Heimat«,[22] wie er schreibt, thematisiert er beispielsweise den Untergang des Königtums. Er erzählt von der Hofgesellschaft anlässlich der letzten Trauung einer Prinzessin des Hauses, seiner Schwester Maria Josepha, in der Dresdner Hofkirche und von glänzenden Festen, die so vollkommen anders waren als dieses, das »in Stille und Verborgenheit«[23] stattfindet. Gleichzeitig verweist er darauf, dass das wahre Glück nicht vom Glanz des Königtums herrührt. In den letzten Zeilen dieser Ansprache ruft er die Braut dazu auf, nie ihre Heimat, nie den Vater und ihre Geschwister zu vergessen[24] und schafft damit wieder einen engen Bezug zu Sachsen und zur Familie.

Auf dieses Bild einer Hofgesellschaft, welche vor dem Ende der Monarchie in der »festlich geschmückte[n] Residenzstadt Dresden«[25] bestand, greift Prinz Max auch ein Jahr später bei der Trauung seines Neffen Ernst Heinrich mit Prinzessin Sophie von Luxemburg zurück und hofft dabei, dass das bescheidenere Leben, welches das junge Paar anstelle eines Lebens mit Hofstaat im Palast führt, »um so mehr durch den verborgenen Schmuck der Liebe und des inneren Glückes erglänzen«[26] wird. Und auch hier verweist Prinz Max wieder auf Sachsen und auf die Ehre des Hauses Wettin, welches durch die Eheschließungen gestärkt werden soll.[27]

Bei der Taufe seines Großneffen Maria Emanuel am 2. Februar 1926, dem Erstgeborenen des nachgeborenen Sohnes von König Friedrich August III., Friedrich Christian Prinz von Sachsen und dessen Frau Elisabeth Helene, geborene Prinzessin von Thurn und Taxis, geht Prinz Max auf ebendieses Thema ein: die männliche Erstgeburt. In diesem Zusammenhang verweist er auch auf Kronprinz Georg. »Wie zum Ersatze für den Erstgeborenen unseres Hauses, der sich dem Dienste Gottes geweiht hat, ist dem Nächstgeborenen ein Erstgeborener geschenkt worden. Und die Freude, welche ein solches Ereignis mit sich zu bringen pflegt, ist umso grösser, als man eine geraume Zeit hat warten müssen, bis die Ehe ihre erwünschte Frucht getragen hat.«[28]

Lebensende

Als Prinz Max von Sachsen schließlich am 12. Januar 1951 im Alter von 80 Jahren in Fribourg in der Schweiz stirbt, kommen neben schätzungsweise 3 000 bis 4 000 Menschen auch Verwandte von Prinz Max, um von dem Verstorbenen Abschied zu nehmen: beispielsweise die Markgräfin von Meißen, Prinzessin Elisabeth von Sachsen, geborene von Thurn und Taxis, sowie deren ältester Sohn Maria Emanuel.

Auch die Beerdigung drei Tage nach seinem Tod, am 15. Januar, findet im Beisein verschiedener Familienmitglieder statt. Anwesend sind Berichten zufolge Erzherzog Max von Österreich, Bruder des ehemaligen Kaisers und Patensohn von Prinz Max, Prinz Meinrad von Hohenzollern (in Vertretung der Nichte von Prinz Max, Prinzessin Alix von Hohenzollern, geb. von Sachsen) sowie Erzherzog Georg von Österreich-Toscana. Dazu kommen diverse kirchliche Würdenträger, Professoren und Menschen aus allen Bevölkerungsschichten.

1 Autobiografische Skizze von Prof. Dr. Max, Herzog zu Sachsen, in: Baumer, Iso: Max von Sachsen. Prinz und Prophet. Freiburg (Schweiz) 1992, S. 15–26, hier S. 15 ff.

2 Wir danken Iris Kretschmann herzlich für die interessanten Informationen aus dem Hauptstaatsarchiv Dresden. Sächsisches Staatsarchiv, HStA DD, 13321, Fürstennachlass Max, Prinz von Sachsen (1870–1951), Nr. 1, fol. 1.

3 Ebd.

4 Metzsch, W. von / Sigismund, Karl: Friedrich August II. König von Sachsen. Ein Lebensbild, o. O. 1906, S. 18 und 36.

5 Dornheim 2017, S. 18.

6 Vgl. von Oer, Sebastian: Hosterwitz. Eine Jugenderinnerung, in: Fessler, Franz [Hg.]: Ehrengabe deutscher Wissenschaft. Dem Prinzen Johann Georg Herzog zu Sachsen zum 50. Geburtstag gewidmet, Freiburg. i. Br. 1920, S. 885, 956.

7 Hauptstaatsarchiv Dresden (wie Anm. 2), Nr. 3, Freiburg (Schweiz), 23. 6. 1923.

8 Max, Herzog zu Sachsen, S. 15 ff.

9 Baumer 1992, S. 52.

10 Brief von Prinz Max an Sebastian von Oer, Oschatz, den 2. März 1993.

11 Ebd.

12 Vgl. Baumer, Iso: Max von Sachsen. Prinz und Prophet. Freiburg (Schweiz) 1990, S. 75.

13 Ebd.

14 Baumer 1992, S. 59.

15 Hauptstaatsarchiv Dresden (wie Anm. 2), Nr. 2, Eichstätt, 8. 4. 1894.

16 Vgl. Brief von Prinz Max an Sebastian von Oer, Fribourg, den 17. Oktober 1900.

17 Baumer, Iso: Max von Sachsen. Priester und Professor. Freiburg (Schweiz) 1992, S. 71. Vgl. Brief von Prinz Max an Sebastian von Oer, Fribourg, den 30. Dezember 1902.

18 Vgl. Baumer 1992, S. 125 f.

19 Ebd., S. 27 und 317.

20 Vgl. Herzog von Sachsen, Max: Worte gesprochen am Sarge meines vielgeliebten Bruders Albert, am 19. September 1900, Bautzen 1900.

21 Vgl. Herzog von Sachsen, Max: Ansprache in Sybillenort am 25. Mai 1921 bei der Trauung meiner Nichte Maria Alix mit Franz Joseph, Prinz von Hohenzollern. Freiburg (Schweiz) 1921, S. 1, 4.

22 Herzog von Sachsen, Max: Ansprache in Sibyllenort am 2. Juni 1920 bei der Trauung meiner Nichte Margarete mit Friedrich, Erbprinz von Hohenzollern. Penzberg 1920, S. 1.

23 Ebd., S. 2.

24 Ebd., S. 3.

25 Herzog von Sachsen, Max: Ansprache bei der Trauung meines Neffen Ernst mit Prinzessin Sophie von Luxemburg am Schloss Hohenburg bei Tölz am 12. April 1921. Freiburg (Schweiz) 1921, S. 2.

26 Ebd.

27 Vgl. ebd., S. 2 ff.

28 Herzog von Sachsen, Max: Ansprache bei der Taufe meines Grossneffen Maria Emanuel v. Sachsen am 2. Februar (Lichtmesstag) 1926 in der Schlosskapelle zu Prüfening bei Regensburg. Freiburg (Schweiz) 1926, S. 1.

Prinz Max – ein Priester zwischen Seelsorge und Caritas

Max von Sachsen – ein Prinz wie jeder andere

Zunächst verlief alles ganz »normal«. Am 11. November 1870 wurde dem Prinzen Georg von Sachsen und seiner Gemahlin Maria Anna Infantin von Portugal das siebte Kind geboren und, für damalige Verhältnisse wichtig, der dritte Sohn. Der junge Prinz wuchs mit seinen vier Geschwistern Mathilde, Friedrich August, Maria Josepha und Johann Georg auf. Fünf Jahre nach Prinz Max wurde gleichsam als Nachzügler sein Bruder Albert geboren, der im Alter von 25 Jahren tödlich verunglückte. Prägend für Prinz Max war wohl der frühe Tod der Mutter; er war damals gerade 13 Jahre alt.

Der Begriff **»Velum«** kommt aus dem Lateinischen und bedeutet »Segel / Hülle«. Es ist ein Stück Stoff, das im katholischen Gottesdienst verwendet wird als Segensvelum zum Umfassen der Monstranz beim Segen, als Kelchvelum zur Verhüllung des Kelches bei der Messfeier, als Schultervelum für Messdiener, die Stab und Mitra des Bischofs tragen. Durch die Verwendung des Velums wird besonderer Respekt gegenüber einem liturgischen Gegenstand zum Ausdruck gebracht.

Links: Velum (Ausschnitt) mit Abendmahlsmotiv (links Johannes, rechts Jesus) aus dem Nachlass des Prinzen Max, Seide, Baumwolle, Goldfäden, Stickerei, o. J.

Rechts: Prinz Max am Priesterseminar in Köln, Foto, 1912.

Oben: Ansicht von Dresden, 1923.

Unten: Widmung der Eltern im Messbuch für Prinz Max zur Firmung, o. J.

Rechts oben: Blick zum Altar in der Katholischen Hofkirche in Dresden, Foto, 1920.

Rechts unten: Blick zum Altarraum in der Frauenkirche in Dresden, Foto, 1933.

Ganz rechts oben: Pater Sebastian von Oer OSB, Gemälde von Anna von Oer, 1912.

Ganz rechts unten: Kronprinz Georg im Kinderwagen, der Sohn von Friedrich August von Sachsen und Luise von Toscana, Foto, 1893.

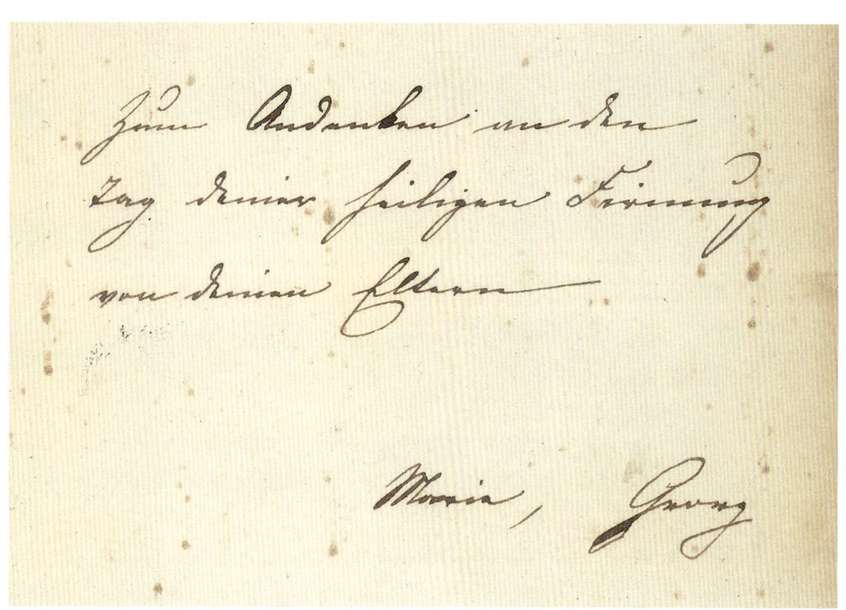

Zum Andenken an den
Tag deiner heiligen Firmung
von deinen Eltern

Maria, Georg

Seine Kindheit und Jugend verliefen in klassischen Bahnen. Am Königshof in Dresden genoss er die für einen Prinzen übliche Schulbildung. Täglich um 7.30 Uhr feierte man die heilige Messe, anschließend frühstückte die Familie gemeinsam. Religion unterrichtete der Hofprediger Ludwig Wahl, der später als Apostolischer Vikar in den sächsischen Erblanden und damit Administrator der beiden katholischen Jurisdiktionsbezirke in Sachsen sowie Dekan des Bautzener Domstifts Prinz Max zum Priester weihen sollte. Immerhin ist bemerkenswert, dass Max zu seiner Firmung von den Eltern ein Missale, ein Messbuch, geschenkt bekam, um dem Gottesdienst noch besser folgen zu können. Auch das ist ein Zeichen für die gelebte Frömmigkeit der Familie.

Doch zunächst wurde Prinz Max 1882 mit zwölf Jahren gemäß alter Tradition zum Leutnant ernannt. Nach dem Abitur absolvierte er von April 1888 bis März 1889 den Militärdienst im 2. Grenadierregiment Nr. 101 und wurde anschließend zum Premierleutenant befördert.

Danach studierte er zusammen mit seinem Bruder Johann Georg Rechtswissenschaften, Geschichte und Nationalökonomie in Freiburg im Breisgau und Leipzig. 1892 promovierte er an der Universität Leipzig »summa cum laude« (mit höchster Auszeichnung) zum Doktor beider Rechte (des weltlichen und des kirchlichen Rechts). Anschließend trat er in das 1. Sächsische Ulanen Regiment ein. Alles in allem die klassische Laufbahn eines Prinzen einer regierenden Königsfamilie.

Berufung zum Priester

Wann Prinz Max zum ersten Mal das Bedürfnis verspürte, Priester der römisch-katholischen Kirche zu werden, lässt sich, wie bei so vielen Berufungen, nicht feststellen. In der Regel ist eine Entscheidung für das Priesteramt Ergebnis eines längeren inneren, eines geistlichen Prozesses. Zu allen Zeiten war es schwer, den inneren Ruf zur besonderen Nachfolge Jesu Christi in sich

zu erkennen, ihm zu vertrauen. Noch schwerer aber ist es, die innere Überzeugung, auserwählt zu sein, öffentlich zu machen. Dies wurde bei Prinz Max in zweifacher Weise verstärkt. Zum einen war für einen nachgeborenen Abkömmling eines regierenden Königshauses eine andere Laufbahn vorgesehen. Es wurde erwartet, dass er als Mitglied des Herrscherhauses persönliche Interessen hinten anstellte und auf seine Weise der Monarchie diente. Dazu passt es nicht, als Priester einem Bischof Ehrfurcht und Gehorsam zu geloben. Dazu kam aber noch die besondere konfessionelle Situation in Sachsen, das sich als Mutterland der Reformation verstand. August der Starke musste

Oschatz, den 15. März 1893.

Lieber Herr v. Oer!

Innigsten Dank für Ihren freundlichen Brief! Derselbe hat mir eine überaus große Freude und einen großen Trost bereitet, um so mehr, weil ich gerade in den Tagen, ehe ich ihn erhielt, innerlich recht gequält und bedrängt war. Sie wissen in einer so anschaulichen und ergreifenden Weise das Glück des gottgeweihten Lebens zu schildern, daß man wünschen möchte, Flügel zu haben, um gleich im Augenblick dieser Welt zu entfliehen. – Der liebe Gott wird schon weiter helfen. Unterdessen muß ich noch hier in Oschatz sitzen, und das ist nicht immer ganz leicht. Besonders jetzt in der hl. Fastenzeit ist es eine große Entbehrung, Wochentags keine hl. Messe zu haben. Es kommt mir diese Stadt manchmal wie ein Ort der Verbannung vor: super flumina Babylonis etc. Aber das ist nun einmal nicht zu ändern; ich bin ja auf meinen eigenen Wunsch hierher versetzt worden. Vom schmerzhaften Freitag bis nach den Ostertagen nehme ich Urlaub nach Dresden. Voraussichtlich werde ich im Juni nach der Regiments-Besichtigung längeren Urlaub nehmen und diese Gelegenheit zum Verschwinden benutzen. Das Geschrei, welches sich hier zu Lande erheben wird!!! – Wie schön und erhabend muß das sein, in einer so herrlichen Kirche, wie in der von Maria-Laach zu beten und zu singen! Gewiß werden Sie aber bald wieder nach Beuron zurückkehren. Bitte empfehlen Sie mich dem hochw. Erzabt. – Gerade vor mir auf dem Schreibtisch steht eine reizende Photographie von meinem Bruder Friedrich August und meiner Schwägerin mit dem kleinen Georg. Dieses Kind, welches ja auch gerade am Namen-Jesu-Feste geboren ist, ist ein göttliches Gnadengeschenk für unsere Familie. Für mich ist es ein besonderer Trost: um so leichter bin ich zu vermissen, da die Familie um ein männliches Glied vermehrt ist.

Doch für heute will ich schließen, werde Ihnen aber von Zeit zu Zeit Nachricht geben. Mit besten Gruß Ihr

treu ergebener

Max. H. z. S.

Ich werde, Ihrem Rate folgend, mich nicht übermäßig anstrengen. In Bezug auf den Dienst beschränke ich mich auf das Notwendige.

den katholischen Glauben annehmen, um König von Polen werden zu können. Freilich lassen sich bei ihm eher politische und strategische als religiöse Motive vermuten. Gleichwohl ist das regierende Haus im protestantischen Sachsen seitdem katholisch, eine heikle Situation, die immer wieder Argwohn hervorrief und besonderen Fingerspitzengefühls bedurfte. So wurde die katholische Hofkirche zu Dresden, die etwa zeitgleich mit der evangelischen Frauenkirche errichtet wurde, in den offiziellen Bauunterlagen nie beim Namen genannt, vielmehr sprach man von dem »besonderen Bau«. Vor diesem Hintergrund verwundert es nicht, dass König Albert von dem Wunsch des jungen Prinzen, Priester zu werden, zunächst wenig erbaut war.

Erste verlässliche Quellen für die Berufung des Prinzen und das, was ihn innerlich bewegte, sind zwei Briefe des Prinzen Max an Pater Sebastian von Oer aus der benediktinischen Erzabtei Beuron. Dieser, damals noch nicht Mönch, sondern Sebastian Freiherr von Oer, trat 1872 als Erzieher in den Lebenskreis des Prinzen Max, damals zwei Jahre alt. Als sein Mentor wurde von Oer besonders nach dem Tod der Mutter des Prinzen zu dessen Vertrautem.

Im Schreiben vom 2. März 1893 nimmt Prinz Max Bezug auf die Geburt seines Neffen Georg. Er bezeichnet das Kind seines Bruders Friedrich August als Gottesgeschenk und fügt an: »Für mich ist es ein besonderer Trost: um so (!) leichter bin ich zu vermissen, da die Familie um ein männliches Glied vermehrt ist.«[1]

Wie mag diese Randbemerkung auf den Benediktinerpater gewirkt haben! Sie zeugt vom dynastischen Verantwortungsbewusstsein des Prinzen, denn durch die Geburt des Kindes war die Thronfolge weiter gesichert. Zugleich aber zeigt Prinz Max sein Verschwinden aus der Familie an. Im Nachhinein mag die Formulierung des Prinzen an den Mentor klar sein. Doch selbst Prinz Max ging davon aus, dass Pater Sebastian die Andeutung nicht einordnen konnte. Knapp 14 Tage später mutmaßt Prinz Max, dass seine nunmehrige Eröffnung den Pater überraschen würde. Er berichtet ganz frei von seinen Absichten

Brief des Prinzen Max an Pater Sebastian von Oer, 15. März 1893.

Lieber Herr von Oer

Innigster Dank für Ihren freundlichen Brief! Derselbe hat mir eine überaus große Freude und einen großen Trost bereitet, um so mehr, weil ich gerade in den Tagen, ehe ich ihn erhielt, innerlich recht gequält und beängstigt war. Sie wissen in einer so anschaulichen und angenehmen Weise das Glück des Gott geweihten Lebens zu schildern, daß man

wünschen müßte, Flügel zu haben, um gleich im Augenblick dieser Welt zu entfliehen – Der liebe Gott wird schon weiterhelfen. Unterdessen muß ich noch hier in Oschatz sitzen, und das ist nicht immer ganz leicht, Besonders jetzt in der hl. Fastenzeit ist es eine große Entbehrung, Wochentags keine hl. Messe zu haben. Es kommt mir diese Stadt manchmal wie ein Ort der Verbannung vor: super flumina Babylonis etc. Aber das ist nun einmal nicht zu ändern: ich bin ja auf meinen eigenen Wunsch hierher versetzt worden. Vom schmerzhaften Freitag bis nach den Ostertagen nehme ich Urlaub nach Dresden.

Voraussichtlich werde ich im Juni nach der Regimentsbesichtigung längeren Urlaub nehmen und diese Gelegenheit zum Verschwinden benutzen. Das Geschrei, welches sich hier zu Lande erheben wird! – Wie schön und erhebend muß das sein, in einer so herrlichen Kirche, wie in der von Maria-Laach zu beten und zu singen! Gewiß werden Sie aber bald wieder nach Beuron zurückfahren. Bitte empfehlen Sie mich dem hochw. Erzabt. – Gerade vor mir auf dem Schreibtisch steht eine reizende Photographie von unserem Bruder Friedrich August und meiner Schwägerin mit dem kleinen Georg. Dieses Kind, welches ja auch gerade am Namensjesufeste geboren ist, ist

ein göttliches Gnadengeschenk für unsere Familie. Für mich ist es ein besonderer Trost: um so leichter bin ich zu vermissen, da die Familie um ein männliches Glied vermehrt ist.
Doch für heute will ich schließen, werde Ihnen aber von Zeit zu Zeit Nachricht geben. Mit bestem Gruß Ihr
treu ergebener
Max H. z. S. [Herzog zu Sachsen]

Ich werde, Ihrem Rate folgend, mich nicht übermäßig anstrengen. In Bezug auf den Dienst beschränke ich mich auf das Notwendige.

Max Gaggo, Regensburg, Neupfarrplatz 11 Tel. 1768

Lieber Onkel! Innigen Dank von uns beiden für Deine so lieben Wünsche zu unserem Hochzeitstag. Deinem kleinen Neffen und Taufkind geht es sehr gut, ist 73 cm lang und 14 Pfund schwer. Er ist sehr fröhlich und kommt täglich am Schluß der hl. Messe in die Kapelle, wobei er sehr brav ist!

Oben: Elisabeth Helene (Etti genannt), Ehefrau des Prinzen Friedrich Christian, mit ihrem Sohn Maria Emanuel im Taufkleid, Foto aus dem Nachlass des Prinzen Max, Mai 1926. Maria Emanuel wurde von Prinz Max getauft.

Rechts: Anna Monica Pia (Anni genannt), die nach der Flucht der Kronprinzessin Luise von Toscana 1903 geborene Tochter mit ihrer Tochter Margit (Nichte mit Großnichte), Foto aus dem Nachlass des Prinzen Max, 1926.

Rechte Seite oben: Ilona (6 Jahre alt), Margit (7 Jahre alt), Anna-Theresa (5 Jahre alt), Töchter (Großnichten von Prinz Max) von Anna Monica Pia (Nichte), Foto, Juni 1933.

Rechte Seite unten: Joseph-Árpád, Sohn (Großneffe von Prinz Max) von Anna Monica Pia (Nichte von Prinz Max), Foto, Juni 1933.

Die beiden Karten auf der rechten Seite schrieb Anna Monica Pia (»Anni«) an ihren Onkel Max: »Deinen Artikel über den Athosberg geniesse ich – sobald ich ihn genügend studiert habe, sende ich ihn Dir zurück. Von Herzen grüßt Dich Deine stets getreue Nichte Anni«

Alle abgebildeten Fotokarten hatte Prinz Max in seiner letzten Wohnung in Bürglen an der Wand hinter seinem Bett befestigt. Man sieht noch die Einstichstellen der Reißzwecken. (Vgl. Fotos auf den Seiten 204 und 222.)

Max hatte zeitlebens eine enge Beziehung zu seiner Familie.

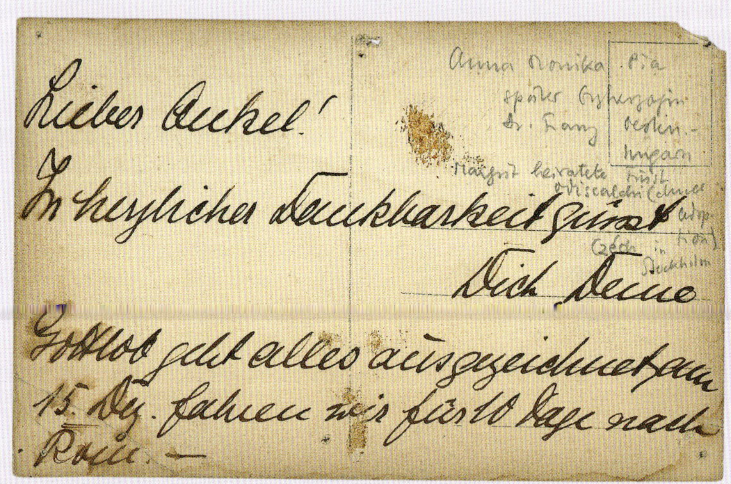

Lieber Onkel!

In herzlicher Dankbarkeit grüßt Dich Deine

Gottlob geht alles ausgezeichnet am 15. Dez. fahren wir für 10 Tage nach Rom. –

Anna Monika Pia

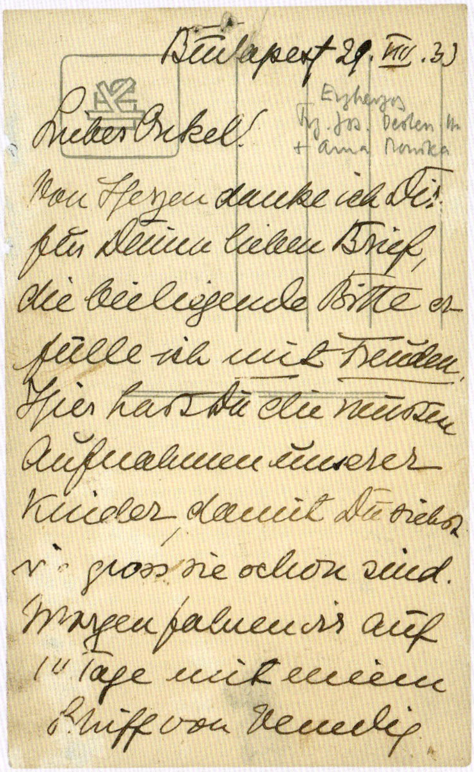

Budapest 29. VII. 33

Erzherzog Fz. Jos. Sohn v. + Anna Monika

Lieber Onkel!

Von Herzen danke ich Dir für Deinen lieben Brief, die beiliegende Bitte erfülle ich mit Freuden. Hier hast Du die neuesten Aufnahmen unserer Kinder, damit Du siehst wie gross sie schon sind. Morgen fahren wir auf 14 Tage mit einem Schiff von Venedig

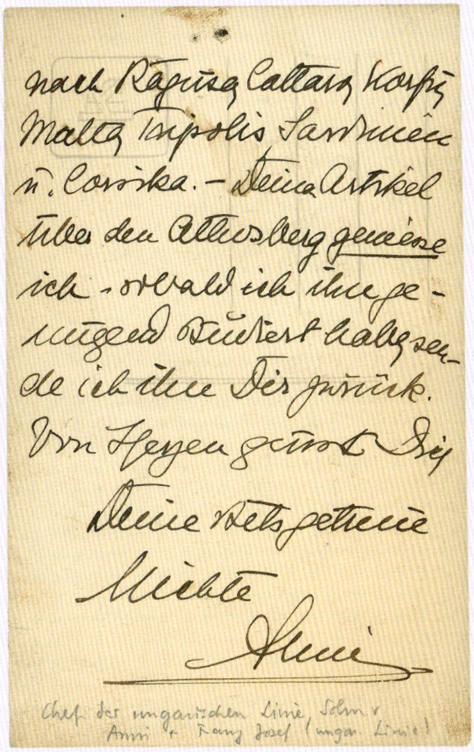

nach Ragusa, Cattaro, Korfu, Malta, Tripolis, Sardinien u. Corsika. – Deinen Artikel über den Attersberg genieße ich, sobald ich ihn gelesen habe ... sende ich ihn Dir zurück.

Von Herzen grüsst Dich

Deine stets getreue

Nichte

Anni

Chef der ungarischen Linie, Sohn v. Anni + Franz Josef (ungar. Linie)

Oben: Prinz Max anlässlich seiner Primiz, Foto, 1896.

Unten: Blick auf das Priesterseminar Eichstätt im idyllischen Altmühltal, Foto, o. J.

Rechts: Prinz Max mit seiner Familie anlässlich seiner Primiz vor der königlichen Villa Strehlen in Dresden, Foto, 1896.

hinsichtlich seiner Priesterberufung und von der Reaktion der Familie.

Prinz Max vertraut Pater Sebastian an, dass sich in ihm »seit geraumer Zeit« die Überzeugung durchgesetzt hat, »die Welt zu verlassen […], um Ordenspriester zu werden«.[2] In Prinz Max bestehen hinsichtlich seiner Berufung keine Zweifel mehr. Gleichwohl ist er sich der Anfragen von außen bewusst. Er stellt sich selbst die Frage, ob er das Recht auf eine freie Wahl hat. Denn er ist ebenso überzeugt, dass er von Gott durch Geburt die besondere Stellung als Prinz des Hauses Wettin erhalten hat. Schon im Juli 1892 habe er die Frage seiner Berufung mit dem »Bischof« besprochen. Es muss sich dabei um den früheren Hofprediger Ludwig Wahl handeln, der zwei Jahre zuvor zum Administrator der beiden katholischen Jurisdiktionsbezirke in Sachsen, zum Apostolischen Vikar und zum Titularbischof von Cucusus bestellt worden war. Die Reaktion des Bischofs kennen wir nicht. Immerhin aber wolle der Vater des Prinzen diesem »nicht die geringsten Schwierigkeiten in den Weg legen«.[3] König Albert jedoch war zunächst »gar nicht ein-

verstanden mit dem Gedanken«, willigte später aber dann doch ein. Prinz Max möchte zuerst Ordenspriester werden. Der Abschied von der Welt, wie er sich seine Berufung vorstellt und für einen Ordensmann auch angemessen ist, würde ihm nicht schwer fallen, sie empfindet er als »hohl, schal und leer«. Der Abschied von der Familie dagegen, fürchtet der Prinz, würde ihm schwerfallen.

Tatsächlich kam es anders: Prinz Max wird kein Ordenspriester. Für ein Leben als Dominikaner oder Kapuziner war die Gesundheit des Prinzen nicht stabil genug. Der Eintritt in den in Sachsen damals verbotenen Jesuitenorden war aus politischen Gründen nicht möglich. Also sollte er Weltpriester werden. Prinz Max führte damit kein weltabgewandtes Leben und musste sich entsprechend auch nicht von der Familie verabschieden. Tatsächlich wird sich zeigen, dass Prinz Max Zeit seines Lebens der Familie besonders verbunden, ihr gleichsam in schwierigen Zeiten nah war und in ihr eine integrierende Wirkung hatte. Dies kommt etwa in einer sehr persönlichen Bildwidmung auf dem Foto des kleinen Maria Emanuel aus dem Jahr 1926 zum Ausdruck: »Lieber Onkel, [...] Deinem kleinen Neffen und Taufkind geht es sehr gut, ist 73 cm lang und 14 Pfund schwer. Er ist sehr fröhlich und kommt täglich am Schluß der hl. Messe in die Kapelle, wobei er sehr brav ist.« Prinz Max feierte viele besondere Gottesdienste im Familienkreis: traurige, wie das Begräbnis seines Bruders Albert, und freudige, wie die Taufen zweier Töchter des späteren Königs Friedrich August, die er später auch traute, weiterer Großnichten und -neffen, die Trauung seines Bruders Johann Georg und etliche weitere. Von besonderer Bedeutung war die Festpredigt für Kronprinz Georg anlässlich seiner Primiz, der ersten Messe nach der Priesterweihe.

Vom Prinzen zum Priester

Die Wahl als Ausbildungsort für Prinz Max fällt auf Eichstätt. Das beschauliche Städtchen, im schönen Altmühltal gelegen, ist fernab der großen Politik und fernab modernistischer Strömungen, die es andernorts auch an Theologischen Fakultäten gab.

Der Eichstätter Bischof Franz Leopold Freiherr von Leonrod wird von diesem Entschluss des sächsischen Königshauses am 21. Juni 1893 in Kenntnis gesetzt. Der Geistliche erklärt sich einverstanden, verweist aber doch auf die ländliche Abgeschiedenheit und die für einen Prinzen einfachen Verhältnisse. Mitte Juli reist Prinz Max nach Eichstätt und verbringt auf seine Einladung hin die ersten Monate bis zum Semesterbeginn in dessen Bischofspalais. Dort können ihm »nur« zwei Zimmer sowie ein Schlafzimmer und ein Zimmer für den Kammerdiener zur Verfügung gestellt werden.

Sehr schnell erkennt Bischof Leonrod die Scheu des Prinzen vor kirchlichen Ehrenstellen. Auch eine kleine Anekdote bestätigt die Ernsthaftigkeit des Prinzen und seine persönliche Bescheidenheit. Bei seiner Ankunft in Eichstätt ging er bei Spaziergängen mit dem Bischof zunächst auf der rechten, der Ehrenseite; als Prinz stand er gesellschaftlich über dem Bischof, der zwar auch von adeliger Abstammung, aber doch nur Freiherr war. Sobald der Prinz aber die Soutane trug, ließ er den Bischof den Ehrenplatz einnehmen. Seinen festen Entschluss bekräftigte der Prinz auf einer Wallfahrt nach Kloster Einsiedeln, als er am

Links: Primizkelch des Prinzen Max mit Patene aus seinem Nachlass, Silber, vergoldet, Foto, 2019.

Rechts: Casel, Primizgewand von Prinz Max, gestickt von Königin Carola von Sachsen, Fotos, 2019. Das Monogramm »AM« bedeutet »Ave Maria«.

Kelch stammt vom griechischen Wort »Kalyx« ab und bedeutet »Becher«. In den kostbaren Kelch wird Wein – Symbol für das Blut Christi – gefüllt, der in der Eucharistiefeier (Abendmahlsfeier) gewandelt und bei der Kommunion empfangen wird. Die **Patene** liegt auf dem Kelch. Sie ist ein kleiner Teller aus Silber oder vergoldetem Silber, auf den die Hostie (Symbol für den Leib Christi) gelegt wird.

Die **Casel** oder Kasel ist das Gewand, das der Priester bei der Feier der heiligen Messe trägt. Der lateinische Begriff »casula« kann mit »Häuschen« übersetzt werden. Ursprünglich umhüllte die Casel den ganzen Körper gleichsam wie ein Haus. Damit soll zum Ausdruck gebracht werden, dass die Person des Priesters ganz hinter die Funktion zurücktritt, Christus wie beim letzten Abendmahl darzustellen.

Morgen des 14. August 1893 in der dortigen Gnadenkapelle seinen Säbel auf den Altar legte. Handelte es sich dabei wohl um eine spontane, persönliche Aktion, verzichtete der Prinz damit doch symbolisch auf alle weltliche Macht. Und noch ein weiteres unscheinbares Detail zeigt, dass Prinz Max sich ganz von der höfischen in die kirchliche Welt begeben wollte. In seiner Korrespondenz bittet er seinen früheren Erzieher Herrn von Oer auf die Anrede »Königliche Hoheit« zu verzichten und nennt ihn seitdem schlicht bei seinem Ordensnamen Pater Sebastian.

Am 28. August 1893 wird Prinz Max von Bischof Leonrod mit Erlaubnis des zuständigen Bischofs Wahl durch die Erteilung der Tonsur förmlich unter die Kleriker aufgenommen. Bei diesem liturgischen Ritus werden an fünf Stellen die Haare abgeschnitten, zum Zeichen der Abkehr von der Welt.

Mit Semesterbeginn wechselt Prinz Max vom Bischofspalais in das Priesterseminar. Die theologischen Studien hatten begonnen. Eichstätt war ein altes Tridentinisches Priesterseminar mit strenger Ordnung, der sich der Prinz gern fügte. Das Konzil von Trient hatte die Missstände in der Priesterausbildung zur Zeit der Reformation aufgegriffen und diese neu geregelt. Die Priesteramtskandidaten waren nicht mehr länger »Lehrbuben« eines Pfarrers, der ihnen ein wenig Latein und wie die Sakramente zu spenden seien beibrachte. Vielmehr wurden alle Studierenden in ein Seminar zur Ausbildung geschickt, in dem sie gemeinsam geistlich geformt wurden und solide Theologie studierten. Bereits 1564 wurde Collegium Willibaldinum, das Eichstätter Priesterseminar, nach den Weisungen des Kon-

zils von Trient durch Bischof Martin von Schaumberg gegründet. Es war zur Zeit des Prinzen Max durch eine jahrhundertealte Tradition geprägt.

Im Unterschied zu den übrigen 133 Studierenden, die in einem einzigen Schlafsaal untergebracht waren, bewohnte Prinz Max ein eigenes Zimmer. Beim ersten Abendessen wurde dem Prinzen Weißbrot gereicht, während die anderen Mitbewohner nur Schwarzbrot bekamen; diese Bevorzugung mochte der Prinz nicht, und sie wurde umgehend eingestellt.

Zum Jahreswechsel 1894/95 erkrankte Prinz Max ernsthaft. Mit vereinten Kräften gelang es der Familie, insbesondere seiner Tante Carola, der Königin, und Bischof Leonrod, ihn zu einer Erholungsreise in das milde Klima am Gardasee zu motivieren. In einem Schreiben an Pater Sebastian gesteht er: »Zum Teil waren, glaub' ich einige Kneipversuche, Barfußgehen auf kaltem Boden, daran Schuld«. Nach seiner Rückkehr Mitte Februar wohnt er zunächst im Bischöflichen Palais, bis er wieder ganz hergestellt ist. Am 5. April 1895 kehrt er endlich wieder ins Priesterseminar zurück. Im Nachgang beschreiben Seminaristen Prinz Max so, wie er Zeit Lebens als Priester wahrgenommen wurde: »Sein Aufzug war wie gewöhnlich lumpig, weil er gern schenkte und dann an sich sparte.«[4]

Üblicherweise dauerte das Theologiestudium vier Jahre. Vorausgeschaltet war ein Jahr Philosophie. Diese studierte Prinz Max, der ja bereits ein Jurastudium mit dem Doktorat abgeschlossen hatte, in einem Privatissimum, so dass er gleich mit dem eigentlichen theologischen Studium beginnen

Oben: Tower-Bridge in London, Postkarte, 1913.

Unten: Prinz Max von Sachsen als Kaplan in St. Walburg in Eichstätt, Foto, 1898.

Rechts: Prinz Max bei der Hochzeit seines Dieners Paul Christeck mit Therese, links der Sekretär Alphons Weinrich, Foto, um 1908. Mit der Familie seines ehemaligen Dieners hielt Prinz Max Kontakt bis zum Lebensende.

konnte. Aufgrund seiner hervorragenden Qualitäten, seines Fleißes und seiner zumindest methodischen Vorkenntnisse wurde ihm das letzte Studienjahr erlassen. Am 6. Juli 1896 schließt er das Examen mit sehr gutem Erfolg ab.

Ehe Prinz Max geweiht werden konnte, musste die Frage der Thronfolge geklärt werden. Auch wenn es recht unwahrscheinlich war, dass alle anderen Thronanwärter vor Prinz Max versterben sollten, musste dieser Eventualfall geregelt sein. Der Text der Verzichtsurkunde ist insofern bedeutend, als er einen abschließenden Passus enthält, dass die Verzichtserklärung rechtlich unwirksam wäre in dem Fall, dass Prinz Max der letzte lebende Prinz des sächsischen Königshauses wäre. Das trat bis zum Ende der Monarchie 1918 nicht ein.

Am 25. und 26. Juli 1895 empfängt Prinz Max die Subdiakonats- beziehungsweise Diakonatsweihe.

Am 26. Juli 1896 endlich wurde Prinz Max von seinem »Heimatbischof« Ludwig Wahl zum Priester geweiht. Die ganze Zeit

über war der Papst über die Entwicklung des Prinzen informiert. So sendet er ihm auch ein handgeschriebenes Gratulationsschreiben, das ihm Bischof Leonrod nach der Weihe überreicht.

Seine Primiz (von prima missa = erste Messe) hätte Prinz Max gern in der Hofkirche gefeiert. Dies konnte der sächsische König mit Blick auf die delikate konfessionelle Situation in Sachsen nicht genehmigen. Seine erste heilige Messe in der Heimat feierte Prinz Max deshalb in der heute nicht mehr erhaltenen Kapelle des Josephinenstifts.

Erste Priesterjahre: Sachsen – London – Eichstätt – Nürnberg

Nicht selten darf ein Priester in der ersten Zeit nach seiner Primiz in seiner Heimat seelsorglich tätig werden. Die dazu notwendige Erlaubnis der Regierung wurde Prinz Max zeitnah erteilt. Am Sonntag, den 9. August 1896 hielt Prinz Max seine erste Predigt in der Dresdner Hofkirche, und schon kam es zu Irritationen. Prinz Max wendet sich auch an die im Glauben getrennten Christen und lädt sie ausgehend vom Evangelium zur Rückkehr in den Schoß der katholischen Kirche ein. Mag das heute auch befremdlich klingen, war das doch damals Stand der Ökumene, die sich vor allem als Rückkehr-Ökumene verstand. Gleichwohl offenbart es einen für Prinz Max typischen Charakterzug seines priesterlichen Wirkens: Er sagte ungeschminkt die Wahrheit, ohne politische Rücksichten. Dazu fühlte er sich als Priester berufen: »Nur Priester sind berufen, die Wahrheit ohne Scheu zu bekennen.«[5] Dieser Zug des Prinzen Max, das, was er als wahr erkannt hat, auch laut zu bekennen, sollte ihn noch des Öfteren in Schwierigkeiten bringen, und zwar nicht nur mit den politischen Verantwortlichen, sondern auch mit den kirchlichen. So wurde Prinz Max wegen kritischer Äußerungen im Zusammenhang mit dem Ersten Weltkrieg zu Hausarrest verurteilt. Sein Glück war wohl, dass er Mitglied der regierenden Königsfamilie in Sachsen war, andernfalls wäre er sicherlich mit der Todesstrafe belegt worden. Auch mit der kirchlichen Hierarchie geriet er in Konflikt. So kam es 1910 zu Irritationen bezüglich eines Aufsatzes des Prinzen über eine mögliche Einheit der katholischen Kirche mit den Ostkirchen. Formal war es keine Verurteilung, wie dies gelegentlich in der Literatur zu finden ist, faktisch kam es dem aber gleich, da er seinen Lehrstuhl an der Universität Fribourg (Schweiz) aufgeben musste. Irrig wäre die Annahme, Prinz Max wäre sich der politischen Zusammenhänge, seien es die staatlichen, seien es die kirchlichen, nicht bewusst gewesen. Dies wird aus Rücksichtnahmen und Abwägungen des Prinzen aus früheren Zeiten ebenso deutlich wie manche vorausschauenden Deutungen etwa kurz vor der Machtergreifung durch die Nationalsozialisten hinsichtlich der Juden in späterer Zeit.[6] In einem Vortrag vom 31. August 1932 findet sich folgende bemerkenswerte Formulierung: »Man kann die Juden doch nicht auf's Neue in's Ghetto einsperren.«[7]

Nach diesen, in seiner ersten Predigt in der Dresdner Hofkirche ausgelösten Aufre-

Die von Prinz Max mit seinen Edelsteinen für die Kirche in Wintershof gestiftete Monstranz, Foto, 2019.

Die **Monstranz** ist ein meist mit Gold und Edelsteinen verziertes kostbares Schaugefäß (lat. monstrare = dt. zeigen), in dessen Mitte die heilige Kommunion (geweihte Hostie) gezeigt wird. In der geweihten Hostie, dem heiligen Brot, ist nach katholischem Verständnis Jesus Christus gegenwärtig. Beim letzten Abendmahl sagt Jesus: »Nehmt und esst, das ist mein Leib, der für euch hingegeben wird.«

gungen, ist es gut nachvollziehbar, dass der König den Wechsel des Prinzen nach England begrüßte und damit zugleich eine Rückkehr in die Seelsorge im Königreich Sachsen ausschloss.[8] Am 18. April 1896 trat Prinz Max seine erste Seelsorgestelle an: die deutsche Mission in London. Er wirkte als Seelsorger in einem Armen- und Arbeiterviertel, aber auch für die 20 000 in der ganzen Stadt verstreut lebenden Deutschen. Prinz Max legte Wert darauf, mit »Father Max« angesprochen zu werden, »denn als Priester und nicht als Prinz sei er zu ihnen gekommen«.[9] Zeitgleich predigte er auch an vielen anderen katholischen Kirchen in London, was ihm aufgrund seiner guten Ausbildung und Sprachkompetenz leichtfiel.

Bei aller Umtriebigkeit war sich Prinz Max doch bewusst, dass London nur eine vorübergehende Aufgabe sein konnte. Bischof Wahl hatte seine Freistellung für London auf ein Jahr begrenzt.[10] So trug sich der Prinz mit dem Gedanken, nach Indien in die Mission zu gehen, »weil dort Hungersnot und Pest herrsche und er hoffen dürfe, viele Hindus zu bekehren!«[11] Bischof Wahl wendet sich an den König, an den Vater des Prinzen und an den Kardinal in London. Letzterer kann bald mitteilen, dass der junge Priester die Idee wieder fallen gelassen hat. Weitere Vorschläge kommen von Prinz Max, er möchte von London schnell weg, dann will er wieder dableiben. In dieser Situation soll nun der Vertraute von Prinz Max zu Hilfe eilen, Pater Sebastian von Oer. Der findet den Prinzen in besorgniserregender Verfassung vor: Prinz Max sei äußerlich vernachlässigt, mager, habe kaum noch Geld. Aber der junge Priester sei schlicht und fromm sowie voller Eifer, und er habe Frieden in der Seele.[12] Der Versuch, Prinz Max zu einer standesgemäßen kirchlichen Laufbahn zu bewegen, scheitert. Deshalb möchten Bischof Wahl und die königliche Familie dem hinsichtlich seiner priesterlichen Zukunft rastlosen Prinzen erst einmal etwas Ruhe verschaffen.

Bischof Leonrod von Eichstätt gelingt es schließlich, Prinz Max für eine Kaplanstelle in Eichstätt in der Pfarrei St. Walburg zu gewinnen. Am 20. September 1897 tritt Max dort seinen Dienst an, der wiederum ein Jahr dauern sollte. Prinz Max bringt einen ihm vom König anbefohlenen Diener mit. Als Haushälterin dient ihm die Schwester eines seiner Eichstätter Studienkollegen.

Königin Carola schenkt ihm erneut einen pelzgefütterten Talar. Den ersten, ebenfalls ein Geschenk der Königin, hatte er weitergegeben. Offensichtlich war man bemüht, den Tendenzen des Prinzen entgegenzuwirken, sich selbst allzu sehr hintenan zu stellen, was auf Außenstehende den Eindruck persönlicher Vernachlässigung hatte, aber eher seiner priesterlichen Selbstlosigkeit entsprach.

Von Stadtpfarrer Karl Patin ist eine legendenhafte Begebenheit überliefert:[13] Seit alters her sammelt sich unabhängig von den Witterungsverhältnissen um den 12. Oktober, den Tag der Reliquienübertragung der Heiligen Walburga, bis zum 25. Februar, ihrem Todestag, am Boden des Reliquienschreins das sogenannte Walburgisöl. Es ist reines Wasser, dem heilende Wirkung zugesprochen wird, weshalb man es auch Öl nennt. Als der Pfarrer nun Prinz Max am Tag nach seiner Ankunft in Eichstätt in die Gruft der Heiligen Walburga führte, habe dort plötzlich und unerwartet früh, es war erst der 21. September, der Ölfluss begonnen. Auf den freien Seiten des Taufbuches notierte der Pfarrer die Frage, die sich ihm aufdrängte: Hat die Heilige den Heiligen gegrüßt? Auch wenn diese Begebenheit in den Annalen der Abtei nicht weiter belegt ist, verdeutlicht der Eintrag doch, wie Prinz Max damals wahrgenommen wurde, als Heiliger.

Aus der Eichstätter Zeit ist auch die große Freigiebigkeit des Prinzen belegt, die zu einem weiteren Kennzeichen seines priesterlichen Lebens wurde, auch als er nach dem Ersten Weltkrieg ohne königliche Apanage selbst nicht mehr vermögend war. Prinz Max stiftete Geld für die Renovierung von Kirchen, stiftete Messgewänder und Kelche. Zuletzt gab er seine Juwelen her, um für das Filialkirchlein Wintershof eine Monstranz zu schaffen.[14] Mehr noch als für kirchliche Zwecke verschenkte er sein ganzes Geld, sein Hab und Gut an Bedürftige und solche, die er dafür hielt, so etwa seine pelzgefütterte Soutane.

Auch in Eichstätt wirkte Prinz Max nur ein Jahr. Dann ging er 1898 für mehrere Monate nach Würzburg zur zweiten Promotion, diesmal in Theologie, mit einer Dissertation zum Thema: »Der heilige Märtyrer Apollonius von Rom. Eine historisch-kritische Studie«.

Von 1898 bis 1900 war Prinz Max in Nürnberg tätig, vor allem in der damaligen Seelsorgestelle St. Joseph. Er predigte aber auch vielfach in der katholischen Hauptkirche in Nürnberg, an der direkt am Hauptmarkt gelegenen Frauenkirche. Diese Kirche ist auch heute vielen bekannt, weil von ihrer Empore aus alljährlich der berühmte Christkindlesmarkt eröffnet wird. Schließlich war Prinz Max an der bis heute bestehenden Maria-Ward-Schule als Religionslehrer tätig. Auch hier berichtet sein Vorgesetzter, Pfarrer Johannes Starklauf: »Er befand sich dort mitten im Arbeiterviertel; er habe ganz bescheiden und bedürfnislos gelebt und den größten Teil der Einkünfte aus dem Königshaus den Armen zukommen lassen.«[15] Wiederum arbeitete Prinz Max als Seelsorger für Arbeiter und Dienstboten. Er schaffte es stets, Zugang selbst zu den Herzen der einfachen Menschen zu finden und diese durch seine tiefe Frömmigkeit sowie spürbare Andacht anzurühren.

Schließlich war Prinz Max auch in Nürnberg für seine große Hilfsbereitschaft bekannt. Er übernahm, wenn es ihm zeitlich möglich war, Aushilfen für Gottesdienste, Predigten, Prozessionen und so weiter. Dabei beschränkte er sich nicht auf seinen Zuständigkeitsbereich.

Eine standesgemäße kirchliche Laufbahn für Prinz Max

In den ersten Priesterjahren wurde von verschiedener Seite versucht, Prinz Max in die Bahnen einer standesgemäßen kirchlichen Laufbahn zu bringen. Bereits in der Zeit der theologischen Studien in Eichstätt hatte der dortige Bischof Leonrod für Prinz Max eine kirchliche Karriere im Blick. Zugleich muss er gestehen, die grundsätzliche Ablehnung des Prinzen schon damals wahrgenommen zu haben.

Greifbar und konkret werden diesbezügliche Vorhaben in einer Anfrage des Weihbischofs und Domdekans der Erzdiözese Freiburg vom 23. Mai 1898 an Bischof Leonrod, ob er Prinz Max als Bischof für das große Bistum für geeignet halte. Die Antwort Eichstätter Kollegen folgte postwendend: Prinz Max sei außergewöhnlich begabt und in der Theologie bewandert. Mit seinen 28 Jahren habe der Prinz das kanonische Alter von 35 Jahren für eine Bischofsweihe zwar noch nicht erreicht. Aufgrund seiner hohen Stellung dürfe allerdings ein Dispens vom Papst kein Problem sein. Gleichwohl brauche der Prinz durchaus noch gute Berater. Ob es dem Prinzen allerdings gelinge, gegenüber der liberalen Regierung die kirchlichen Rechte zu bewahren, bezweifelt Bischof Leonrod mit dem Hinweis auf die Schroffheit des Aspiranten in dogmatischen Fragen. Auch fürchtet der Bischof, dass die badische Regierung von der durch das Konkordat (völkerrechtlich verbindlicher Staatsvertrag des Apostolischen Stuhls mit Baden) vereinbarten Mindergenehmheitsklausel Gebrauch machen und Prinz Max von der Kandidatenliste streichen würde. Von daher sei Prinz Max für Freiburg weniger geeignet, zudem habe der Nuntius, der Botschafter und Vertreter des Papstes im Deutschen Reich, Prinz Max für Köln vorgesehen.

Im folgenden Jahr erkundigte sich das Domkapitel zu Mainz hinsichtlich der Eignung des Prinzen für den Bischöflichen Stuhl. Die Charakterisierung des Bischofs Leonrod scheint eindeutig: »Prinz Max von Sachsen ist ungewöhnlich talentiert, hat ein riesenhaftes Gedächtnis und ist in der Theologie außerordentlich orientiert. Seine Frömmigkeit ist sehr innig, seine Bescheidenheit äußerst tief, seine Liebenswürdigkeit ist allgemein anerkannt. Seine kirchlichen Grundsätze sind vollkommen korrekt, die Seelsorge ist sein Lieblingsfeld, er ist ganz Missionar und scheut in dieser Hinsicht keine Arbeit und kein Opfer.«[16] Gleichwohl muss auch Leonrod gestehen, dass Prinz Max nicht praktisch veranlagt ist und keinen Sinn für Bürokratie hat. Auch hier wurde die Frage dadurch gelöst, dass der Großherzog von Hessen den Prinzen, den er aus gemeinsamen Studienzeiten in Leipzig kannte, unter Berufung auf die Mindergenehmheitsklausel von der Liste streichen ließ.

Für den Erzbischöflichen Stuhl in Köln war Prinz Max gleich dreimal im Gespräch (1899, 1902 und 1912), wobei sich zunehmend zeigte, dass der Prinz für den Dienst als Diözesanbischof tatsächlich nicht geeignet war. Nicht wirklich wegen seiner Begabungen, sondern aus politischem Kalkül, um einen preußischen Kandidaten zu verhindern, wurde Prinz Max 1906 für den Bischöflichen Stuhl Gnesen-Posen ins Spiel gebracht. Schließlich sollte 1908 Prinz Max als Kurienkardinal nach Rom gebracht werden. Dies wurde zunächst wegen der Jugend des Kandidaten abgelehnt. Nach den Irritationen über seinen Vorschlag zur Einheit zwischen Ostkirchen und der katholischen Kirche im Jahr 1910 war das Thema einer kirchlichen Spitzenkarriere für Max endgültig abgeschlossen. Von den meisten Bemühungen darum erfuhr der Prinz nichts. Er hätte es wohl nachhaltig und vehement abgelehnt.

Abgelehnt hat er auch die Erhebung zum Prälaten. Dabei handelt es sich zwar nicht um ein kirchliches Amt, vielmehr ist der »Päpstliche Hausprälat«, so der vollständige Titel, lediglich ein Ehrentitel für verdiente Priester in der katholischen Kirche. Die Monarchie in Sachsen war 1918 durch die Revolution am Ende des Ersten Weltkrieges auch in Sachsen beendet worden. Anlässlich des bevorstehenden silbernen Priesterjubiläums, Prinz Max war 1896 zum Priester geweiht worden, betrieb sein Bruder, König Friedrich August III., beim Apostolischen Stuhl die kirchliche Ehrenauszeichnung. Diese wird gewährt, trotz seiner lehrmäßigen Differenzen mit dem Apostolischen Stuhl hinsichtlich der Einheit der katholischen Kirche mit den Ostkirchen. Der überzeugende Lebensstil, seine Bescheidenheit und Wohltätigkeit, seine Frömmigkeit und Hilfsbereitschaft gaben laut den Akten dazu den Ausschlag. Umso größer war die Irritation, als Prinz Max die Annahme des Ehrentitels verweigerte. In seinem diesbezüglichen Schreiben an den Botschafter des Papstes, den späteren Papst Pius XII., erklärt er, dass ihm Ehrentitel zutiefst zuwider seien und er ein Gelübde abgelegt habe, niemals solche Ehren anzunehmen. Er ziehe es vor, »den Leuten Einfachheit des Lebens und Demut zu predigen«[17] und müsse also entsprechend leben. Tatsächlich entsprach der Papst dem Wunsch des Prinzen und sah von der Verleihung der Prälatenwürde ab.

Prinz Max im typischen Priestergewand (Soutane), Foto, um 1910.

Prinz Max hat seinen **Priesterhut (Saturno)** auf dem Schoß abgelegt. Er trug den Hut kaum, aber er musste ihn kaufen, denn der Hut gehört zur Grundausstattung eines katholischen Priesters. Der Saturno ist vollkommen rund und besitzt eine weite Krempe, die an die Ringe des Saturn erinnert. Die **Soutane** ist ein mit engen Ärmeln versehenes knöchellanges und tailliertes Obergewand eines Priesters, er trägt sie über Hemd und Hose. Die Bezeichnung entstand Mitte des 16. Jahrhunderts ursprünglich in Italien, wo das Kleidungsstück »Sottana« genannt wurde. Die Soutane ist bis zur Hüfte tailliert geschnitten und wird mit 33 Knöpfen geschlossen, die für die 33 Lebensjahre Jesu stehen. Sie erinnern den Priester daran, dass er mit seinem ganzen Leben Jesus Christus repräsentieren soll, den er bei der Priesterweihe gleichsam »angezogen« hat.

Prinz Max in Fribourg (Schweiz)

Im Jahr 1900 kam durch die Berufung als Professor an die Universität in Fribourg (Schweiz) für zehn Jahre Stabilität in das Leben des jungen Priesters.[18] Neben seiner Lehrtätigkeit an der Universität war das Kanisiuswerk (Marienheim) seine geistliche Beheimatung bis zu seinem erzwungenen Weggang von Fribourg (Schweiz) 1912 und von seiner Rückkehr 1921 bis zu seinem Tode im Jahr 1951. Während Prinz Max in der ersten Phase als der große geistliche und mehr noch, als der finanzielle Wohltäter des Kanisiuswerkes zu sehen ist, erwiesen die Kanisiusschwestern ihrem Hausgeistlichen Prinz Max auch in der zweiten Phase die Treue, indem sie ihm Obdach und Verpflegung gewährten, da der Prinz seine ganzen Einnahmen an die Armen verschenkte. Im hauseigenen Verlag wurden auch die Schriften des Prinzen verlegt.

Vor allem für seine Predigten war Prinz Max bekannt. So hielt er in der Liebfrauenkirche bis 1911 unter dem Sammeltitel »Vorbilder Mariä« 113 Predigten, ferner über 90 Fastenpredigten. Daneben war Prinz Max als Beichtvater gefragt. Offensichtlich war er ein gefragter Seelenführer, der vielen Gläubigen Trost und Rat spendete. Allein die große Teilnahme mit über 4 500 Trauergästen bei seinem Begräbnis 1951 bezeugt dies eindrücklich. Seine große Hilfsbereitschaft war weithin bekannt, als Wohltäter für die Armen,

Oben links: Prinz Max beim Gottesdienst in der Kapelle in Bürglen, Foto gefertigt von einer Kanisiusschwester, Mai 1937.

Oben rechts: Prinz Max als Feldgeistlicher im Ersten Weltkrieg, Foto, 1915.

Unten: Prinz Max als Lazarettgeistlicher an der Heimatfront in Zeithain, Foto, 1916.

Rechts: Schloss Sibyllenort, Holzstich, um 1890.

aber auch als Seelsorger. Ganz oft stand er für Aushilfen und Sonderdienste zur Verfügung. Das war stets nur eine Frage des Kalenders. So hielt er Volksmissionen mit mehreren hundert Gläubigen ab und verschenkte am Ende auf eigene Kosten an alle Teilnehmer eine »Erklärung des heiligen Messopfers«, um ihnen eine innigere Mitfeier der heiligen Messe zu ermöglichen. An diesem Punkt war Prinz Max seiner Zeit voraus. Viele Priester betrachteten die Gläubigen vor allem als Objekte der Seelsorge. Während der Priester die Messe las, beteten die Gläubigen Messandachten. Prinz Max dagegen wollte die Gläubigen zu einer tätigen Teilnahme an der Messe bewegen, ein Gedanke, der sich gesamtkirchlich erst 1962 durch die Liturgiereform auf dem Zweiten Vatikanischen Konzil durchsetzen sollte. Nicht mehr der Priester ist Träger der Liturgie, sondern das ganze Volk Gottes, jeder und jede gemäß seiner beziehungsweise ihrer Stellung.

Feldgeistlicher im Ersten Weltkrieg

Der nun schon bekannte priesterliche Eifer zeichnete Prinz Max auch im Ersten Weltkrieg aus. Als Feldgeistlicher wurde er von der sächsischen Division weniger in Anspruch genommen, weil es dort vor allem Protestanten mit eigenen Geistlichen gab, aber nur wenige Katholiken. So stand Prinz Max wie selbstverständlich den Feldgeistlichen benachbarter Soldatendivisionen bei.

Neben der Feier der Gottesdienste war Prinz Max vor allem als Beichtvater, als Seelenführer gefragt. Angesichts der Greuel des Stellungskrieges und der Allgegenwärtigkeit des Todes vermag man sich heute kaum vorzustellen, was die Soldaten ihrem Feldgeistlichen an Sorgen und Nöten, an Zweifel und Verzweiflung anvertrauten – während andere Geistliche patriotische Predigten hielten, »wahrhaft geistliche, die erschütterten Seelen mit dem Evangelium tröstende Ansprachen«.[19] Soweit möglich, wurden die Gefallenen mit dem kirchlichen Segen begraben. Wie viele Dienste Prinz Max übernahm, lässt sich heute nicht einmal mehr schätzen.

Aufgrund seiner wenig nationalen Gesinnung sowie seiner umfassenden Ausbildung – Prinz Max sprach viele Sprachen fließend – war er auch bei den französischen Gefangenen und Verwundeten als Geistlicher gefragt. Durch seine gute Vernetzung gelang es ihm auch immer wieder, dass die Verwundeten und Gefangenen Nachrichten in ihre jeweilige Heimat senden konnten. Umgekehrt war der Prinz auch Mittelsmann für deutsche Gefangene im Kontakt zu deren Familien.

Eine Begebenheit, die für sich spricht, darf hier nicht unerwähnt bleiben. Bei einem Besuch an der Front ließ sich Kaiser Wilhelm II. vor dem Divisionsstab über die Engländer aus. Prinz Max war als Bruder des sächsischen Königs und enger Verwandter des Kaisers dazu geladen. Nach den Tiraden des Kaisers über die Engländer erwiderte Prinz Max dem Vernehmen nach ganz ruhig: »Das kann ich nicht verstehen, dass du so über die Engländer schimpfst, wo doch deine Mutter Engländerin war.«[20]

Schließlich wurde Prinz Max von der Front in ein Lazarett in der sächsischen Heimat versetzt. Die Hintergründe sind heute nicht mehr auszumachen. Vielleicht befürchtete man weitere politisch problematische Äußerungen des Prinzen und glaubte, ihn in seiner Heimat besser beaufsichtigen zu können. Dass dem nicht so war, zeigt die gerichtlich verordnete Missbilligung des Prinzen verbunden mit einem Aufenthaltsgebot auf Schloss Wermsdorf durch das sächsische Landgericht 1916, dem der Bruder des Prinzen, König Friedrich August III., entsprechen musste.

Nach dem Ende des Ersten Weltkrieges und dem Ende der Monarchie in Sachsen war die Zukunft des Prinzen Max, ja der ganzen königlichen Familie ungewiss, bis diese schließlich auf Schloss Sibyllenort, das zum Privatbesitz der Familie gehörte, in Schlesien ein neues Zuhause fand. Prinz Max selbst war an verschiedenen Orten, vor allem in Bayern, als Aushilfspriester tätig. Den Winter 1918/19 verbrachte er im Benediktinerkloster St. Bonifaz in München. Er war in Schleedorf am Kochelsee

Oben: Prinz Max von Sachsen, Zeichnung von Maria Emanuel von Sachsen, o. J.

Mitte: Prozession in Fribourg (Schweiz), Postkarte, um 1920.

Unten: Prinz Max im Kreis von Basilianermönchen in Lemberg, Foto 1910/14.

Rechts: Brief des Prinzen Max an Pater Sebastian, 26. April 1923. Er schreibt: »Das religiöse katholische Leben in Sachsen scheint sich bedeutend zu entwickeln und der Bischof sich großen Ansehens zu erfreuen.«

und in Wasserburg am Inn tätig. Aus dieser Zeit werden wiederum seine Predigten und sein Dienst als Beichtvater lobenswert wahrgenommen. Im Jahr 1921 kehrte Prinz Max endgültig nach Fribourg (Schweiz) zurück. Dort wirkte er bis zu seinem Tod als Professor, mehr noch aber als Priester und Wohltäter.

Resümee

Schon im Pfarrbericht von 1898 bescheinigt der damalige Pfarrer seinem Kaplan Prinz Max »Vorzügliches Lehrtalent« sowie »Musterleben für jeden Christen und Priester«.[21] Auch im Kriegseinsatz zeichnete er sich durch seine wahrhaft pastoralen, die Soldaten berührenden Predigten aus. Bekannt als glänzender Prediger, feierte er die Gottesdienste mit großer Andacht. Max war ein gesuchter Beichtvater, wohl wegen seiner barmherzigen Art als Seelenführer.

Und schließlich war Prinz Max ein Wohltäter, der sich selbst und seine Bedürfnisse hintanstellte und Bedürftige freigiebig beschenkte. Dabei wurde er nicht selten ausgenutzt. Prinz Max war nicht naiv, aber er begegnete laut der Erinnerung seines damaligen Dieners darauf mit großer innerer Gelassenheit: »das hätten die Heuchler selbst zu verantworten«.[22]

Es gehört zu den wesentlichen Zügen der priesterlichen Identität des Prinzen Max, klar Position zu beziehen. Dabei, und das ist ebenso wichtig für sein priesterliches Selbstverständnis, war dieses Eintreten für die Wahrheit mit einer persönlichen, liebenswürdigen Hinwendung an den Nächsten verbunden und gepaart mit einer kaum überbietbaren Bescheidenheit und Selbstlosigkeit, sodass Prinz Max nicht als ideologischer Scharfmacher erschien. Damit war er ein außergewöhnlicher Priester. An diesem Punkt drängt sich förmlich eine Parallelität zum amtierenden Papst Franziskus auf, der gerade durch diese ebenso wie von Prinz Max gelebten Grundhaltungen der Kirche im 21. Jahrhundert ein neues Gesicht gibt. Ob damit Prinz Max seiner Zeit voraus war oder an die jesuanischen Ursprünge der Kirche zurückkehrte oder das eine durch das andere, bleibt der freien Beurteilung jedes Einzelnen überlassen.

Freiburg(Schweiz), 26. April 1923.
Grand' rue 37.

Lieber Herr Pater Sebastian.

Sie waren so ueberaus freundlich, mir einen lieben Brief zu schreiben, der mir in Hosterwitz bei meiner Schwester Mathilde uebergeben wurde, denn ich war bei der Feier anwesend, wie Sie richtig vermutet hatten. Seitdem war ich fortgesetzt in Deutschland unterwegs, um Vortraege zu halten; in Sachsen, zuletzt in Magdeburg, und auf dem Rueckweg in Muenchen. Erst vor etwas ueber einer Woche bin ich heimgekehrt und habe das Sommersemester begonnen. Bei dem fortgesetzten Unterwegs sein war nicht viel Ruhe zum Briefschreiben. -Sie haben gewiss wieder ein paar gar schoene Feiern fuer Charwoche und Ostern gemacht. Meine Schwester hat immer begeisterte Erinnerungen daran. -Die Feier in Hosterwitz ist uebrigens sehr nett und unter vielfacher herzlicher Beteiligung erfolgt. Der Koenig war zum ersten Male wieder in der Naehe Dresdens. - Im Uebrigen geht es in Sachsen ,soviel ich beobachtet habe, sehr ruhig zu ,und stellt man sich die Dinge in der Ferne ganz anders vor. Mir sind die Leute vielfach mit grosser Freundlichkeit entgegengetreten. -Nun haben wir wieder eine Verlobung bei uns. An sich haette ich eine Verbindung mit dieser so ausserordentlich reichen Familie nicht besonders gewuenscht. Allein die Taxis'schen Kinder sollen sehr gut erzogen sein. Der Eine will ja jetzt Benediktiner werden. -Meine Schwester Maria Josepha traf ich auch zuletzt, welche vor einiger Zeit aus Spanien zurueckgekehrt ist. Sie hat die Kinder sehr wohl angetroffen. -Das religioese katholische Leben in Sachsen scheint sich bedeutend zu entwickeln und der Bischof sich grossen Ansehens zu erfreuen. Ich habe ihn in Dresden, wo er fuer die Ostertage war, und dann in Bautzen gesehen, wo ich einen Vortrag gehalten und bei ihm uebernachtet habe. - Darf ich bitten, im Kloster rechte Gruesse auszurichten, besonders an den hochwuerdigsten Herrn Abt. Beten wir fuer die Welt um Osterfriede. Es geht noch immer traurig genug zu. In der Hoffnung, Sie noch einmal besuchen und wiedersehen zu koennen, Euer Hochw.

im Herrn ergebenster Diener

Dr. Max, Hzg. z. S.

Meine Gesundheit befindet sich in glaenzendem Zustande, Gott gebe, dass das auch von der Ihrigen gelte.

1 Brief des Prinzen Max von Sachsen an Pater Sebastian von Oer vom 2. März 1893 (Archiv der Erzabtei Beuron).

2 Brief des Prinzen Max von Sachsen an Pater Sebastian von Oer vom 15. März 1893 (Archiv der Erzabtei Beuron).

3 Ebd.

4 Zitiert nach Iso Baumer: Max von Sachsen, Prinz und Prophet. Fribourg 1992, S. 88.

5 Eichstätter Volks-Zeitung Nr. 184 vom 14.12.1896.

6 Vgl. in diesem Begleitbuch den Beitrag »Prinz Max von Sachsen als politischer Mensch«.

7 Prinz Max von Sachsen: Antisemitismus. Vortrag vom 31.8.1932 in Dresden (Quelle: Universitätsarchiv Eichstätt »Fribourg, Kiste LB 10 Karton 18«).

8 Schreiben von Bischof Wahl an Bischof Leonrod vom 26.12.1896 (Diözesanarchiv Eichstätt Nr. 62).

9 Dankesworte von Prinz Max anlässlich seines Empfangs in der Londoner Gemeinde. Eichstätter Volks-Zeitung Nr. 1999 vom 2.9.1896.

10 Schreiben von Bischof Wahl an Bischof Leonrod vom 26.11.1996 (Diözesanarchiv Eichstätt Nr. 62).

11 Zitiert nach: Baumer (Anm. 4), S. 133.

12 Ebd.

13 Vgl. Baumer (Anm. 4), S. 117.

14 Die Monstranz wird in der Ausstellung im Schloss Pillnitz gezeigt. Sie ist heute noch in der Kirche in Wintershof in Gebrauch. Zur Erinnerung an ihren Seelsorger haben die Einwohner dem Sträßchen zur Kirche den Namen »Prinz-Max-Straße« gegeben.

15 Zitiert nach: Baumer (Anm. 4), S. 126.

16 Schreiben Bischof Leonrod an Domkapitular Reich vom 8.11.1899 (Diözesanarchiv Eichstätt).

17 Zitiert nach Iso Baumer: Prinz Max von Sachsen. Priester und Professor. Fribourg 1990, S. 204.

18 Vgl. den Beitrag in diesem Band: »Prinz Max als Lehrer, Professor und Wissenschaftler«.

19 Carl von Porsch: Eine Spanne Zeit. Erinnerungen. Mainau o. J., S. 81.

20 Ernst Heinrich von Sachsen: Mein Lebensweg vom Königsschloss zum Bauernhof. München 1979, S. 44 f. Die Mutter von Wilhelm II. war eine Tochter der englischen Königin Viktoria.

21 Zitiert nach Baumer (Anm. 4), S. 119.

22 Ebd., S. 127.

Prinz Max von Sachsen und die Ostkirchen

Papst Pius X. holt aus zu einem Paukenschlag. Dieser trifft im Jahr 1910 mit voller Wucht den bereits seit zehn Jahren im schweizerischen Fribourg Liturgiewissenschaft und Kirchenrecht lehrenden Priester und Professor Prinz Max von Sachsen. Ihm wird die Lehrerlaubnis entzogen, seine weitere akademische Zukunft ist mit einem Mal völlig ungewiss. So zumindest wurde es dargestellt und wahrgenommen, wobei sich der Papst in Wirklichkeit wohl lediglich in einem Schreiben distanziert hatte. Was war geschehen? Es waren Visionen des Prinzen Max über die Wiederherstellung der Einheit der Christenheit, die Anstoß erregten, weil sie mit den damaligen römischen Auffassungen unvereinbar erschienen. Vorausgegangen war der Zeitschriftenbeitrag »Gedanken über die Frage der Einheit der Kirchen«.[1] Dessen Titel mag unverfänglich klingen, sein Inhalt aber barg in der damaligen Zeit große Sprengkraft, da er eine unerhörte ökumenische Ansicht vortrug. Aus heutiger Sicht kann kein Zweifel daran bestehen: Der Prinz war damals seiner Zeit weit voraus. Seine Position in dieser Frage hängt aufs Engste zusammen mit einem

Links: Prinz Max mit einem unbekannten Begleiter am Generalseminar der Ruthenen in Lemberg, Foto, 1910/14.

Rechts: Papst Pius X. auf dem Heiligen Stuhl, Foto, 1904.

Oben: Ikone des heiligen Johannes des Täufers im Kloster d'Amay an der Maas, 18. Jahrhundert. Diese Postkarte stammt aus dem Nachlass des Prinzen Max und war an der Wand über seinem Bett befestigt (man sieht noch den Einstich der Reißzwecke).

Unten: Fribourg (Schweiz), Postkarte, 1917.

Rechts: Titelseite des Buches »Vorlesungen über die orientalische Kirchenfrage« von Prinz Max.

verblüffend ausgeprägten Interesse am Christlichen Osten. Um den sächsischen Prinzen besser verstehen zu können, muss man sich fragen: Wie konnte überhaupt dieses ungewöhnlich große Interesse an den Ostkirchen während seiner Fribourger Lehrtätigkeit entbrennen? Und wie wird es ihn und sein theologisch-priesterliches Wirken in der Folge sein ganzes Leben lang prägen?

Der Beginn des Interesses an ostkirchlicher Theologie

Im 30. Lebensjahr und nach nur vier Jahren priesterlicher Tätigkeit verlässt Prinz Max die pfarrliche Seelsorge und beginnt im Jahr 1900 seine Lehrtätigkeit als Professor im schweizerischen Fribourg.[2] Nun fängt für ihn eine neue Periode seines Lebens an. Dabei entwickelt er sich zu einem herausragenden Kenner des Christlichen Ostens, indem er sich in die komplizierte Geschichte des Auseinanderlebens der Ost- und Westhälfte des Römischen Reiches und der Zerwürfnisse auf den Konzilien der Alten Kirche vertieft. Nicht zuletzt aufgrund sprachlicher Probleme kam es immer wieder zu theologischen Streitigkeiten, die zum wechselseitigen Vorwurf der Irrgläubigkeit und in der Konsequenz zu Kirchenspaltungen führten.

Das Interesse des Prinzen Max für die Ostkirchen ist zu Beginn seiner Fribourger Lehrtätigkeit gleichsam über Nacht erwacht, wurde dann jedoch schon bald zu

•VORLESUNGEN•

über die

ORIENTALISCHE KIRCHENFRAGE

von

PRINZ MAX

HERZOG ZU SACHSEN

Dr. theol. und jur. etc.

Professor an der Universität Freiburg

(Schweiz)

Freiburg (Schweiz)

Verlag der Universitäts-Buchhandlung

(Otto Gschwend)

1907

einem der wesentlichsten Leitgedanken seines wissenschaftlichen Strebens und seines Lebens. Es manifestierte sich öffentlich, als er beim Marianischen Kongress in Fribourg im August 1902 einen Vortrag über die Marienverehrung in der griechischen Liturgie hielt, in welchem er in besonderer Weise die liturgische Verehrung der Gottesmutter im Osten hervorhob.[3] Zugleich äußerte er bereits seine Hoffnung auf Versöhnung und Wiedervereinigung der Kirchen.[4] 1904 hielt er einen weiteren bedeutenden Vortrag, nun über die »Orientalische Kirchenfrage«,[5] sowie eine Vorlesung »Allgemeine Einführung in alle orientalischen Liturgien und spezielle Einführung in die Liturgie der Griechen«. Schon hier entfaltet Prinz Max die Vielfalt der orientalischen Riten, neben dem am weitesten verbreiteten byzantinischen bzw. griechischen Ritus eben auch die westsyrisch-antiochenischen, die ostsyrisch-persischen, armenischen und die in Nordafrika beheimateten alexandrinischen Traditionen.

Es war gerade die Zeit, in der im Westen unter Papst Leo XIII. wieder einmal ein – wenngleich noch eher zaghaftes – Interesse an den Ostkirchen aufkeimte, verbunden mit Gedanken an die Wiedervereinigung der Kirchen von Ost und West, die seit Jahrhunderten getrennt waren.[6] Bezugspunkt für Prinz Max war die Liturgiewissenschaft. Doch die Methodik, dabei die liturgischen Texte und Ausdrucksformen des Ostens und Westens miteinander zu vergleichen, wandten damals nur wenige an. Naturgemäß waren dazu gediegene Kenntnisse orientalischer Liturgik und Philologie vonnöten, die sich Prinz Max sehr früh erwarb.[7] Er erlernte dazu eigens Russisch, Kirchenslawisch, Syrisch und Armenisch.[8]

Neben der gleichsam für eine professionelle universitäre Vertretung seines Faches notwendigen Kompetenz entfaltete die Thematik der Ostkirchen im Leben des jungen, vornehmen Priesters sehr bald eine für ihn existentielle Komponente: Die Begeisterung für Leben und Spiritualität der orientalischen Kirchen, insbesondere im Erfahren von Liturgie und Kunst, und vor allem die Frage nach der Spaltung der Christenheit und ihrer Überwindung trieb ihn mit außergewöhnlicher Leidenschaft an. Er wollte ostkirchliche Theologie und Liturgik nicht nur akademisch erforschen, sondern in all ihrer Breite hautnah erleben und in sie eintauchen. Zu diesem Zweck unternahm er eine Reihe von Reisen in die Länder des Orients und Osteuropas. Hier verbanden sich wissenschaftliche Aspekte mit konkretem Erleben. All dies brachte Prinz Max in seine zahlreichen universitären Vorlesungen, öffentlichen Vorträge und breitenwirksam verfassten Beiträge in heimischen Zeitschriften und Zeitungen ein, sodass er bald schon gleichsam als eine Art »Künder und Prediger der Ostkirchenkunde« wahrgenommen wurde.

Orientreisen als Orte der Begegnung

Was Prinz Max von seinen Zeitgenossen unterschied: Er wollte nicht nur ein theoretischer Kenner der Ostkirchen werden, wie es damals ganz üblich war,[9] sondern unmittelbar das Morgenland besuchen, um vor Ort seine Kultur und die verschiedenen Liturgien selbst erleben zu können. Mit offenen Ohren und wachen Augen für die Menschen seiner Zeit erkundet Prinz Max in den Jahren von 1903 bis 1909 Städte und Orte des Orients, Osteuropas und Russlands. Im Hintergrund seiner Expeditionen steht dabei sein Interesse an den konkreten Menschen und sein Engagement zugunsten der Einheit der Kirche.[10] Auf diese Weise inspiriert, ge-

Links: Prinz Max im Gewand des Orientreisenden, Foto, 1905/09.

Rechts oben: Eigenhändige Kartenskizze des Prinzen Max »Heiliges Land«, o. J.

Rechts unten: Mitgliedskarte des Prinzen Max im »Deutschen Verein vom Heiligen Lande«, 1925.

winnt der offenherzige Prinz in der Begegnung mit Völkern und Kulturen Einblick in die verborgenen Schätze der getrennten und der mit Rom vereinten Ostkirchen. Aus den gesammelten Erkenntnissen kann er so seine Unionsvorstellungen entwickeln.

Auf seinen fünf Reisen erlebt und feiert Prinz Max zahlreiche Gottesdienste, pflegt kirchliche und politische Kontakte und kehrt als Gast bei einfachen Leuten zum Essen ein.[11] »Überall knüpfte er Beziehungen an, besuchte Kirchen und Klöster, Schulen und Anstalten, durchforschte öffentliche und private Bibliotheken und Sammlungen.«[12] Zu Forschungszwecken »arbeitete der Prinz noch bis tief in die Nacht hinein, machte Notizen, kopierte alte Handschriften und sammelte wertvolle Dokumente.«[13] Zurück in Fribourg teilt er seine Begeisterung mit seinen Studenten, indem er ihnen freien Zugriff auf seinen Bücherschrank, gefüllt mit erlesenem Fachwissen, gewährt.[14]

Prinz Max versucht ausgehend von seiner Beziehung zur Ostkirche auch anderen diesen Zugang zu eröffnen. Doch zunächst begibt er sich auf seine kulturträchtigen Reisen, die ihn tiefer in die Vielfalt der Ostkirchen einführen werden. An jeder Reisestätte betet er um die Vereinigung der getrennten Nationen innerhalb der einen Kirche.[15]

Seine erste Reise unternimmt Prinz Max 1903 in den Nahen Osten. Es zieht ihn zu den Ursprungsorten der Christenheit und der orientalischen Kirchen im Heiligen Land und der Levante. Er räumt ein, dass es ihn

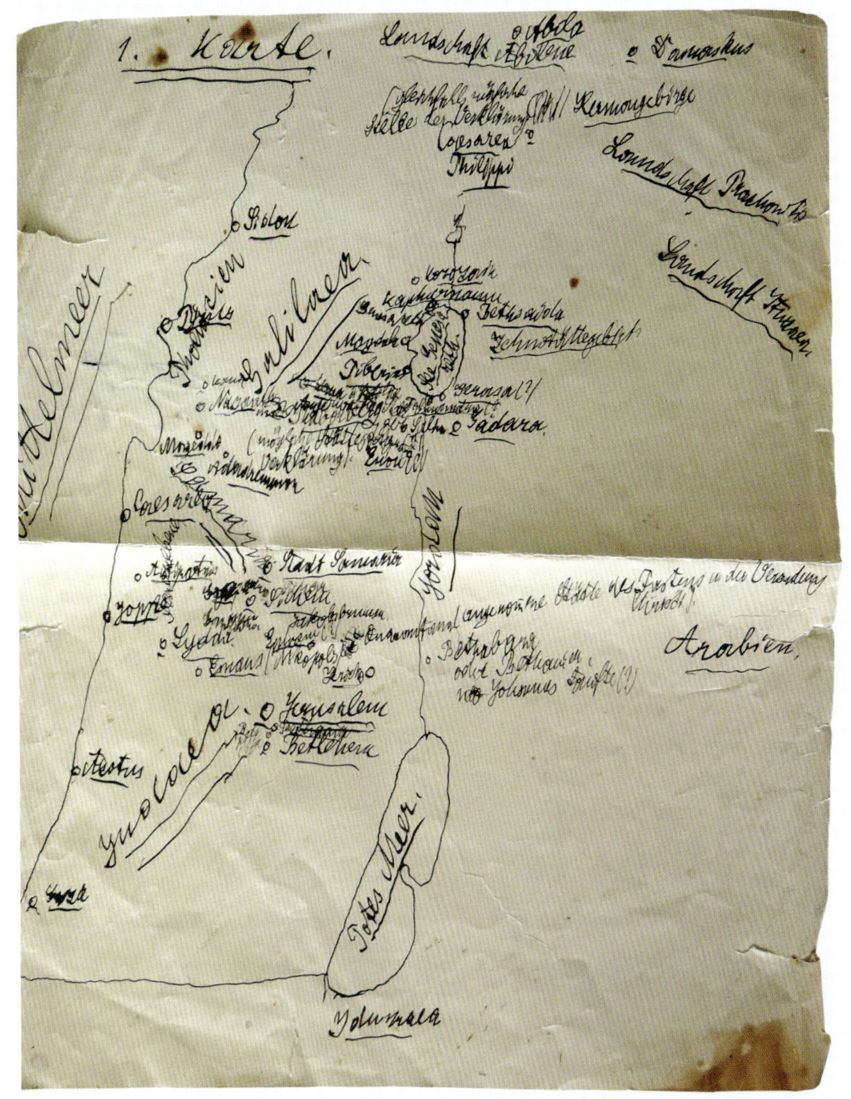
1. Karte
Damaskus
Mittelmeer
Galilaea
Gadara
Joppe
Jerusalem
Bethlehem
Judaea
Arabien
Totes Meer

wird glor-
Grab
reich
Sein
sein
H. Helena
bitte für uns
und für das h. Land
Deutscher Verein vom hl. Lande.
5,-
Mitgliedkarte 1925
für Sr. kgl. Hoheit Prof. Dr. Prinz Max
Herzog zu Sachsen
B. Kühlen, Typogr. Apost. M. Gladbach.

Oben: Die Grabeskirche in Jerusalem, Lithografie in Radiermanier, um 1830.

Unten: Das Heilige Grab in der Grabeskirche in Jerusalem, Farblithografie, um 1880.

Rechts oben: Hagia Sophia in Konstantinopel, Postkarte, um 1910.

Ganz rechts oben: Blick von der Galatabrücke auf Konstantinopel, Postkarte, um 1910.

Rechts unten: Vergleich altchristlicher und byzantinischer Architektur, Holzstich, 1885.

schmerzte, diese ehemals christlichen Gebiete unter osmanisch-muslimischer Herrschaft zu wissen.

Bei seinem Aufenthalt genießt er in Jerusalem und im Libanon Gastfreundschaft in zwei armenischen Klöstern. Nachdem er dem »Patriarchen der Katholiken von Antiochien«[16] einen Besuch abgestattet hat, tritt er den Weg heimwärts mit einem Kurzaufenthalt in Ägypten an.

1904 reist Prinz Max in die italienische Abtei Grottaferrata bei Rom, um die gerade stattfindenden Jubiläumsfeierlichkeiten zu deren 900-jährigem Bestehen miterleben zu können.[17] Ziel seines Aufenthaltes war es, die Lebensweise dieser Abtei kennenzulernen, welche seit jeher den byzantinischen Ritus in griechischer Sprache pflegt und die Papst Leo XIII. noch kurz zuvor voller Anerkennung als einen »orientalischen Edelstein, eingefügt in die päpstliche Tiara«, bezeichnet hat.

Auf einer weiteren, dritten Reise im Jahr 1905 widmet sich der Prinz den östlichen Kirchen in den slawischen Ländern sowie Konstantinopel als dem einstigen glorreichen Zentrum des Oströmischen und Byzantinischen Reiches. Vorab bittet er um schlichten Abstand von Hofzeremonien auf dem Reiseweg, damit »keinerlei Formalitäten, Ceremonien, wie Extrazüge etc. für mich gemacht würden«.[18]

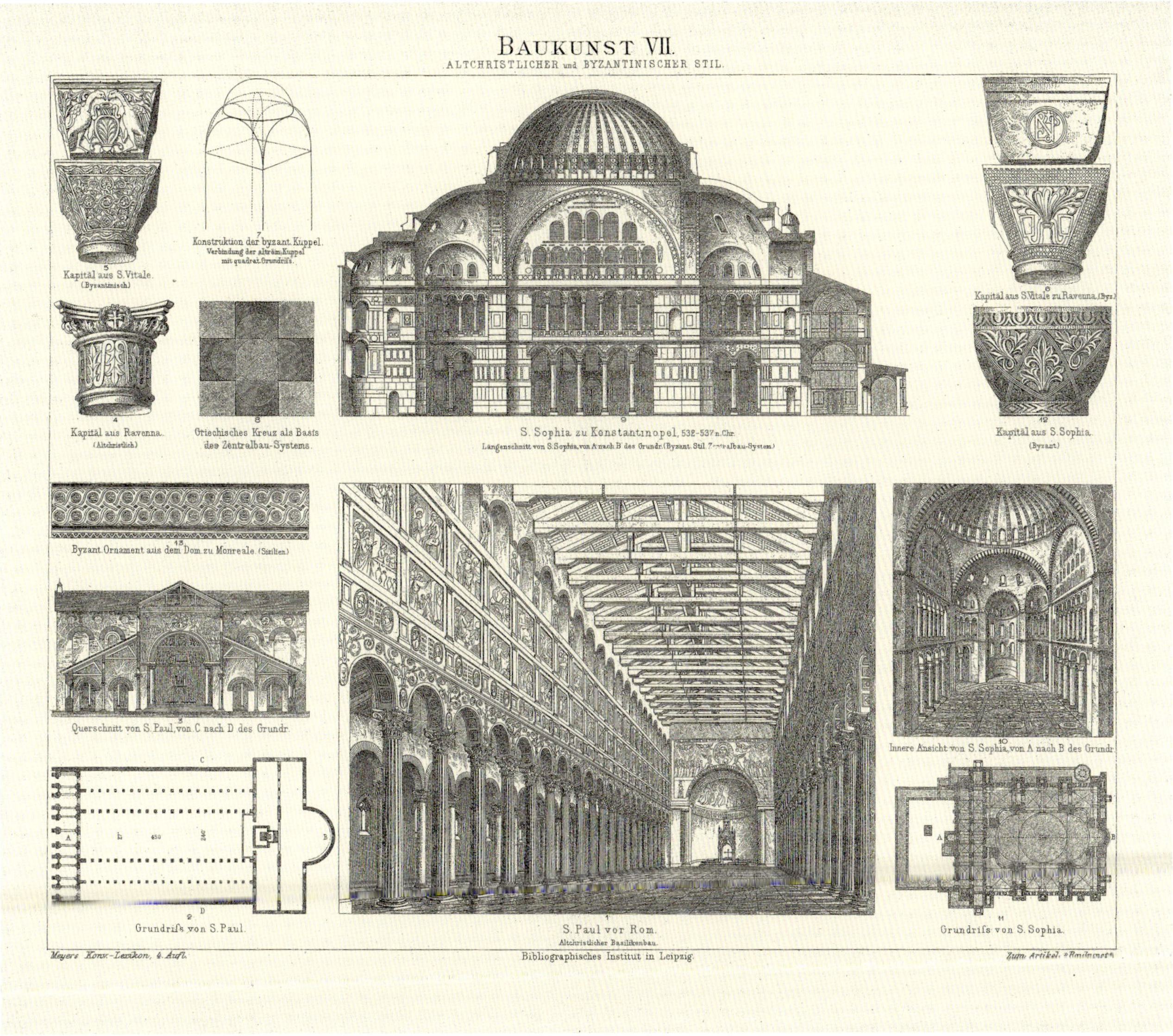

Baukunst VII.

ALTCHRISTLICHER und BYZANTINISCHER STIL.

5 Kapitäl aus S. Vitale. (Byzantinisch)

7 Konstruktion der byzant. Kuppel. Verbindung der altröm. Kuppel mit quadrat. Grundrifs.

6 Kapitäl aus S. Vitale zu Ravenna. (Byz.)

4 Kapitäl aus Ravenna. (Altchristlich)

8 Griechisches Kreuz als Basis des Zentralbau-Systems.

9 S. Sophia zu Konstantinopel, 532–537 n. Chr. Längenschnitt von S. Sophia, von A nach B des Grundr. (Byzant. Stil. Zentralbau-System)

12 Kapitäl aus S. Sophia. (Byzant.)

13 Byzant. Ornament aus dem Dom zu Monreale. (Sizilien)

3 Querschnitt von S. Paul, von C nach D des Grundr.

10 Innere Ansicht von S. Sophia, von A nach B des Grundr.

2 Grundrifs von S. Paul.

1 S. Paul vor Rom. Altchristlicher Basilikenbau.

11 Grundrifs von S. Sophia.

Meyers Konv.-Lexikon, 4. Aufl. — Bibliographisches Institut in Leipzig. — Zum Artikel »Baukunst«.

Links: Metropolit Andrej Scheptyzkyj, das Oberhaupt der ruthenischen griechisch-katholischen Gläubigen in der Ukraine.

Unten: Erlöserkirche in Moskau, Künstlerpostkarte, um 1910.

Ganz unten: Kirche in Ani, Foto, 1970/85.

Der Prinz begibt sich auf dieser Reise zunächst ins ukrainische Galizien. Möglicherweise lernt er dort bereits den griechisch-katholischen Metropoliten Andrej Scheptyzkyj kennen, mit dem ihn später eine innige Freundschaft verbinden wird.

Durch Rumänien gelangt er nach Konstantinopel, wo er im Phanar dem Ökumenischen Patriarchen Joachim III. begegnet. Über das Schwarze Meer und Odessa führt ihn schließlich sein Weg nach Russland.[19] Dort feiert Prinz Max das Fest »Mariä Schutz und Fürbitte« in der Erlöserkathedrale zu Moskau mit. In seinem persönlichen Fazit hält er fest, »mit welchem Glanz dieser Tag begangen wurde«.[20] Auf dem Heimweg durch das Baltikum und Polen sind St. Petersburg, Wilna, Warschau und Tschenstochau weitere Stationen.

Für seine nächste Reise wählt Prinz Max zwei Ziele aus, die auf keinen Fall in seinem ostkirchlichen Spektrum fehlen durften: zum einen den Kaukasus und zum anderen den Berg Athos in Griechenland. So führt ihn 1907 sein Weg nach Georgien und Armenien, und über Konstantinopel gelangt er auf den Berg Athos.[21] Er macht zunächst Station in Wien und reist von dort über Land bis ins russische Rostow am Don, dann weiter durch den Nordkaukasus nach Georgien, sodass er das Land von Norden her über den legendären Kreuzpass erreicht. Sein erstes Erlebnis eines georgischsprachigen Gottesdienstes, der sich durch seine einzigartigen Gesänge auszeichnet, hat er in Kasbeg, noch bevor er die alt-

Oben: Widmung des russischen Bürgermeisters von Alexandropol (Gjumri) in der Handschrift, die er Prinz Max 1907 schenkte.

Unten: Titelseite der Broschüre »Prinz Max von Sachsen und Armenien« von Iso Baumer, Bremen 1985.

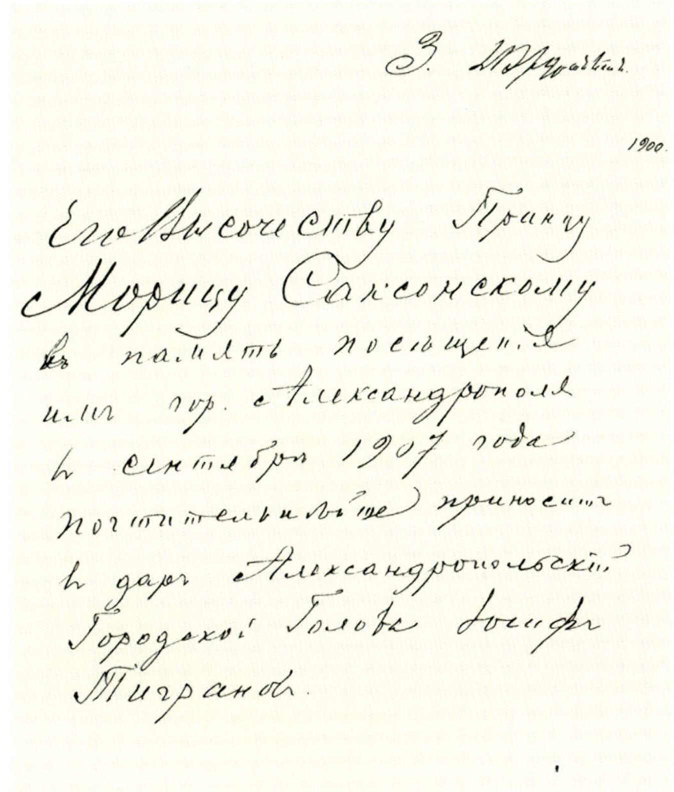

1900.

Его Высочеству Принцу
Морицу Саксонскому
въ память посещения
имъ гор. Александрополя
въ сентябре 1907 года
почтительнейше приноситъ
в даръ Александропольскiй
Городской Голова Иосифъ
Тиграновъ.

georgische Hauptstadt Mzkheta und das moderne Zentrum Tbilisi erreicht. Er setzt sodann seine Reise in die ehemalige armenische Hauptstadt Ani fort, die zwar vor dem Ersten Weltkrieg bereits verlassen war, in der aber immer noch der einstige Glanz der »Stadt der 1000 Kirchen« erstrahlte.

In der bereits zerfallenen Georgskirche mit ihren noch gut erhaltenen Fresken feiert Prinz Max die Heilige Messe. Während er über Nacht in dem bescheidenen Haus des armenisch-apostolischen Priesters P. Rafael einkehrt, hat er ein Schlüsselerlebnis: Er spürt die Einfachheit und den tiefen Glauben dieses Priesters. Von der Geschichte der Trennung der Kirchen weiß er nichts. Während Prinz Max zu der Überzeugung kommt, dieser Priester könne unmöglich von der Kirche getrennt sein, reift in ihm eine grundsätzlich positive Haltung gegenüber dem orientalischen Klerus.[22] Von Ani reist er in das nahe Gjumri (damals: Alexandropol), wo ihm der Bürgermeister die Reproduktion einer armenischen Handschrift schenkt. In Etschmiadsin, dem Sitz des Oberhauptes der armenischen Kirche, wird Prinz Max die Ehre zuteil, in der Kathedralkirche die Heilige Messe im römischen Ritus feiern zu dürfen, und er besucht anschließend den im Sterben liegenden Katholikos Mkrtitsch. Als Prinz Max den Kaukasus wieder verlässt, ist er erfüllt mit positiven Eindrücken – sowohl von seinen Begegnungen als auch von den architektonischen Zeugnissen der byzantinisch-orthodoxen Kirchen Georgiens und

ISO BAUMER

PRINZ MAX VON SACHSEN
UND ARMENIEN

Donat & Temmen Verlag

ihrer armenisch-apostolischen Schwesterkirche, die so viel gemeinsam haben und kirchlich doch seit Jahrhunderten getrennt sind. Den Rückweg nutzt Prinz Max, um mehrere Tage am Bosporus in Konstantinopel zu verbringen.[23] Von dort aus reist er mit dem Schiff für acht Tage auf den Berg Athos,[24] gelangt zum Regierungssitz nach Karyes und besucht einige der berühmten Klöster. Seine Heimreise führt über den Balkan, wo ihn vor allem die serbische Kirche interessiert.[25]

Nun standen insbesondere Teile Griechenlands und die kleinasiatische Westküste noch aus. Auf der fünften großen Reise des Prinzen 1909 nach Südungarn, Bosnien-Herzegowina, Dalmatien, Montenegro, Griechenland, Smyrna, Ephesus und Konstantinopel spielen sich plötzlich unerwartete Ereignisse ab. Als Prinz Max um den 26. September über Südungarn an die kroatische Adriaküste reist,[26] trifft zehn Tage später die Nachricht eines Schussangriffes auf ihn in Deutschland ein – ein Ereignis, das in Süddalmatien große Aufregung verursacht haben muss.[27] Diese Meldung stellt sich kurze Zeit später als falsch heraus. Die Versuche des Sachsenkönigs Friedrich August III., seinem Bruder seine weiteren Reisepläne zu verbieten, bleiben allerdings erfolglos, obgleich er ausdrücklich wünscht, »dass er sofort seine Reise in den so unsicheren Ländern aufgibt; ich verbiete ihm als Chef des Hauses einen Aufenthalt in Montenegro, Serbien, Bulgarien, Griechenland und der Türkei«.[28] Doch zu groß sind die Ambitionen des Prinzen Max, weitere ostkirchlich relevante Orte aufzusuchen. Er verweigert sich den Weisungen seines Bruders.

So setzt er seine Reise ins griechische Korfu fort und erreicht schließlich incognito Athen. Dort führt er zunächst Gespräche mit der für die Einheit der Kirchen engagierten französischen Gräfin de Riencourt. In ihr findet er eine Verbündete im Einsatz für die Einheit der Kirchen.[29] Auch mit dem griechischen König und dem Athener Metropoliten spricht er über die Wiedervereinigung der Kirchen. Nach der Besichtigung Kleinasiens reist er schließlich über das rumänische Constanza zurück in die Heimat.[30]

Links: Prinz Max bei einem Spaziergang mit einem griechisch-orthodoxen Mönch auf dem Athos, Foto, um 1908.

Rechts: Gottesdienst in einer armenischen Kirche, Stahlstich, um 1860.

Betrachtet man diese fünf Reisen aufs Ganze, so stellen sie sich dar als fünf gezielte Expeditionen zu den wichtigsten Stätten der östlichen Christenheit, bei denen Prinz Max eine besondere Vorliebe für Armenien und Galizien entwickelt. In Ägypten weilt Prinz Max nur kurz. Äthiopien, Mesopotamien und Indien bleiben ihm ganz verschlossen. Doch im Übrigen ist es ihm gelungen, sich planvoll ein breites, sehr repräsentatives Bild von der Vielgestaltigkeit des Christlichen Ostens zu verschaffen, das nicht nur zu seiner Zeit seinesgleichen sucht.

Kirchliche Erfahrung: Schönheit und Andersartigkeit im Erleben ostkirchlicher Liturgie und Kunst

Das Hauptinteresse des Prinzen auf seinen Reisen gilt der Erfahrung ostkirchlicher Liturgien. Es war ihm ein Anliegen, in die Tiefe orientalischer Gottesdienste einzutreten und in ihnen neues, überreiches geistliches Leben zu erfahren. Im Mitfeiern der ostkirchlichen Liturgie der verschiedenen Riten lernt Prinz Max, den orientalischen Glaubensvollzug in seinen unterschiedlichen Facetten aus der Innenperspektive heraus zu schätzen. Zunächst erschließt er sich die Liturgie auf akademische Weise auf der Grundlage ihrer Texte und feiert sie dann auf vielen Stationen seiner Reisen mit.

Um mit dem armenischen Ritus vertraut zu werden, ist ihm der Priester Mutevellian aus Paris, der eine Zeit lang bei Prinz Max in Fribourg wohnen darf, eine große Hilfe.[31] Prinz Max hält nicht nur Vorträge über die armenische Liturgie, der seine besondere Aufmerksamkeit gilt. In seiner Sprachfertigkeit übersetzt er auch den Text der armenischen Messfeier ins Lateinische. Auf einer seiner Reisen besucht er in Konstantinopel eine armenisch-apostolische Patriarchalliturgie. »Allerdings stört ihn der überlaute Gebrauch von tamburinartigen Musikinstrumenten, die seiner Meinung nach eher wie Janitscharen-, Zigeuner- oder Tanzmusik tönen und wenig mit dem inneren Gehalt der schönen Texte zu tun haben.«[32]

Oben: Armenischer Priester, kolorierter Holzstich, um 1880.

Rechts: Moskauer Bischof, Stahlstich, um 1860.

Folgende Doppelseite: Ikone der Muttergottes Hodegetria »Portaitissa«, Öl auf Holz, Athos/Griechenland, 1905, Rückseite mit dem sächsischen Wappen und Widmung der Athosmönche als Geschenk für Prinz Johann Georg.

ΜΡ. ΘΥ.
Η ΟΔΗΓΗΤΡΙΑ
ΙΣ. ΧΣ.
Ο ΩΝ
Ἔργ. Ἀδελφότητος Ἰωασάφ.

ΤΗι ΑΥΤΟΥ ΥΨΗΛΟΤΗΤΙ ΠΡΙΓΚΗΠΙ ΣΑΞΩΝΙΑΣ
ΙΩΑΝΝΗι ΓΕΩΡΓΙΩι.
Ἡ ἐν Ἁγίῳ Ὄρει Ἄθῳ ἐν Χριστῷ Ἀδελφότης Ἰωασαφαίων
ἁγιογράφων· εἰς ἀνάμνησιν χαρμοσύνου σεπτῆς
Αὐτοῦ ἐπισκέψεως τοῦ Ὄρους. 1905.

Rechts: Johann Georg Herzog zu Sachsen, Monumentale Reste frühen Christentums in Syrien, Aachen, 1920, Buch aus dem Nachlass des Prinzen Max.

Ganz rechts: Orthodoxe Muttergottes-Ikone aus dem Besitz des Prinzen Max von Sachsen, Grafik, o. J.

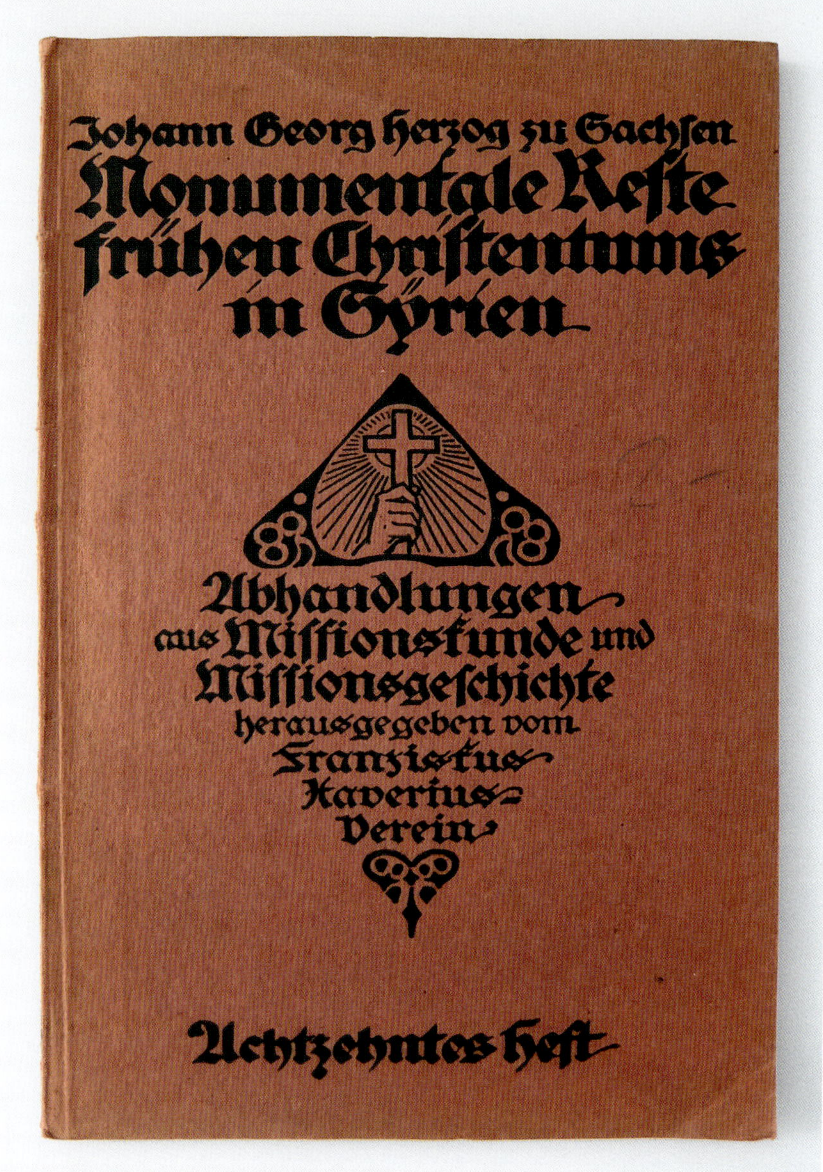

Weitere sinnlich wahrnehmbare Charakteristika prägen die Göttliche Liturgie, etwa die ausgeprägte Ikonographie des byzantinischen Ritus, die Verwendung von Weihrauch und verschiedentlich auch die mit Glöckchen besetzten liturgischen Fächer (Rhipidien). Vom Gesang getragen, stimmt sie ohne Anfang und Ende in die ewige Anbetung Gottes ein. Prinz Max beobachtet jedes visuelle Detail genau und hält es fest, etwa die unterschiedliche Priesterkleidung und das Tragen von Brustkreuzen.[33]

Auf seiner Russlandreise 1905 bringt er sein Staunen mit den Worten zum Ausdruck: »Feenhaft ist z. B. das Geschmeide, welches die Muttergottesbilder in der Krönungskathedrale zu Moskau tragen.«[34] Zwei Jahre später, während seiner vierten Reise, auf der er 1907 nach Armenien gelangt, verleiht Prinz Max seiner Bewunderung Ausdruck: »Die gregorianischen Armenier haben viele, zum Teil ganz schöne Kirchen.«[35]

Es ist zu vermuten, dass Prinz Max seine Begeisterung für den Christlichen Osten mit seinem Bruder Johann Georg teilte. Als dieser nämlich im Sommer 1898 von seiner ersten Reise nach Russland mit Ikonen als Mitbringsel nach Hause kommt, mag dies für Prinz Max eine Erstbegegnung mit einer für ihn bis dato eher unbekannten Kultur gewesen sein.[36]

Bereits 1902 erklärt Prinz Max: »Wir dürfen uns ganz gewiss das Reich Gottes nicht zu klein machen und dasselbe uns nicht beschränkt denken auf die Grenzpfähle der römischen Liturgie. […] Wer einzig und allein die römische Liturgie kennt, kennt noch nicht die ganze Fülle des kirchlichen Lebens.«[37]

Das unmittelbare Erleben von Schönheit und Andersartigkeit ostkirchlicher Liturgie und Kunst ist der Schlüssel, durch den Prinz Max seinen Zugang zur ostkirchlichen Theologie findet. Das unterscheidet ihn nicht nur äußerlich von den »Stubengelehrten« seiner Zeit. Ohne dies eigens zu reflektieren, verfolgt er bereits einen hermeneutischen Ansatz, wie er innerhalb der Orthodoxie erst später wirklich voll zum Tragen kommt, wenn die neuere orthodoxe Theologie sich selbst zunehmend als theologische Reflexion kirchlicher Erfahrung begreift. Dabei wird unter »Erfahrung« nicht einfachhin das individuell Erlebte subsumiert. Erfahrung wird verstanden als gottesdienstliches Erleben und die in der Kirche rezipierte asketische Praxis eines geistlichen Lebens.[38] Aus der Sicht ostkirchlicher Theologie ist ein solcher ganzheitlicher Zugang nicht nur in der Sache adäquat, sondern geradezu essentiell.

Der Wendepunkt: Die »Gedanken über die Frage der Einheit der Kirchen«

Als sich Prinz Max im Jahr 1910 für das Streben nach der Wiedervereinigung der Kirchen öffentlich einsetzt und die bereits eingangs erwähnten Gedanken (»Pensées«) über die Frage der Einheit der Kirchen veröffentlicht, erlebt er den tragischsten Einschnitt seines Lebens. Alles, wonach er lange Jahre strebte, scheint plötzlich gescheitert zu sein: Er verliert die Gunst des Papstes, wird der Universität Fribourg verwiesen und mit einem Verbot belegt, sich weiterhin öffentlich bezüglich der neuralgischen Frage der Kircheneinheit zu äußern.

Aber was ist an der ökumenischen Vision des Prinzen so verwerflich? Prinz Max jedenfalls ist von seinen edlen Absichten überzeugt, was insbesondere aus seinem persönlichen Briefwechsel mit Metropolit Andrej Scheptyzkyj hervorgeht. An seiner Treue zur katholischen Kirche lässt er keinen Zweifel aufkeimen: »Ich habe in dem betreffenden Artikel, ohne irgendeinen Glaubenssatz leugnen zu wollen, ganz offen meine Ansicht darüber dargelegt, wie überhaupt eine Union mit der orientalischen Kirche möglich sei. Da die Kirche diese Ansicht nicht annimmt, so unterwerfe ich mich selbstverständlich.«[39]

Die »Pensées« sind quasi eine »präökumenische Vision«, die sich um das rechte Verständnis einer Kirchenunion bemüht.[40] Prinz Max spricht darin von den Fehlern der katholischen Kirche in den vergangenen 1000 Jahren, und er tut es in bemerkenswerter Offenheit, wenn er etwa deren Zentralismus kritisiert, die Kreuzzüge schroff als »Räuberzüge« bezeichnet und den größeren Teil der Schuld für die Kirchenspaltung im Westen sucht.[41] Zugleich bringt er die bemerkenswerte Überzeugung zum Ausdruck, dass Orient und Okzident ohnehin niemals völlig voneinander getrennt gewesen und die Spaltungen letztlich auf politische Motive und Missverständnisse, genährt von Eifersucht und Feindseligkeit, zurückzuführen seien.[42] Deshalb ermögliche auch nur eine echte Umkehr einen Ausweg. Diese müsse sich durch die Suche nach der Wahrheit sowie durch Barmherzigkeit und Liebe auszeichnen.[43]

Prinz Max nimmt dabei auch eine kritische Position gegenüber den Kirchenunionen der katholischen Kirche mit der orientalischen Christenheit ein, die seit dem 16. Jahrhundert Teile bestehender Ostkirchen in die Gemeinschaft mit Rom geführt und zugleich die lokale Kirche gespalten haben.[44] Er merkt sehr scharf an, dass »für die abendländische Kirche die Union stets gleichbedeutend mit völliger Unterwerfung war« und die Ostkirche generell als »eine abtrünnige Tochter der römischen Kirche« betrachtet wurde.[45] So seien diese Orientalen quasi zu Lateinern geworden, zu einer Magd statt einer Königin, sie hätten ihre Identität aufgegeben und seien für alle Orthodoxen nichts anderes als ein abschreckendes Beispiel.[46] Jeden Zwang als legitime Methode einer Union lehnt Prinz Max ebenso entschieden ab: »Die lateinische Kirche, immer etwas daran gewöhnt, zu befehlen, hat einfach der orientalischen Kirche ihre Auffassung der Union aufzwingen wollen, ohne danach zu fragen, ob diese Idee auch ihrer Schwesterkirche recht wäre.«[47]

Neben einem Unionsmodell, das primär vom Gedanken der Unterwerfung unter die römische Hierarchie geprägt ist, entfaltet der sächsische Prinz seine Vorstellung, dass eine echte Einheit nur unter Anerkennung

Links: Der Petersdom in Rom, Postkarte, 1908.

Rechts: Prinz Max im Kreis von Basilianermönchen in Lemberg. Hinten, Zweiter von rechts (mit Fliege) ist sein Diener Paul Christeck, Foto, 1910/14.

der gleichen Würde des anderen zu realisieren sei. Dies setze immer auch den weitreichenden Erhalt von Selbstständigkeit und Autonomie voraus. Prinz Max sagt: »Das Wort ›Union‹ bezeichnet nicht, dass ein Teil völlig verändert werden muss, um dem anderen gleich zu werden; sondern das Wort bezeichnet zwei Dinge, die bleiben, was sie waren, und nur gegenseitige Beziehungen untereinander suchen.«[48] Er macht es schließlich sehr konkret: »Die orientalische Kirche müsste also vollständig unabhängig bleiben und sich selbst regieren. […] Ihre Beziehungen zu Rom müssten dieselben sein, wie sie im christlichen Altertum vor der Trennung waren. Die orientalische Kirche wird sicherlich keinen Moment zögern, dem römischen Pontifex die Rechte einzuräumen, die er zu jener Zeit besessen und ausgeübt hat. […] Dadurch wäre die Vorherrschaft Roms gerettet und die Union wäre nicht nur ein bloßes Wort, sondern eine wirkliche Tatsache. Wenn Rom sich einmal entschließen kann, diese Idee anzunehmen, wird die Union möglich. Solange man darauf hinzielt, die Orientalen dem jetzigen kirchlichen System zu unterwerfen, wird jeder Versuch, eine Union herbeizuführen, vergeblich sein.«[49] Prinz Max rät Rom dabei zu einer ehrenhaften Selbstverleugnung.

Besonders bemerkenswert ist in diesem Zusammenhang die Verwendung des Begriffs »Schwesterkirchen«. Beide Zweige der Christenheit, Ost und West, seien »als zwei Schwestern, gleich an Würden und Rechten, eine wie die andere« zu verstehen.[50] Im Zusammenhang der Pentarchie-Idee[51] im 5. Jahrhundert aufgekommen, erfuhr der Begriff später nur wenig Rezeption. Im 12. Jahrhundert wurde er gelegentlich von orientalischen Würdenträgern verwendet, um im Sinne eines Protests von Rom eine gleichrangige Behandlung einzufordern. Diesen alten, in Vergessenheit geratenen, gleichwohl jedoch inhaltlich höchst aufgeladenen Terminus setzt Prinz Max nun wieder programmatisch ein.[52] Denn wenn man von Rom als der ersten unter Schwestern spricht, impliziert das gleiche Würde und ähnlichen Rang. Ein solches Kirchenverständnis lässt sich nur unter bestimmten Vorzeichen mit den universalen Ansprüchen Roms vereinen. Die römische Perspektive ist dagegen eher die, sich als Mutterkirche aller zu betrachten, während ihre »Kinder« als Teilkirchen untereinander »Schwestern« genannt werden dürfen. Prinz Max hingegen versteht auch die römische Kirche als eine Schwesterkirche in Bezug auf alle Ostkirchen. Aus heutiger Sicht muss man sagen: Dogmatisch betrachtet haben die Kirchen des Ostens dasselbe Glaubensbekenntnis wie die katholische Kirche und dieselben sieben Sakramente, sie können mit Fug und Recht als Schwesterkirchen bezeichnet werden. Neuralgisch bleibt die Frage der Anerkennung des Papstes als hierarchisches Haupt der Kirche.

Die Thesen des Prinzen schlugen hohe Wellen. Er fuhr nach Rom, wurde zweimal vom Papst empfangen und beschrieb die Begegnungen als wohltuend und freundlich. Dennoch stand seine Lehrtätigkeit auf dem Spiel. Nachdem es den Anschein hatte, dass die Angelegenheit diplomatisch geregelt worden war, kam es dann am 26. Dezember 1910 zu einem Schreiben des Papstes an die mit Rom unierten Ostkirchen, in welchem der Aufsatz des Prinzen kritisiert wurde. Durch die Veröffentlichungen im kirchlichen Amtsblatt und wiederum im Osservatore Romano musste dies als scharfe Verurteilung des Prinzen durch Papst Pius X. verstanden werden.

Letztlich ist es erst das II. Vatikanische Konzil von 1962 bis 1965, das sich in seinen Positionen der Vision des Prinzen zumindest annähert. In seiner Zeit aber ist Prinz Max so etwas wie die berühmte »Stimme, die in der Wüste ruft« (Jes 40,3), indem er die Gedanken des Konzils schon mehr als ein halbes Jahrhundert zuvor in prophetischer Weise vorwegnimmt. Prinz Ernst Heinrich von Sachsen drückt es zutreffend aus, wenn er seinen Onkel Max einen »Pionier der Vereinigung« nennt, der aber 60 Jahre zu früh lebte.[53] Iso Baumer bemerkt sehr passend: »Er erlebte nicht mehr, dass seine Ideen – einst als ketzerisch sehr schimpflich und unwürdig verurteilt – fünfzig Jahre später zum Allgemeingut der römischen Kirche wurden.«[54]

Eines bleibt anzumerken: Wenn Prinz Max in seinen »Pensées« von der Einheit der Schwesterkirchen spricht, bezieht er sich nur auf die katholische Kirche und die Orthodoxie. Die Kirchen der Reformation hat er nicht im Blick, Protestanten erwähnt er mit keinem Wort. Andernorts artikuliert er die Auffassung, dass die Einigung mit den traditionellen Kirchen Vorrang habe und zugleich eine Voraussetzung für die Annäherung an den Protestantismus sei. Letztere sei aber gleichsam die Sorge einer späteren Zeit in noch relativ weiter Ferne.

Lehrer ostkirchlicher Theologie im galizischen Lemberg

Für den 40-jährigen Priester, der sich leidenschaftlich und reinen Herzens dem Ziel der kirchlichen Einheit widmet, verursacht dieser tragische Vorfall eine Narbe in seinem Herzen, die letztlich bis zu seinem Tode schmerzt. Während er die größte Krise seines Lebens durchleidet, gelingt es ihm, im galizischen Lemberg wieder innere Ruhe und menschliche Anerkennung zu finden. Die Stadt Lemberg (heute Lwiw in der Westukraine) ist damals gleichsam die Hauptstadt des östlichen Teils der österreichisch-ungarischen Donaumonarchie, das kulturelle wie urbane Zentrum der Region Galizien – eine Stadt, deren mondäner Charme bis heute den Glanz habsburgischen Erbes erstrahlen lässt.[55]

In kirchlicher Hinsicht nahm Galizien dabei insofern eine markante Sonderstellung ein, als dieses einst schon zwischen Polen-Litauen und dem zaristischen Russland umkämpfte Grenzgebiet diejenige Region Osteuropas darstellte, in welcher der Gedanke einer Kirchenunion östlicher Christen mit der römischen Kirche auf besonders fruchtbaren Boden fiel. Bereits 1596 kam es in der »Union von Brest« zu einer Vereinigung zwischen Teilen der orthodoxen Hierarchie und der römisch-katholischen Kirche. Für die Diözesen, die ihre byzantinisch-ostkirchlichen Gebräuche in Liturgie und geistlichem Leben beibehielten, während sie gleichzeitig mit Rom in voller Kirchengemeinschaft standen, prägte Kaiserin Maria Theresia von Österreich den Begriff »griechisch-katholisch«, der sich fortan durchsetzte. Als Katholiken mit östlichem Ritus genossen die griechisch-katholischen Gläubigen in der Habsburgermonarchie hohes Ansehen.[56]

Im Leben des Prinzen Max nimmt seine Lemberger Periode eine besondere Stellung ein. Vier Jahre lang, von 1910 bis 1914, hält er dort auf Einladung des Oberhauptes der ruthenischen griechisch-katholischen Kirche, Metropolit Andrej Scheptyzkyj, seinerseits ebenfalls ein »Prophet des Ökumenismus«, im griechisch-katholischen Lemberger General-Priesterseminar in deutscher Sprache Vorlesungen über die Ostkirchen. Das Umfeld, welches er in Lemberg vorfindet, kommt dem Prinzen entgegen: Er befindet sich gleichsam im Schoße seiner katholischen Kirche, und doch erlebt er die liturgischen Vollzüge ganz in ihrer ostkirchlichen Gestalt und darf auch seine eigenen priesterlichen Dienste im byzantinischen Ritus ausüben, was in einem orthodoxen Kontext freilich nicht möglich gewesen wäre.

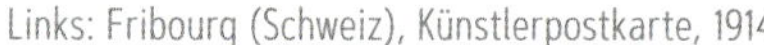

Links: Fribourg (Schweiz), Künstlerpostkarte, 1914.

Rechts: Der griechische Patriarch, Kupferstich von Gérard Jean-Baptiste Scotin, Anfang 18. Jahrhundert.

Während sein spezielles Interesse an ostkirchlicher Theologie ihn im schweizerischen Üechtland in gewisser Weise zu einem Exoten machte, zu dem nur wenige Studierende ihren Weg fanden, stößt er bei den Seminaristen des Lemberger Priesterseminars auf reges Interesse, die zahlreich und als neugierige Zuhörer zu seinen Veranstaltungen strömen. Auch die deutsche Sprache scheint allenthalben in österreichisch-ungarischen Landen verstanden worden zu sein. So wird Lemberg für Prinz Max zu dem Ort, an dem er wie an keinem anderen als Lehrer der Ostkirchenkunde auf offene Ohren trifft. Bis zum Ausbruch des Ersten Weltkrieges 1914 lauschen zahlreiche Alumnen[57] mit Freuden seiner Lehre, die sie von ihm gleichsam wie ein kostbares Geschenk entgegennehmen. In der gleichen Zeit doziert er auch am Kölner Priesterseminar.

Der Erste Weltkrieg

Mit dem Ersten Weltkrieg wendet sich das Blatt abermals für den sächsischen Prinzen. Er muss seine Lehrtätigkeit unterbrechen und wird zum Feldgeistlichen bestellt. Auch diesen Dienst verrichtet er fleißig und beharrlich zur vollen Zufriedenheit der Soldaten. Sein Freimut wird ihm aber auch hier – wie schon bei seinen ökumenischen Gedanken – zum Verhängnis, als er wagt, Kaiser Wilhelm II. zu kritisieren und seine pazifistischen Denkweisen vorzutragen.[58] Seinem wissenschaftlichen Wirken kommt dies allerdings zugute. Während er in das sächsische Wermsdorf verbannt wird, bleibt ihm bis zum Ende des Krieges und darüber hinaus genügend Zeit, sich mit Kirchenvätertexten und der Übersetzung alter östlicher Liturgien zu beschäftigten. Auf diese Weise mutiert seine Abberufung unverhofft in eine Phase sehr kreativen Schaffens im Dienste der ostkirchlichen Wissenschaft.

B *Le Patriarche des Grecs* 66.

Avec Privil. du Roi

LE CONSEIL D'ÉTAT DU CANTON DE FRIBOURG

Voulant honorer les mérites scientifiques et témoigner sa reconnaissance pour les longs et bons services rendus à l'Université, confère

à S.A.R. Mgr. le Prince Max de Saxe

le titre de

professeur honoraire.

Donné en Conseil d'Etat, à Fribourg, le 29 août 1941.

Le Président,

Le Chancelier,

Urkunde, Ernennung des Prinzen Max zum Honorarprofessor, Fribourg (Schweiz), 1941.

Wieder in Fribourg

Die erschütternden Eindrücke des Ersten Weltkrieges führen dazu, dass sich die Interessensgebiete des Prinzen Max verschieben. Während die ostkirchliche Theologie etwas in den Hintergrund tritt, widmet er sich umso intensiver pazifistischem Denken, das er in seiner ausgeprägten Friedens- und Schöpfungsethik reflektiert. 1921 kehrt er ins schweizerische Fribourg zurück, wo er seine Lehrtätigkeit an der Philosophischen Fakultät fortsetzt. Er erhält einen Lehrauftrag für »Orientalische Literatur und Kultur« und arbeitet in diesem Bereich bis kurz vor seinem Lebensende im Jahr 1951.

In dieser Zeit umfassen seine Themen Geschichte, Kultur und Theologie des Christlichen Ostens in ihrer vollen Breite: Max behandelt die einzelnen östlichen Kirchen und ihre Liturgien, östliche Kirchenväter und ihre Werke, kirchliche Poesie des Ostens, Länderkunde und vieles mehr.[59] Einiges davon wurde publiziert, von vielem sind Manuskripte archivarisch erhalten.

Das Vermächtnis des Prinzen Max für heutige Ost-West-Beziehungen der Kirchen

Was bis heute an Prinz Max von Sachsen fasziniert, ist das Besondere seines Zugangs, den er zu den Kirchen des Ostens gefunden hat. Vielleicht ist es nicht das Detail oder die Höhe seiner wissenschaftlichen Gelehrsamkeit, die mitunter auch infrage gestellt wurde, wenngleich er ohne jeden Zweifel ungemein belesen war, vorzügliche Sprachkompetenzen besaß und auf bewundernswerte Weise das vorhandene Material zusammengetragen hat. Sein ganzes Lebenszeugnis ist vielmehr eine einzige authentische Einheit. In diese Einheit gehört eine unbändige Begeisterung und Liebe für die Kirchen des Ostens, ihren Traditionsreichtum und ihre spirituelle Tiefe. Aus dieser kirchlichen Erfahrung konnte er – weitaus mehr als manch einer seiner orientalistischen Kollegen – die Leidenschaft eines Ringens um die Einheit der Christenheit entwickeln, mit der er seine Zeitgenossen weit übertraf.

Dass Christen ökumenische Wege zueinander suchen, gehört zu den erfreulichsten kirchlichen Entwicklungen der letzten Jahrzehnte. Prinz Max hat diese Dynamik in seinen Gedanken vorweggenommen, ehe sie salonfähig wird. Seine Anstöße im Blick auf eine Erneuerung der Einstellung zur orientalischen Christenheit sind außergewöhnlich, ungebrochen ist sein Vermächtnis. Es gründet in einer existentiellen gegenseitigen Wertschätzung, zeugt vom Wert des persönlich Erlebten und Erfahrenen, inspiriert zur Begegnung mit den Angehörigen der Schwesterkirchen, ermutigt zum Studium des reichen östlichen Erbes in all seinen Facetten und beflügelt den leidenschaftlichen Einsatz für die Einheit der Christenheit.[60]

1 Im November 1910 in französischer Sprache als »Pensées sur la question de l'union des Églises« erschienen in: Roma e l'Oriente, Jg. 1, 1910, S. 13–29.

2 Siehe in diesem Band den Beitrag »Prinz Max als Lehrer, Professor und Wissenschaftler«.

3 Vgl. Baumer, Iso: Max von Sachsen, Bd. 1: Priester und Professor. Seine Tätigkeit in Freiburg/Schweiz, Lemberg und Köln, Freiburg (Schweiz) 1990, S. 73.

4 Kurzer Ueberblick über die Marienverehrung in der griechischen Liturgie, in: Internationaler Marianischer Congress. Congress-Bericht, Freiburg (Schweiz) 1903, S. 64 f.

5 Die orientalische Kirchenfrage (Auszug aus dem Vortrag S. Königl. Hoheit Prinz Max von Sachsen, gehalten im Kornhaus-Saale in Freiburg, den 25. Januar 1904), in: Freiburger Nachrichten Nr. 15 (4. 2. 1904), 16 (6. 2.), 17 (9. 2.), 19 (13. 2.), 20 (16. 2.), 21 (18. 2.), 23 (23. 2.). Später als selbstständige Monographie erschienen: Vorlesungen über die orientalische Kirchenfrage, Freiburg (Schweiz) 1907.

6 Gemeinhin wird das Jahr 1054 als Zeitpunkt des Großen Schismas zwischen Ost- und Westkirche veranschlagt, wobei jedoch eine differenzierte Sicht der Dinge bereits vorher Zeiten der Trennung und nachher Aspekte kirchlicher Einheit erkennen kann, sodass dieses Datum keineswegs die einzige Bruchkante markiert.

7 Bereits 1904 veröffentlicht er in Bern seine Vorlesungen über die orientalischen Liturgien in lateinischer Sprache unter dem Titel »Praelectiones de liturgiis orientalibus«.

8 Baumer, Iso: Das sächsische Königshaus und die Ostkirchen. Die Prinzen Johann Georg (1869–1938) und Max (1870–1951) als Forscher, Sammler und Schriftsteller, in: Oriens Christianus, Jg. 80, 1996, S. 210.

9 Der vielleicht bekannteste deutsche Philologe, Liturgiewissenschaftler und Orientalist dieser Zeit, Anton Baumstark (1872–1948), hat ausgiebig über orientalische Liturgien geforscht; den Orient besucht hat er hingegen nur einmal.

10 Vgl. Baumer, Max von Sachsen. Priester und Professor (wie Anm. 3), S. 73.

11 Vgl. Baumer, Iso: Prinz Max von Sachsen (1870–1951) und Armenien, Bremen 1986, S. 9.

12 Amberg, Rudolf: Prinz Max von Sachsen und die orientalische Kirchenfrage, in: Alte und Neue Welt, Jg. 43, 1908/09, S. 515.

13 Ebd.

14 Vgl. Baumer, Max von Sachsen. Priester und Professor (wie Anm. 3), S. 88.

15 Vgl. ebd., S. 79.

16 Vgl. ebd., S. 74. Baumer vermutet, diese kryptische Bezeichnung beziehe sich auf den melkitischen griechisch-katholischen Patriarchen. Mindestens ebenso naheliegend wäre der Besuch des maronitisch-katholischen Patriarchen.

17 Vgl. ebd.

18 Sächsisches Staatsarchiv, HStA DD, 10717 Außenministerium, Nr. 9357.

19 Vgl. Baumer, Max von Sachsen. Priester und Professor (wie Anm. 3), S. 75.

20 Russland und Maria, in: Bericht über den Internationalen marianischen Kongress in Einsiedeln (17.–21. 8. 1906), Freiburg (Schweiz) 1907, S. 106.

21 Vgl. ebd., S. 75.

22 Vgl. ebd., S. 79.

23 Vgl. ebd.

24 Vgl. den Bericht in Westermanns Monatsheften, Bd. 109, Heft 650, November 1910, S. 207 ff.

25 Vgl. Baumer, Max von Sachsen. Priester und Professor (wie Anm. 3), S. 83.

26 Vgl. ebd.

27 SächsStA Dresden, 10717 Außenministerium, Nr. 9358: »Akten das Attentat auf S. Kön. Hoheit den Prinzen Max in Montenegro betreffend. 1909«. Die Dresdener Nachrichten (Nr. 277) am 6. Oktober melden: »Prinz Max von Sachsen in Lebensgefahr.«

28 Vgl. Baumer, Max von Sachsen. Priester und Professor (wie Anm. 3), S. 83.

29 Vgl. Neue Freie Presse, Nr. 166639 vom 17. 12. 1910; Dupuy, Bernard: Un pionnier. Le prince Max de Saxe, in: Istina, Jg. 38, 1993, S. 342.

30 Vgl. Baumer, Max von Sachsen. Priester und Professor (wie Anm. 3), S. 84–87.

31 Vgl. Ani und Etschmiadzin, in: Handes Amsorya, 1927, S. 912. Prinz Max charakterisiert ihn als den, »der mich in die Sprache und den Ritus einführte«.

32 Vgl. Baumer, Max von Sachsen. Priester und Professor (wie Anm. 3), S. 80.

33 Vgl. ebd., S. 77.

34 Russland und Maria, in: Bericht über den Internationalen marianischen Kongress in Einsiedeln (17.–21. 8. 1906), Freiburg (Schweiz) 1907, S. 108.

35 Vgl. Baumer, Max von Sachsen. Priester und Professor (wie Anm. 3), S. 78.

36 Vgl. Die Prinz Johann Georg-Sammlung des Kunstgeschichtlichen Instituts der Johannes Gutenberg-Universität Mainz. Dauerleihgabe im Mittelrheinischen Landesmuseum Mainz, Mainz 1981, S. 24 f.

37 Kurzer Ueberblick über die Marienverehrung (wie Anm. 4), S. 64. Vgl. auch Praelectiones de liturgiis orientalibus, Bern 1904, S. 2.

38 Vgl. dazu grundlegend Felmy, Karl Christian: Einführung in die orthodoxe Theologie der Gegenwart (Lehr- und Studienbücher zur Theologie; Bd. 5), Münster [3]2014, S. 1–26, hier: S. 22 f.

39 Max von Sachsen, Briefe an Metropolit Andrej Scheptyzkyj, 37. Brief vom 30. 12. 1910, S. 24.

40 Max von Sachsen: Gedanken über die Vereinigung der Kirchen, in: Baumer, Iso: Max von Sachsen, Bd. 3: Primat des Anderen. Texte und Kommentare, Freiburg (Schweiz) 1996, S. 93.

41 Ebd., S. 95.

42 Ebd., S. 93.

43 Ebd., S. 98.

44 Heute gibt es 23 katholische Ostkirchen, die aus den verschiedenen Unionen hervorgegangen sind.

45 Max von Sachsen, Gedanken über die Vereinigung der Kirchen (wie Anm. 40), S. 86.

46 Ebd., S. 75.

47 Ebd., S. 86.

48 Ebd., S. 75.

49 Vgl. ebd., S.76.

50 Ebd., S. 87.

51 Pentarchie meint das geordnete Miteinander von fünf selbstständigen und unabhängigen Patriarchaten in der Alten Kirche vor der Trennung von Ost und West (Rom, Konstantinopel, Alexandrien, Antiochien und Jerusalem).

52 Später verwendet Patriarch Athenagoras I. (1886–1972) denselben Begriff gegenüber Papst Johannes XXIII. (1881–1963) im Zusammenhang seines Wunsches nach der Wiederherstellung der »Einheit der Schwesterkirchen«. In diesem Sinne wurde er dann auch vom II. Vatikanischen Konzil und den nachfolgenden ökumenischen Dialogen rezipiert.

53 Prinz Ernst Heinrich von Sachsen: Mein Lebensweg vom Königsschloss zum Bauernhof, Dresden/Basel 1995, S. 46. Vgl. auch Dupuy, Un pionnier (wie Anm. 29), S. 349.

54 Baumer, Max von Sachsen, Primat des Anderen (wie Anm. 40), S. 996 f.

55 Vgl. hier und im Folgenden Baumer, Max von Sachsen. Priester und Professor (wie Anm. 3), S. 137–147.

56 Bei der ersten Teilung Polens (1772) fiel Galizien größtenteils an die Habsburgermonarchie. In den ruthenischen Gebieten, die nach 1772 zum russischen Zarenreich gehörten, wurden die unierten Strukturen aufgelöst und in die orthodoxe Kirche überführt.

57 Klassische Bezeichnung für die Kandidaten eines Priesterseminars, insofern sie »mit Speis und Trank versorgt und in allen guten Sitten unterrichtet« werden (Ableitung von lat. alere = ernähren, aufziehen).

58 Vgl. Prinz Ernst Heinrich, Mein Lebensweg (wie Anm. 53), S. 44.

59 Vgl. Baumer, Max von Sachsen. Priester und Professor (wie Anm. 3), S. 208–210.

60 Zum Wintersemester 2018/19 hat die Katholische Universität Eichstätt-Ingolstadt die »Stiftungsprofessur Prinz Max von Sachsen des Bistums Eichstätt für Theologie des Christlichen Ostens« errichtet. Ihr Ziel ist es, die ostkirchliche Theologie in Eichstätt zu stärken und insbesondere für die Kollegiaten des dortigen Collegium Orientale und alle Studierenden mit ostkirchlichem Schwerpunkt die Brücke zwischen ost- und westkirchlicher Theologie zu schlagen. Das Vermächtnis des Prinzen Max ist das Leitbild dieser von der Eichstätter Diözese gestifteten Professur.

Die Greuel von Sorinnes und Dinant – Wendepunkt im Leben des Prinzen Max

1914 hatte Prinz Max Erlebnisse, die ihn tief erschüttert und seinen weiteren Weg stark beeinflusst haben. Sie brachten ihn in Konflikt mit seinem Bruder König Friedrich August III. von Sachsen und dem wilhelminischen Staat. Wenn Prinz Max nicht von so hohem Stand gewesen wäre, hätte seine Reaktion zu schwerster Bestrafung geführt.

Belgien – schuldlos in prekärer Lage

Die Erlebnisse ereignen sich kurz nach Beginn des Ersten Weltkrieges in Belgien. Belgien war, nach wechselnder Zugehörigkeit seines späteren Territoriums zu verschiedenen Staaten mit teilweise weit entfernt liegenden Hauptstädten, 1830 aus einer Revolution heraus entstanden. Es besaß die Staatsform einer Monarchie, und ein Prinz aus Sachsen-Coburg und Gotha begründete die neue Dynastie. Seit seiner Gründung war das Land offiziell neutral. Die europäischen Großmächte garantierten die Neutralität. Belgien entwickelte sich sehr gut. Auf seinem Territorium gab es schon seit der Renaissance hochentwickelte Handelsbeziehungen in alle Welt, und in Folge des daraus resultierenden Wohlstandes blühten Wissenschaft und Kunst. Bald nach der Staatsgründung wird Belgien zu einem Zentrum der Industrialisierung auf dem europäischen Festland. Steinkohle und Eisenerz bilden die Grundlage für die Schwerindustrie und diese die Voraussetzung für eine vielfältige Wirtschaft. Diese ist Belgiens Stärke.

Links: Erschießungen belgischer Zivilisten durch sächsische Truppen in Dinant 1914, Postkarte, o. J.

Rechts: König Friedrich August III. von Sachsen mit Prinz Max als Feldgeistlichem und General von Einem, Foto aus dem Nachlass von Prinz Max, 1914. Man sieht am Gesicht des Prinzen, dass er Schreckliches erlebt hat.

Aber Belgien hat ein Problem. In dem sich am Horizont abzeichnenden Krieg liegt es im Wege. Dafür kann es nichts, denn das ist Folge eines deutschen Plans. Gegen Ende des 19. Jahrhunderts beginnen sich die Gegensätze zwischen den europäischen Großmächten zu verstarken. Man sucht Verbündete, auch für den Fall eines Krieges. Ausgerechnet die beiden großen Nachbarn

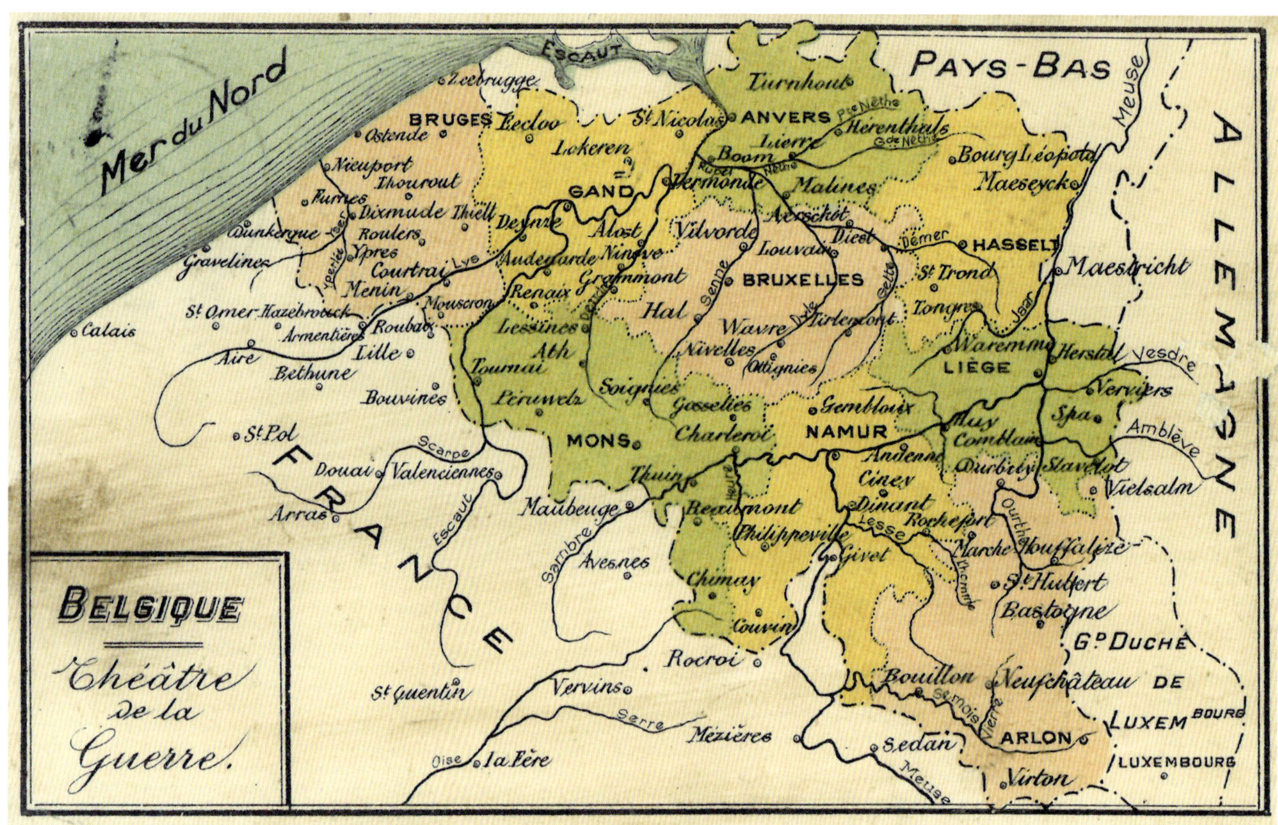

Oben: Belgien als Kriegsschauplatz im Ersten Weltkrieg, Postkarte, die Luise von Toscana 1915 an die Familie ihrer Bügelfrau Clara Herrmann nach Dresden schickte.

Unten links: Blumenmarkt in Brüssel, Postkarte, um 1910.

Unten rechts: König Friedrich August III. bei einer Parade, Postkarte, 1912.

Ganz rechts: Prinz Max als katholischer Feldgeistlicher, Foto, 1915.

Deutschlands im Westen und im Osten, Frankreich und Russland, finden zueinander. Die Vereinbarungen sind vorerst locker. Doch wie kann das im Krieg aussehen? Gegen zwei so mächtige Gegner kann man nicht gleichzeitig einen Krieg gewinnen. So kommt Generalstabschef von Schlieffen auf die Idee, zuerst gegen die Franzosen und dann gegen die Russen zu kämpfen. Von letzteren nimmt man an, dass sie länger brauchen werden, bis sie alle ihre Soldaten an die Westgrenze gebracht haben. Sechs Wochen müssten reichen, um mit dem größten Teil des deutschen Heeres in einem riesigen Schwenk, nördlich an den Festungen vorbeimarschierend, die französische Armee in Nordostfrankreich bei einer großen Entscheidungsschlacht zu besiegen.

Der Plan weist Schwächen auf. Die wichtigste ist: Ein großer Teil des deutschen Heeres muss durch Belgien marschieren, um aus der richtigen Richtung nach Frankreich zu gelangen.

Ob aber Belgien hunderttausenden deutscher Soldaten mit allen schweren Waffen und ihrem riesigen Tross den Durchmarsch gestatten würde, darüber hat man sich keine Gedanken gemacht. Unabhängig davon, ob bei den Regierenden und dem Volk größere Sympathien für Frankreich vorhanden waren, mit der Genehmigung eines Durchzuges und der nachfolgend notwendigen Sicherstellung von Versorgungswegen wäre Belgien plötzlich nicht mehr neutral gewesen.

Belgien hat eine moderne, der Größe des Landes entsprechende Armee. Sie soll vor allem mit Hilfe mehrerer Festungen verhindern, dass ein Angreifer schnell das ganze Land erobern kann. Denn im Falle eines solchen Angriffs müssten die Garantiemächte aktiv werden.

Kriegsbeginn in der sächsischen Armee

Offiziell gibt es 1914 noch eine sächsische Armee. Ihr Chef ist der jeweilige König, jetzt also Friedrich August III., der ältere Bruder von Prinz Max. Man hat einige Besonderheiten bei den Uniformen und zählt die militärischen Formationen zusätzlich zur gesamtdeutschen Nummerierung mit einer vorangestellten Ordnungszahl. Finanziert wird die Armee aus der Kasse des preußisch dominierten Reiches. Alles wird nach preußischem Vorbild organisiert, ausgerüstet und ausgebildet. Und wenn der Kaiser und preußische König befiehlt, dann ist Krieg, und auch die Sachsen haben zu marschieren.

1914 ist es soweit. Nach den Schüssen in Sarajevo wirkt Deutschland nicht mäßigend auf seinen einzigen richtigen Verbündeten Österreich ein. So erklärt Österreich Serbien den Krieg, obwohl man weiß, dass hinter Serbien Russland steht. Russland bereitet sich auf einen Krieg mit Österreich vor und trifft einige Zeit später auch Vorbereitungen in Richtung Deutschland. Nun greift der Ablauf des deutschen Planes. Die Russen dürfen nicht zu viel Zeit haben. Aber vor ihnen muss man Frankreich schlagen. Als es

sichere Nachrichten über eine russische Mobilmachung gibt, erfolgt eine Kriegserklärung an Russland, aber die Militärmaschinerie Richtung Frankreich läuft an.

Prinz Max wird katholischer Feldgeistlicher bei der Königlich Sächsischen 1. Infanteriedivision Nr. 23. Das ist die Dresdner Division. Drei ihrer Infanterie-Regimenter sind in den großen Kasernen der Albertstadt stationiert. Mit der Mobilmachung werden sie durch Reservisten auf ihre Kriegsstärke von jeweils etwa 3 000 Mann gebracht. Am 6. August 1914 verabschiedet der König persönlich »sein« Leibgrenadierregiment Nr. 100 auf dessen riesigem Kasernenhof und reitet mit dem ersten Transport bis zum Bahnhof. Die Soldaten wissen nicht, wohin sie gebracht werden. Als der Zug abfährt und die Richtung nach Westen nimmt, sind sich alle sicher: Es geht nach Frankreich. Doch vor Frankreich liegt für die Soldaten aus Sachsen Belgien.[1]

Belgien – Überfall statt »Durchmarsch«

Noch bevor die Regimenter aus Dresden abfahren, stehen schon deutsche Truppen an der belgischen Grenze. In Belgien hat man die internationale Entwicklung aufmerksam beobachtet und am 1. August mit der Mobilisierung begonnen. Denn am Vortag hatte die britische Regierung auf ihre Anfrage, ob Deutschland die belgische Neutralität respektieren wird, keine Antwort erhalten. Am 2. August fordert Deutschland mit einem Ultimatum den Durchmarsch seiner Truppen. Das lehnt Belgien am nächsten Tag ab und hat dabei die Unterstützung der Garantiemächte England und Frankreich. Deutschland erklärt Belgien den Krieg: Statt eines Marsches hat man nun Kämpfe vor sich, die belgischen Festungen müssen eingenommen werden, und auf französische Soldaten wird man schon mitten in Belgien treffen.

Das ist der deutschen militärischen Führung gar nicht recht, bedeutet es doch, dass es zu spürbaren Verzögerungen in den Abläufen kommen kann, durch die der ganze Krieg verloren gehen könnte. So macht man Druck nach unten, um das zu vermeiden. Widerstand in Belgien will Deutschland unbedingt brechen.

Die Soldaten, die jetzt in den Zügen sitzen, sind gut ausgebildet. Die aktiven Leute haben neun oder 21 Monate Dienst hinter sich, die Reservisten ihre volle Zeit abgedient. Jedem hat man schon vor der Vereidigung ausführlichen Unterricht über die Kriegsartikel gegeben. Da geht es um Treue, Tapferkeit, Gehorsam und Strafen. Der Artikel 17 sagt etwas, das jetzt im Krieg wichtig ist: »Im Felde darf der Soldat nie vergessen, dass der Krieg nur mit der bewaffneten Macht des Feindes geführt wird. Hab und Gut der Bewohner des feindlichen Landes, die Verwundeten, Kranken und Kriegsgefangenen stehen unter besonderem Schutz des Gesetzes. [...] Eigenmächtiges Beutemachen, Plünderung, böshafte oder mutwillige Beschädigung oder Vernichtung fremder Sachen im Felde, Bedrückung der Landesbewohner werden mit den schwersten Strafen belegt.«[2]

Diese Bestimmungen wurden nicht aus reiner Menschlichkeit erlassen. Wenn Soldaten tun, was sie wollen, dann werden sie

Links: Die 350 Meter lange Kaserne der Leibgrenadiere mit ihrem riesigen Hof und Nebengebäuden in der Dresdner Albertstadt, Postkarte, um 1920.

Rechts: Das Leibgrenadierregiment überschreitet die belgische Grenze, Foto, 1914.

nicht tun was sie sollen. Und wenn sie den Menschen im besetzten Land Unrecht zufügen, wird das Folgen für die ganze Armee haben.

Nach etwa zwei Tagen Fahrt wird im Westen Deutschlands ausgeladen. Dann bewegt man sich relativ langsam in Richtung belgische Grenze. Andere Truppen müssen noch mit der Eisenbahn herangebracht werden. Als Prinz Max am 15. August 1914 eine Karte an seinen Bruder Johann Georg schreibt, ist er noch nicht im Kriegsgebiet. Die sächsischen Truppen bilden die 3. deutsche Armee. Deren Oberbefehlshaber ist der frühere Kriegsminister Generaloberst von Hausen. Am 18. August überschreiten die Truppen die belgische Grenze.

Dinant – Eine kleine Stadt als Opfer des Krieges

Die Division Nr. 23 bewegt sich in Richtung Dinant. Diese im südlichen Belgien an der Maas gelegene Stadt ist ein malerischer Ort. Heute ist das Stadtgebiet etwa vier Kilometer lang und in diesem das Tal höchstens 300 Meter breit. Am rechten Maasufer zieht sich eine schroffe Felslandschaft hin. In Dinant wird diese von einer kleinen Zitadelle bekrönt, die seit 1878 nicht mehr militärisch genutzt wird. Unterhalb dieser ragt die gotische Kirche Unserer Lieben Frau über die Häuserreihen zwischen Felsen und Fluss empor. Vom Vorplatz der Kirche aus verbindet eine Brücke beide Ufer miteinander. Knapp 8 000 Menschen leben 1914 in der Stadt. Im Sommer ist in jener Zeit Dinant auch Ziel für Herrschaften, die sich einen Urlaub leisten können. Es gibt eine Badeanstalt im Sinne einer Kureinrichtung.

Auch deutsche Touristen kommen hierher. So schreibt Kurti 1908: »Endlich darf ich Euch wieder mal aus dem so herrlichen Dinant-Paradies meine herzlichen Grüße senden.«[3]

Im Herbst 1914 besucht ein Gast in der Uniform eines deutschen Generalfeldmarschalls Dinant. Es ist Friedrich August III., König von Sachsen. Er ist in diesem Krieg nicht als militärischer Führer tätig, macht aber »Frontbesuche«, um irgendwie seine Rolle als Chef der sächsischen Armee auszufüllen. Bei seiner ersten derartigen Reise bewegte er sich auf der Route, die die sächsischen Soldaten durch Belgien nahmen. Seine Tochter Margarete beschreibt, was der König in Dinant sah: »In Dinant sieht es nach Bildern und vor allem Papas Schilderungen […] trostlos aus. Der Ort war früher ein liebliches Städtchen mit Bad gewesen, das sich längs der Maas hinzog. Eine prächtige gotische Kirche überragt den Ort. Von der ganzen Stadt stehen nur noch wenige Häuser, die übrigen sind zu trostlosen Ruinen verbrannt oder zerschossen. Selbst die Kirche hat arg gelitten. Eine Wüste von herabgefallenen Steinen und zerbrochenen Kirchengegenständen füllt das Gotteshaus und ›des Himmels Wolken schauen hoch hinein‹.«[4]

Schon am 6. September 1914 schrieb der Soldat Georg Scholze nach Räckelwitz bei Kamenz: »Die Stadt Dinant ist eine sehr schöne Stadt. Aber jetzt ist [sie] nur ein Trümmerhaufen. Das kann niemand glauben wie das aussieht, wer sowas noch nicht gesehen hat.«[5]

Dies ist die eine Folge der Ereignisse vom August 1914 in und um Dinant. Die andere sind 674 tote Zivilisten. Diese wurden nicht bei Luftangriffen getötet, wie sie deutsche Zeppeline zur gleichen Zeit auf

136. Dinant. Panorama

Oben: Panorama von Dinant, Panoramapostkarte, 1904.

Unten: Ansicht von Dinant, Foto, 2018.

Rechts: Institut für Hydrotherapie in Dinant, Postkarte, um 1910.

belgische Städte durchführen. Sie wurden auch nicht bei einer langen Belagerung einer befestigten Stadt getötet, wie es in den alten Zeiten in vielen Kriegen vorkam. Die meisten von ihnen wurden erschossen. Vor Mauern, wie das bei Vollstreckung eines Urteils mit dem Strafmaß »Tod durch Erschießen« üblich war. Doch niemand von den 674 Menschen wurde verurteilt. Es gab weder ein Gericht noch eine Untersuchung. Aber es gab etliche Erschießungsmauern. Das waren Gartenbegrenzungen und Häuserwände. Sie lagen an verschiedenen Stellen überall im Stadtgebiet. Das zeigt, dass nicht spontan gehandelt wurde.

Als Belgien Widerstand gegen die deutschen Truppen leistete, stand sofort das Gespenst der »Franctireurs« im Raum. Im Krieg von 1870/71 hatten die Truppen der verbündeten deutschen Staaten in wenigen Wochen das Heer des französischen Kaisers Napoleon III. besiegt und ihn selbst gefangengenommen. Eine neue republikanische

Regierung wollte die Ergebnisse des vom Kaiser verursachten Krieges nicht akzeptieren und setzte ihn fort. Dabei rief sie die Menschen in den besetzten Gebieten zum Volkskrieg auf. Diese Kämpfer nannte man »Franctireurs«. Auf deutscher Seite wurde deren Kampfweise als heimtückisch angesehen.

Inzwischen gibt es die Haager Landkriegsordnung. Dort ist genau festgelegt, wer als Kombattant zählt, also berechtigt ist, Kriegshandlungen durchzuführen. In bestimmten Situationen ist das jedoch eine reine Interpretationsfrage. Sanktionen bei Verstößen sind nicht geregelt.

Bei der deutschen Führung geht man davon aus, dass es in Belgien einen Franctireurs-Krieg geben würde. Die ablehnende Haltung großer Teile der Belgier scheint das zu bestätigen.

»Vor einigen Tagen war Tia in Laroche in Belgien und schreibt, daß die Bevolkerung ekelhaft und im höchsten Maße mißtrauisch

14. DINANT Les Rochers.

Oben: Blick ins Tal der Maas mit dem Château de Freÿr bei Dinant, Grüße des deutschen Touristen Kurti aus Dinant, Postkarte, 3. September 1908.

Unten: Die gotische Kirche »Unserer lieben Frau« und das Hotel Citadelle, Postkarte, um 1914.

DINANT Vue générale

Oben: Das Zentrum der 1914 zerstörten Stadt Dinant, Postkarte, nach 1918. Rechts im Bild die Kirche mit fehlendem Turm.

Unten: Die sehr stark beschädigte Kirche auf der Rue Adolphe Sax, Postkarte, 1915. Der in Dinant geborene Adolphe Sax (1814 – 1894) war der Erfinder des Saxophons.

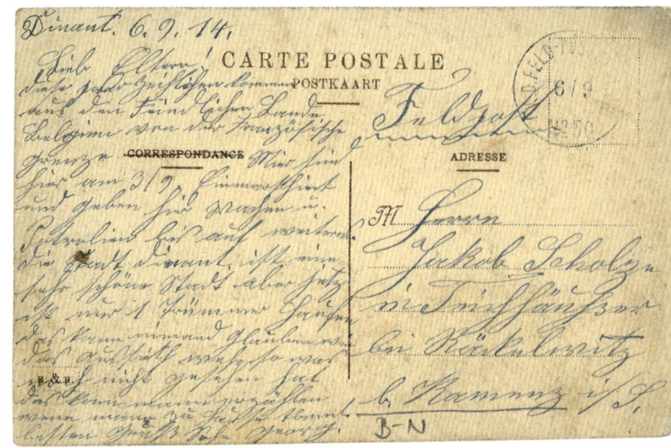

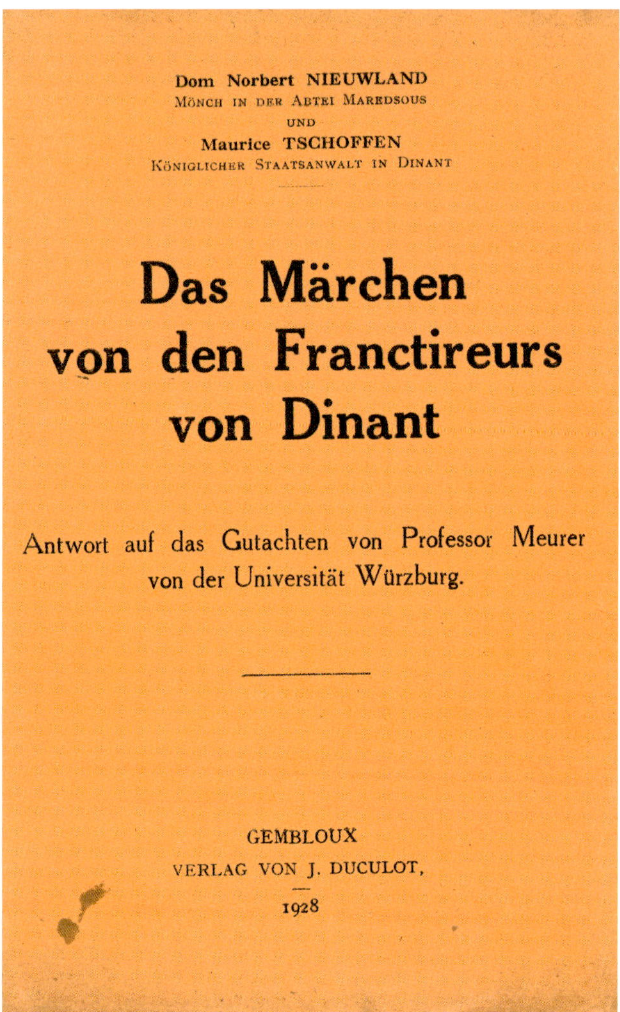
Dom Norbert NIEUWLAND
Mönch in der Abtei Maredsous
und
Maurice TSCHOFFEN
Königlicher Staatsanwalt in Dinant

Das Märchen
von den Franctireurs
von Dinant

Antwort auf das Gutachten von Professor Meurer
von der Universität Würzburg.

GEMBLOUX
VERLAG VON J. DUCULOT,
1928

Oben links und rechts: Mädchenpensionat in Dinant. Rückseite beschrieben von Georg Scholze. Postkarte, 1914.

Unten links: Deutscher Zeppelin wirft Bomben auf Antwerpen. Im ovalen Bildnis: Kaiser Wilhelm II. Kolorierte Postkarte, 1914.

Unten rechts: Titelseite einer belgischen Broschüre zu dem Massaker von Dinant, 1928.

Ganz rechts oben: Blick auf Dinant, im Vordergrund das rechte Ufer. Postkarte, um 1910.

Ganz rechts unten: Rue Saint-Jacques in Dinant, Foto, 2018. Hier kamen am 21. August 1914 nachts die ersten sächsischen Soldaten in die Stadt.

sei; er ginge überhaupt nur in Begleitung seines Adjudanten heraus und mit geladenem Revolver herum.«[6] Bei »Tia« handelt es sich um Prinz Friedrich Christian, den zweitältesten Sohn des sächsischen Königs Friedrich August III.

Mit dieser klaren und arroganten Haltung kann man unübersichtliche Situationen als verbotene Kriegsführung ansehen und auch bei kleinsten Vorfällen hart vorgehen. Die Bestrafungen sehen so aus, dass Beschuldigte ohne jegliches Urteil standrechtlich erschossen werden, ihre Häuser und auch ganze Dörfer brennen die deutschen Truppen gnadenlos ab.

In dieser Atmosphäre erwarten die einfachen Soldaten, insbesondere, wenn sie noch keine größere Gefechtserfahrung hatten, ständig Überfälle. Damals ist es üblich, dass die Truppen im Krieg, egal ob im eigenen oder im »feindlichen« Land, zum Übernachten in Ortschaften einquartiert werden. Man geht dazu über, in den einzelnen Orten Personen in besonderen Positionen als Geiseln zu nehmen oder gleich alle Einwohner einzusperren.

Dinant wird erreicht

In Dinant sind Mitte August französische Truppen eingetroffen, die jedoch nicht über die Maas vorstoßen. Von Osten kommt deutsche Kavallerie, die den Raum, in dem es keinen gegnerischen Widerstand gibt, lose besetzt. Am 15. August dringen deutsche Truppen in Dinant ein. Französische Soldaten, die auf der Ostseite einige Punkte besetzt halten, ziehen sich während eines Gefechtes auf das linke Ufer zurück. Als die Deutschen Dinant am Abend wieder verlassen, glaubt sich die Bevölkerung von den verbündeten Truppen gut beschützt.[7]

Die deutsche Kavallerie hält sich auf der Ebene oberhalb von Dinant auf. In Sorinnes

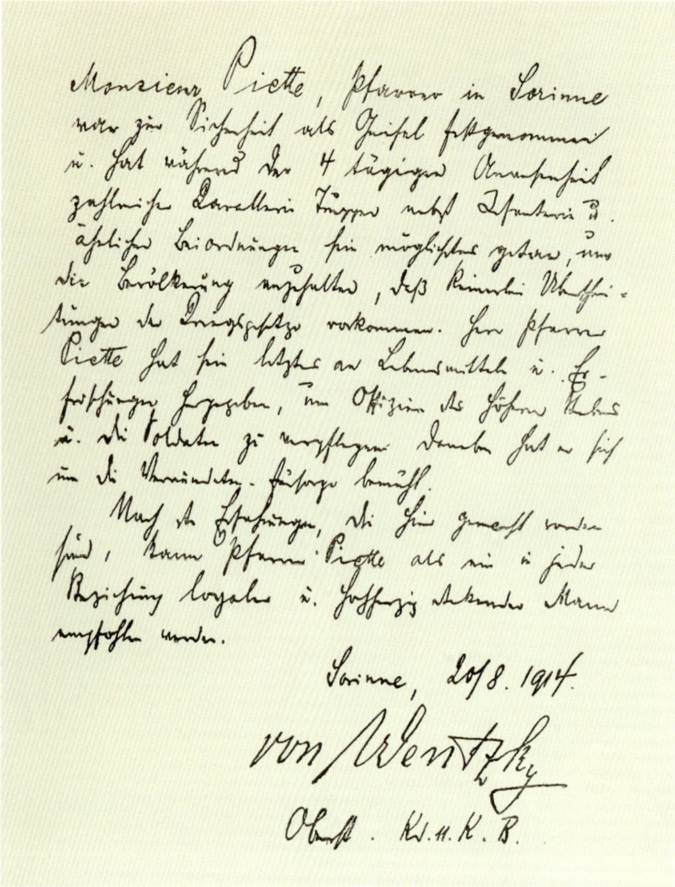

Monsieur Piette, Pfarrer in Sorinne war zur Sicherheit als Geisel festgenommen u. hat während der 4 tägigen Anwesenheit zahlreicher Cavallerie Truppen nebst Infanterie u. ähnlicher Beiordnungen sein möglichstes getan, um die Bevölkerung anzuhalten, daß keinerlei Überschreitungen der Kriegsgesetze vorkommen. Herr Pfarrer Piette hat sein letztes an Lebensmitteln u. Erfrischungen hergegeben, um Offiziere des höheren Stabes u. die Soldaten zu verpflegen daneben hat er sich um die Verwundeten-Fürsorge bemüht.

Nach den Erfahrungen, die hier gemacht worden sind, kann Pfarrer Piette als ein in jeder Beziehung loyaler u. [illegible] denkender Mann empfohlen werden.

Sorinne, 20/8. 1914.

von Wentzky

Oberst. Kd.u.K.B.

wird ein Lazarett eingerichtet. Als sich die großen sächsischen Infanteriemassen nähern, zieht die Kavallerie am 20. August ab. Jetzt trifft in diesem Raum die Division Nr. 23 ein. Mit ihr kommt Prinz Max von Sachsen.

Am Abend des 21. August führt ein Bataillon des Schützenregiments Nr. 108 eine sogenannte gewaltsame Aufklärung durch. Über die einzige Straße, die von den Höhen ins Stadtzentrum führt, soll man bis zur Maas vordringen, die Lage erkunden und dabei dem Gegner die Anwesenheit demonstrieren, was auch die Zerstörung von Gebäuden beinhaltet. Bei diesem Vorstoß kommt es zu schweren Schießereien, für die man von deutscher Seite Belgier verantwortlich macht. Alle vier Kompaniechefs werden getroffen, zwei tödlich. Das Bataillon zieht sich wieder auf die Höhen zurück. Die Verwundeten werden zum Verbandsplatz in Sorinnes gebracht. Dort hinter dem Schloss sollen auch die Toten beigesetzt werden.

Prinz Max in Sorinnes

Deshalb kommt Prinz Max nach Sorinnes. Sein Quartier befindet sich zu dieser Zeit etwa sechs Kilometer entfernt in Conneux. In Sorinnes waren die Einwohner zu diesem Zeitpunkt schon von deutschen Soldaten in einem Bauernhof zusammengetrieben worden. Bereits während der Anwesenheit der Kavallerie hatte man Honoratioren als Geiseln genommen, darunter den Pfarrer. Er erhielt von einem preußischen Oberst am 20. August ein Empfehlungsschreiben: »Monsieur Piette, Pfarrer von Sorinnes, war zur Sicherheit als Geisel festgenommen u. hat während der 4tägigen Anwesenheit zahlreicher Cavallerie Truppen nebst Infanterie u. ähnlicher Beiordnungen sein Möglichstes getan, um die Bevölkerung anzuhalten, daß keinerlei Überschreitungen der Kriegsgesetze vorkommen. Herr Pfarrer Piette hat sein letztes an Lebensmitteln u. Erfrischungen hergegeben, um Offiziere des höheren Stabes u. die Soldaten zu verpflegen, daneben hat er sich um die Verwundeten-Fürsorge bemüht. Nach den Erfahrungen, die hier gemacht worden sind, kann Pfarrer Piette als in jeder Beziehung loyaler

Ganz links oben: Empfehlungsschreiben von Oberst Wentzky für Pfarrer Piette aus Sorinnes. 20. August 1914.

Ganz links unten: Die Kirche von Sorinnes, zu der Prinz Max mit Pfarrer Piette ging. Foto, 2018.

Links: Der Feldgeistliche Prinz Max von Sachsen besaß einen Feldaltar mit zwei dazugehörigen silbernen Messkännchen, die sich glücklicherweise bis heute erhalten haben. Unter dem Viereck im Stein des Feldaltars befindet sich eine Reliquie. Das innen vergoldete Messkännchen ist für den Wein, das andere für das Wasser bestimmt. Die violette Stola wurde von Prinz Max bei der Erteilung von Sterbesakramenten und bei Beerdigungen verwendet.

u. hochherzig denkender Mann empfohlen werden. Sorinnes, 20.8.1914 von Wentzky Oberst Kr. 11. K. B.«[8]

Das half ihm nicht viel, als nun die nächsten Besatzer gekommen waren. Am Rand des Dorfes waren Schüsse gehört worden. Die Einwohner wurden in einem Bauernhof zusammengetrieben. Unter ihnen war der Pfarrer. »Am 22. um 9 Uhr sahen wir die ersten beiden Häuser des Dorfes niederbrennen, die Häuser Demartin und Solot. Im Stall waren wir relativ ruhig, während die internierten Zivilisten im Haus viel mehr zu leiden hatten. Um 10 Uhr erhielten wir Besuch von einem Pfarrer, der mir sagte, er sei Prinz Max von Sachsen. Er gab meinen Gefährten die Hand, nahm mich dann zu seiner Rechten und mit zur Kirche, vorgeblich um die Beisetzung des Oberleutnants Baron von Oer, von der 6. Kompanie des 108. Regiments, Sohn eines seiner Freunde, vorzubereiten. Auf dem Weg, als mich die Soldaten beleidigten, sagte er: ›Mir scheint unsere Soldaten sind Ihnen gram? Was haben Sie denn gemacht?‹ – ›Ich habe nichts gemacht, meine Gemeindemitglieder auch nicht!‹ Beim Vorbeilaufen an den brennenden Gebäuden sagte er: ›Das sind ohne Zweifel die Häuser, von denen man geschossen hat?‹ – ›Nein‹, antwortete ich, ›niemand hat geschossen!‹ Da ich fürchtete erschossen zu werden, bot er mir seine Dienste an: ›Sie haben das Recht

Oben links: Pfarrer Amand-Francois Piette, Pfarrer von Sorinnes. Foto, o. J.

Rechts oben: Das Ostufer von Dinant mit der Kirche in der Mitte. Links neben ihr die Brücke. Postkarte, 1913.

Rechts unten: Das Maastal bei Dinant aus der Luft. Von rechts kamen die sächsischen Truppen. Am linken Ufer hatten sich die Franzosen eingegraben. Foto, vor dem 23. August 1914.

Ganz rechts oben: Der am 23. August 1914 komplett zerstörte Stadtteil Saint-Pierre, Postkarte nach 1918.

Ganz rechts unten: Ruinen niedergebrannter Häuser auf der Rue Saint-Jacques in Dinant, Postkarte, nach 1918.

auf einen Pfarrer! Ich bin in Conneux. Lassen Sie mich rufen, wenn Sie mich brauchen!‹«[9] Prinz Max war gekommen, um zu sehen, was in dem Dorf geschieht. Dies wird mit dem kleinen Wort »vorgeblich« angedeutet.

Das Begräbnis fand statt. Die Gräber wurden im Schlosspark angelegt, wo sie der sächsische König im Herbst 1914 besuchen konnte. Der Besitzer des Schlösschens, Baron Guy de Villenfagne, ist Bürgermeister von Sorinnes. Er war, ebenso wie der Pfarrer, eine der Geiseln gewesen, die am 20. August kurz freikamen. Jetzt gehört er zu den gefangenen Zivilisten, von denen der Pfarrer oben sprach.

»Am 22. August begannen die überwältigendsten Szenen. Soldaten, aufgestellt im Halbkreis auf der Straße, hießen uns herauskommen, stellten die Männer gegen die Wand und hießen die Frauen und Kinder wieder hineingehen: man würde uns also erschießen! Dann verkleinerten sie die Gruppe und ließen nur die Standespersonen [...] da, bereiteten die Schießerei vor. Die Frauen und Kinder stießen markerschütternde Schreie aus, als sie das sahen. Als dieses Scheingefecht beendet war, ließ man die Männer wieder reingehen. In der Mitte dieser bedrohlichen Szene kam Prinz Max von Sachsen und gab uns die Hand; er sprach von der Beisetzung des Baron von Oer, getötet in einem Gefecht bei Dinant-Yvoir.«[10]

In der Gegend ist man noch heute davon überzeugt, dass das Eintreffen von Prinz Max und sein Aufenthalt an diesem Tag eine große Erschießung verhindert hat. Als er Sorinnes wieder verlassen hat, werden einige Gefangene, darunter der Pfarrer und der Bürgermeister in den Nachbarort Leignon gebracht und laufend misshandelt. In der Angst, erschossen zu werden, bittet Pfarrer Piette um geistlichen Beistand durch Prinz Max. »Kaum war ich wieder eingetreten, schleuderte mich ein Offizier an eine Säule und sagte: ›Sie haben noch eine Stunde zu leben!‹ – ›Bevor ich sterbe, möchte ich einen katholischen Pfarrer.‹ – ›Wen wollen Sie?‹ – ›Herrn Max von Sachsen, der hier in der Nähe ist, in Conneux.‹ – ›Wir werden ihn holen!‹«[11]

Aber Prinz Max kann nicht kommen, denn zu diesem Zeitpunkt hat er die Gegend mit der vorrückenden Division gerade verlassen. In Sorinnes sind außer der Kirche und dem Schloss schon alle Wohngebäude niedergebrannt worden. Ob die vorbereitete Erschießung der Einwohner und die Zerstörung des Dorfes im Zusammenhang mit den Ereignissen in der Nacht des 21. August steht, ist bis heute unklar. Prinz Max hat Umfang und Brutalität des deutschen Vorgehens gegen die belgische Zivilbevölkerung vor dem Schreckenstag von Dinant gesehen.

Der 23. August 1914

Am 22. August, als der deutsche Feind am Rand der Stadt steht, versuchen viele Einwohner von Dinant auf das linke Ufer zu fliehen. Nach einiger Zeit verweigern die französischen Truppen den Übergang über die Brücke, die sie nun mit Sperren unpassierbar machen. 4 000 bis 5 000 Einwohner bleiben in den Stadtteilen am Ostufer.[12]

Im Morgengrauen des 23. August beginnt der Angriff, nicht nur in Dinant. Die Maas soll überwunden werden. Und die Division Nr. 23 soll sie in Dinant überschreiten. Die direkten Truppenführer und damit auch ihre Soldaten haben keine Informationen über Stärke und Stellungen der Franzosen, die sich am linken Ufer mehrere Tage auf

Oben: Prinz Friedrich Christian von Sachsen, »Tia« genannt, Postkarte, 1915.

Unten links: Prinzessin Margarete von Sachsen, »Ethe« genannt, Foto, 1918.

Unten rechts: General der Infanterie Karl Ludwig d'Elsa, Kommandeur des XII. (1. Kgl. Sächs.) Armeekorps, Zeichnung, um 1914.

Rechts: Kronprinz Georg, Prinz Max und Prinz Friedrich Christian, Postkarte aus dem Nachlass von Prinz Max, 1914.

Ganz rechts: Kronprinz Georg von Sachsen, »Jury« genannt, Gemälde von Robert Sterl, um 1914.

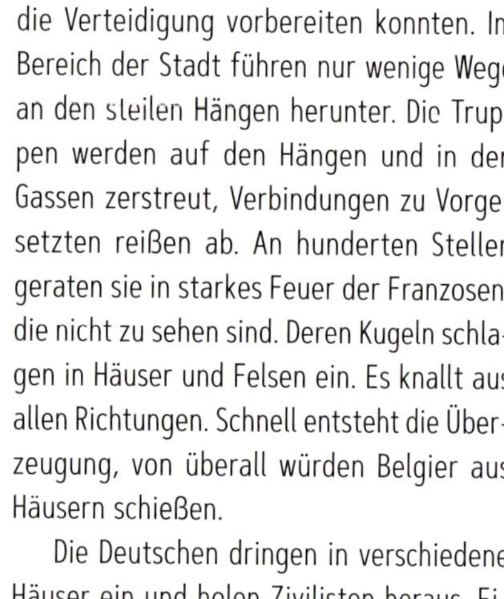

die Verteidigung vorbereiten konnten. Im Bereich der Stadt führen nur wenige Wege an den steilen Hängen herunter. Die Truppen werden auf den Hängen und in den Gassen zerstreut, Verbindungen zu Vorgesetzten reißen ab. An hunderten Stellen geraten sie in starkes Feuer der Franzosen, die nicht zu sehen sind. Deren Kugeln schlagen in Häuser und Felsen ein. Es knallt aus allen Richtungen. Schnell entsteht die Überzeugung, von überall würden Belgier aus Häusern schießen.

Die Deutschen dringen in verschiedene Häuser ein und holen Zivilisten heraus. Einige werden sofort erschossen, andere eingesperrt. Diese werden dann auf Befehl höherer Vorgesetzter in größeren Gruppen erschossen.

Die ganze Zeit über tobt die Schlacht, bei der die Artillerie beider Seiten sehr viel schießt. Doch unabhängig von diesen Zerstörungen werden von den deutschen Besatzern belgische Häuser angezündet. Dazu gibt es noch einmal gesonderte Befehle. Am Abend sprengen die Franzosen die Brücke. Ihr Feuer war so stark, dass kein deutscher Soldat sie überqueren konnte. Jetzt ziehen sich die Franzosen zurück.

Prinz Friedrich Christian überbringt den Befehl zur Erschießung von Frauen und Kindern

Margarete schrieb in ihr Tagebuch: »Kurz vor Dinant, das ja von unseren braven Sachsen der Bevölkerung mit viel Blut abgerungen worden ist, liegt der Schutthaufen Les Rivages, wo der arme Tia den Befehl d'Elsa's überbringen mußte, 200 Frauen und Kinder erschießen zu lassen. Tia schreibt in seinen Briefen u. a. ›Vor mir brennen 20 Häuser vor der Hand (in Dinant), es ist ein beständiges Schießen aus Fenstern, Dachluken, Kellerlöchern‹.«[13]

General der Infanterie d'Elsa ist der Kommandeur des XII. Armeekorps, zu dem auch die Division Nr. 23 gehört. Prinzessin Margarete hat die Nachricht von der Erschießung aus einem Brief ihres Bruders Prinz Friedrich Christian (Tia), der im Korpsstab Dienst tut. Dieses Vorgehen wird also als vollkommen gerechtfertigt angesehen, so dass man es schriftlich mitteilen kann.

Am 23. und 24. August gehen die Truppen der Division Nr. 23 am Rand von Dinant über die Maas. Die Divisionsführung folgt ihnen. Für einen Aufenthalt von Prinz Max in Dinant gibt es keine Belege, aber sein Weg nach Westen führte definitiv hindurch.

Bei der Führung der 3. Armee hat man nach dem 23. August plötzlich die Auffassung, dass die »strengen Maßnahmen« eine zu große Quantität angenommen haben. So erlässt der Oberbefehlshaber am 25. August einen Befehl: »Die Haltung der Bevölkerung in den bisher besetzten belgischen Landesteilen hat uns zu strengen Maßnahmen gezwungen. Die letzten Tage haben jedoch Maßnahmen in der Durchführung zu Ausschreitungen geführt. Mit Rücksicht auf den Ruf unserer Kriegführung, auf unsere rückwärtige Verbindung und den loyalen Teil der Bevölkerung ist es unbedingt notwendig, daß strenge Manneszucht sowohl bei der Bestrafung von Ortschaften, als auch bei Beitreiben notwendiger Nahrungs- und Futtermittel geübt wird. Plünderung und sinnlose Vernichtung der für die Armee wichtigen Bestände des Landes ist mit voller Strenge entgegenzutreten. Das Abbrennen von Häusern und Ortschaften hat grundsätzlich auf Befehl in Gegenwart von Offizieren zu erfolgen, im Übertretungsfall ist die strengste Anwendung der Kriegsgesetze geboten.«[14]

Wer hat Generaloberst von Hausen auf die ungeheuren Ausmaße der »Ausschreitungen« hingewiesen? Die Ausführenden werden es sicher nicht gewesen sein.

Links: Arnold Vieth von Golßenau (später Ludwig Renn), Foto, 1911.

Rechts oben: Denkmal für die Opfer des Massakers von 1914 vor dem Rathaus in Dinant, Foto, 2018.

Rechts unten: Robert Maury mit seiner Frau Rosemarie Duttwiler, Foto, 2018.

Zwei Telegramme – Wohlbefinden?

Die Masse der sächsischen Truppen hat jetzt ihren ersten großen Kampf erlebt. Auch das sächsische Königshaus daheim wird informiert. Unter dem Datum »25. August 1914« findet sich im Tagebuch der Prinzessin Margarete von Sachsen der Eintrag: »Krieg. Ein Telegramm meldete, daß die Brüder und die ganze 3. Armee im Kampf seien. Ein weiteres Telegramm, das den folgenden Tag einlief, meldete, daß Jury, Tia und Onkel Max sich nach dem ersten Gefecht wohl befinden.«[15]

Jury ist Kronprinz Georg, der bald nach dem Krieg auch die Laufbahn eines katholischen Priesters einschlagen wird. Onkel Max befand sich zu diesem Zeitpunkt in seinem Inneren gar nicht mehr wohl. Tief erschüttert ist er über das Erlebte und macht auch schon erste Bemerkungen darüber.

Der Prinz-Max-Biograf Iso Baumer zitiert Hermann Hoffmann, der ebenfalls als katholischer Feldgeistlicher tätig ist. Ihm sagt Prinz Max in einem Gespräch im September 1914: »Wenn es einen gerechten Gott im Himmel gibt, müssen wir den Krieg verlieren, wegen der Greuel, die wir in Belgien verübt haben.«[16]

Monate später äußert er sich auch schriftlich in dieser Weise. Ausgerechnet über den zu dieser Zeit in der Schweiz lebenden katholischen Priester Monsignore Baron Paul Mathies, der sich vor dem Krieg in einer geistlichen Auseinandersetzung abfällig über König Friedrich August III. geäußert hatte, gelangen seine Worte in die Öffentlichkeit. Das führt später zu seiner Maßregelung durch den sächsischen Staat.[17]

Dinant und seine Umgebung ist damit ein Schicksalsort für Max von Sachsen geworden.

Dinant – Zwei Bücher und ein erster Besuch

Zu DDR-Zeiten war Dinant weit von Dresden entfernt. Weiter als die geografische Entfernung annehmen lässt. Es lag in einer anderen Welt und durch die Mauer unerreichbar für die meisten DDR-Bürger.

Aber man konnte von Dinant lesen. Ein Mann, der durch seine Erlebnisse im Ersten Weltkrieg und die Zeit danach veranlasst wurde, sein Leben zu ändern, war Arnold Vieth von Golßenau. 1914 ist er Offizier im

Leibgrenadierregiment Nr. 100, das in Dinant die Maas überwinden soll. Später, nach dem Krieg, wird er zum Kommunisten und nennt sich Ludwig Renn.

Seine Kriegserlebnisse verarbeitet er in dem Roman »Krieg«, der 1928 erscheint. Alles ist aus der Sicht eines einfachen Soldaten geschrieben. Dinant kommt auch vor. Mit den französischen Kugeln, deren Einschlaggeräusche man für Schüsse von Belgiern hält.

50 Jahre später schildert Ludwig Renn in seiner Autobiografie seine Erlebnisse in Dinant: die Verwirrung, als die Befehle die Deutschen in das Feuer der Franzosen treiben. Wie er selbst gegen eine Wand ohne Fenster schießt, weil es von daher knallt. Eine Massenerschießung, Leichenhaufen, Überlebende, die unter den Toten hervorkriechen. Soldaten, die einfach alle Häuser an einer Straße anzünden. Den General, der Massenerschießungen befahl und in brennende Häuser starrt. Später im Krieg kann Renn noch einmal Dinant besuchen und stellt fest, dass die Soldaten an vielen Stellen nicht von hinten beschossen werden konnten.[18]

Als wir im Mai 2018 durch Belgien fahren, ist uns über eine Beziehung von Prinz Max und Dinant noch nichts bekannt. Aber die Schilderungen Ludwig Renns sind präsent. An der Autobahn steht der Name »Dinant« auf einem Wegweiser. Wir beschließen, die Stadt kurz zu besuchen. Die Straße führt tief in das Tal hinunter, und dann erleben wir die langen Häuserreihen zwischen Maas und Felsen. Zur Zitadelle fährt eine Seilbahn hinauf. Von dort oben wollen wir uns einen Überblick verschaffen und machen vorher nur einen kleinen Rundgang durch die Stadt. Dabei kommen wir an einem wichtigen Punkt vorbei. An der Ecke Rue Grande/Rue Saint-Martin befindet sich das Rathaus. Davor steht ein Denkmal, auf dem wir die Zahl »674« für die zivilen Opfer lesen. Das ist das erste Mal, dass uns der Umfang des grausamen Massakers an der Zivilbevölkerung bewusst wird.

Wenig später haben wir von der Zitadelle einen grandiosen Überblick über die Stadt. In der alten Befestigung gibt es eine Ausstellung mit mehreren Abteilungen. In einer wird der Ablauf der Ereignisse vom August 1914 geschildert. Mit viel neuem Wissen und tiefen Eindrücken fahren wir nach reichlich drei Stunden weiter.

Begegnungen in Belgien

Da die Ereignisse vom August 1914 um und in Dinant einen tiefen Einfluss auf Prinz Max hatten, soll im Herbst 2018 ein Besuch der Gegend erfolgen.

Monsieur Christian Amand, ein Rechtsanwalt, der in Brüssel arbeitet und im Raum Dinant ein Haus besitzt, stellte anlässlich einer Ausstellung über Prinz Max in Eichstätt 2014 persönlichen Kontakt mit Professor Frank Zschaler her. Monsieur Amand forscht schon seit mehreren Jahren zu den Ereignissen im August 1914 und hat sich dabei intensiv mit Prinz Max beschäftigt, auch mit dessen Leben außerhalb der Kriegszeit. Wir nehmen mit ihm Kontakt auf.

Bereits vor der Fahrt nach Dinant können wir uns in Antwerpen treffen und intensiv über das Thema »Massaker von Dinant und Prinz Max« sprechen. Freundlicherweise bietet Monsieur Amand an, mit uns im

Raum Dinant eine Exkursion zu den verschiedenen Punkten, die Prinz Max betreffen, zu unternehmen.

Als wir den Namen »Ludwig Renn« nennen, sind wir überrascht, dass Monsieur Amand ihn kennt. Auch anderen Belgiern, die sich mit dem Massaker von Dinant befassen, ist er nicht unbekannt. So sollen auch deren Berichte in die Exkursion eingebunden werden.

Auf die Frage, ob Monsieur Amand bei seinen Forschungen Partner hat, empfiehlt er uns ein Gespräch mit Monsieur Robert Maury. Dieser wohnt in einem Ort 40 Kilometer nördlich von Dinant. So kann er auf unserer Fahrt dorthin von uns besucht werden. Monsieur Maury und seine Frau begrüßen uns freundlich. Wir können uns auf Deutsch unterhalten. In mehr als drei Stunden erfahren wir viel über die bis heute wirkenden Folgen des Massakers.

Aus den Familien der Vorfahren von Monsieur Maury wurden insgesamt 22 Menschen ermordet. Auch sein Großvater war darunter. Sein damals 18-jähriger Vater überlebte den 23. August nur, weil er sich verstecken konnte, als deutsche Soldaten in Häuser eindrangen, um 20 junge Männer herauszuholen. Kurz darauf wurde er nach Deutschland verschleppt. Ein Onkel seiner Mutter wurde mit allen drei Söhnen umgebracht. Ebenso zwei Brüder der Mutter, 16

Ganz links oben: Alphonse Maury (Großvater von Robert Maury), der im Alter von 48 Jahren am 23. August 1914 in Dinant von Deutschen erschossen wurde, Foto, o. J.

Ganz links unten: Gedenkstätte für die zivilen Opfer des 23. August 1914 in Dinant, Foto, 2018.

Links unten: Namen einzelner Opfer mit Altersangabe in der Gedenkstätte, in der Mitte Alphonse Maury, Foto, 2018.

Rechts oben: Pierre Brochet (links) und Christian Amand auf der Rue Saint-Jacques in Dinant, Foto, 2018.

Rechts Mitte: Der Hof der Familie Morhet, in dessen Gebäuden die etwa 400 Einwohner von Sorinnes eingesperrt wurden, Foto, 2018.

Rechts unten: Schloss Sorinnes, Postkarte, 1920.

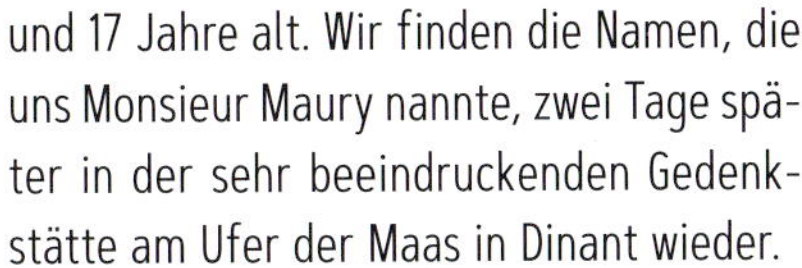

und 17 Jahre alt. Wir finden die Namen, die uns Monsieur Maury nannte, zwei Tage später in der sehr beeindruckenden Gedenkstätte am Ufer der Maas in Dinant wieder.

Beim Abschied sind wir uns einig, dass der Wert der europäischen Einigung als Mittel zur Verhinderung derartiger Konflikte gegenwärtig viel zu wenig beachtet wird.

Auf den Spuren von Prinz Max

An einem trüben Vormittag treffen wir uns vor unserem Hotel mit Monsieur Amand. Er hat einen Freund mitgebracht. Monsieur Pierre Brochet ist ein freundlicher älterer Herr aus Dinant, der sich seit vielen Jahren mit allen Details der Ereignisse vom August 1914 beschäftigt hat. Seine Mutter war unmittelbare Zeugin der Gewalttaten. Er übergibt uns Kopien einer detaillierten Karte des gesamten östlichen Stadtgebietes, die an diesem Tag sehr hilfreich sind.

Zuerst laufen wir zur Rue Saint-Jacques, wo sich die furchtbaren Ereignisse des 21. August 1914 abspielten. Hier wurden zwei Tage später die noch intakten Häuser angezündet.

Durch diese Straße fahren wir aus dem Tal heraus in das knapp fünf Kilometer entfernte Sorinnes, wo Prinz Max prägende Erlebnisse hatte. Der Ort ist ein langgestrecktes Straßendorf. An einem leichten Straßenknick liegt der große Hof, in dem die Einwohner eingesperrt waren, als Prinz Max hierher kam. Monsieur Amand hat bei seinen

Von oben nach unten:
Schlosspark Sorinnes mit den Eichen, unter denen die ersten toten Sachsen begraben wurden, Foto, 2018.

Gräber deutscher Soldaten, die im Schlosspark von Sorinnes im August 1914 von Prinz Max bestattet wurden. In den mit Steinen eingefassten Gräbern liegen Hauptmann Walter Lindner (links) und Oberleutnant Alexander Freiherr von Oer (rechts). Foto, Herbst 1914.

Todesanzeige Alexander von Oers im Dresdner Anzeiger vom 30. August 1914.

Im Nachtgefecht vom 21./22. 8. in Dinant, Belgien, hat unser lieber, ältester Sohn

Freiherr Alexander von Oer,

Oberleutnant und Kompagnieführer im Schützen-Regiment Nr. 108,

den Heldentod fürs Vaterland gefunden.

Im Namen aller Hinterlassenen

Freiherr Theobald von Oer,

Meißen. Oberst z. D.

Forschungen Hinweise zusammengetragen, dass tatsächlich eine Erschießung unschuldiger belgischer Zivilisten vorgesehen war.

Wir begeben uns zum östlichen Ende des Dorfes und vollziehen dabei den Weg, den Pfarrer Piette und Prinz Max zusammen gegangen waren. Gleich neben der kleinen Kirche liegt das Schloss. Auf dessen Hof werden wir freundlich von Baron de Villenfagne begrüßt. Wir sehen zuerst zu den großen Eichen im Park hinüber, wo damals die Soldatengräber, auch das des Alexander von Oer, angelegt wurden. Anschließend geht es in den Salon im Erdgeschoss. Dort steht auch ein Bild des Großvaters, der 1914 von den Deutschen als Geisel genommen und dann verschleppt wurde.

Der Baron zeigt uns den Raum, in dem im Oktober 1914 seine Großmutter den sächsischen König Friedrich August III., Prinz Max' Bruder, mutig verbal attackierte. Dieser Vorfall ist von Seiten des Königshauses dokumentiert. Im Tagebuch der Kriegsreisen des sächsischen Königs heißt es dazu: »Sie hatte die Anwesenheit seiner Majestät erfahren und beschuldigte mit überschäumendem Zorne und leidenschaftlicher Zunge in deutscher und französischer Sprache die Sachsen der Wegnahme ihrer kostbaren Wäsche und ihres Silbers. [...] beklagte [...] sich über das Regiment des Generals de Hausen und die Diebstähle der Offiziere, die einen Kraftwagen und zwei Vollblüter hätten mitgehen heißen. Seine Majestät erwiderte scharf: ›Madame mes officiers ne volent pas. (Meine Dame, meine Offiziere stehlen nicht.)‹«[19] Ja, offizielles Plündern heißt ja »Beitreibung«. Zwei so verschiedene Brüder in kurzer Zeit am gleichen Ort.

Von oben nach unten:
Hof des Pächters Romedenne, bei dem Prinz Max im August 1914 kurz wohnte, Foto, 2018.

Schreiben von Prinz Max für den Pächter Romedenne, 23. August 1914.

Die Mauer, auf die Ludwig Renn mit seinen Soldaten in Panik schoss, Foto, 2018.

Straßenecke mit Gedenktafel für 19 erschossene Zivilisten in Dinant, Foto, 2018.

Die neben dem Schloss befindlichen abgebrannten Häuser des Dorfes werden im Tagebuch mit keiner einzigen Silbe erwähnt.

Wir fahren weiter nach Conneux. Dort liegt in einem Tal das kleine Schloss, in dem der Stab der Division Nr. 23 einige Tage untergebracht ist. Prinz Max wohnt in dieser Zeit gegenüber auf der Höhe in einem Bauernhof. Seinem Quartierswirt stellt er ein kurzes Schreiben aus: »Ich bezeuge, daß wir bei Herrn Romedenne, Pächter, ausgezeichnet untergebracht waren und daß derselbe alles für uns getan hat, was in seinen Kräften stand. Max, Herzog zu Sachsen, Dr. theol. et jurispr. Kath. Divisionsgeistlicher der Kgl. Sächs. 1. Inf. Div. Nr. 23.«[20]

Damals hatte er schon die Vorgänge in Sorinnes erlebt und war von diesen zutiefst erschüttert. Wir sehen uns kurz auf dem Hof um und fahren hinunter in den Schlosspark. Monsieur Amand spricht mit der Besitzerin. Er hat Zeitzeugenberichte über die Vorgänge im Schloss 1914 ausgewertet und weiß daher mehr als sie darüber. Während der deutschen Besetzung war hier ein Zentrum des gewaltlosen Widerstands.

Schauplätze des Grauens

Auf dem Rückweg nach Dinant fahren wir eine andere Route. Jetzt gibt uns Monsieur Brochet Erläuterungen. Wir bewegen uns auf den letzten Kilometern des Weges, den Ludwig Renn nach Dinant nahm. Links liegt eine Fläche, auf der die Leibgrenadiere ihr nächtliches Biwak vor der Schlacht aufgebaut hatten. Als sie dort ruhten, wussten sie noch nicht, wie viele von ihnen am nächsten Tag zu Erschießungskommandos gehören würden.

An der Kante zu den steilen Abhängen, die die Grenadiere in aufgelöster Ordnung hinunterkletterten, verlassen wir deren Route. Im Tal sehen wir das Ende des schmalen Weges, auf dem die sächsischen Soldaten, von den gegenüberliegenden Höhen gut zu sehen, Pontons herunterschleppen mussten. Mitten in der Stadt sollten sie, nach dem Willen der Generäle, mit diesen Blechkähnen im französischen Feuer über die Maas paddeln.[21]

Monsieur Brochet führt uns zu der Mauer, die Ludwig Renn beschrieben hatte. Gegenüber war damals wie heute eine Lücke in der Bebauung. Als Renn diese mit seinen Begleitern erreichte, schossen die Franzosen vom anderen Ufer. Die lauten Geräusche der Einschläge veranlassten die Gruppe, panisch auf die Mauer zu schießen.

Nach dem Passieren schmaler Gassen erreicht man einen kleinen Platz. Dort befindet sich das von Renn erwähnte Café mit der Verwundetensammelstelle. Er schreibt, dass dort ein Befehl zum harten Durchgreifen eintraf. Überall wurden die Einwohner aus den Häusern geholt. Viele bringt man ins Gefängnis. Für die anderen gibt es an einer Hausecke eine Gedenktafel: 19 erschossene Zivilisten.

Die Menschen im Gefängnis waren auch nicht sicher. Einige von ihnen wurden mit anderen Zusammengetriebenen gleich nebenan vor der sogenannten Tschoffen-Mauer von Deutschen ermordet. Dort fand das größte Blutbad statt. 116 Menschen

Ganz links oben: Die Tschoffen-Mauer, an der 116 Zivilisten erschossen wurden. Dieses Stereo-Bild zeigt den frühen Zustand nach dem Krieg, Foto, um 1920.

Ganz links unten: Die Tschoffen-Mauer mit dem 1927 eingeweihten Denkmal für die Opfer, Postkarte, nach 1927.

Links: Die niedergebrannten Häuser am Bayard-Felsen bei Les Rivages, Feldpostkarte, 1915. »Unsere Soldaten zündeten sie an aus Hass gegen die Belgier«, schreibt Ludwig Renn.[23]

Oben: Am Bayard-Felsen, Postkarte, 1913.

wurden erschossen. Dazu musste eine ganze Kompanie des Leibgrenadierregiments antreten, die zweimal schoss. Monsieur Amand erzählt uns über die vielen verschiedenen Berichte zu den Ereignissen. Es gab etwa 30 Überlebende. Einer sagte aus, ein deutscher Soldat hätte ihm signalisiert, dass er vorbeischießen würde. Andere lagen verwundet zwischen den Toten und hatten Angst, sich bemerkbar zu machen. Grauenvolle Szenen spielten sich ab.[22]

Und es wurde öfter von einem Offizier gesprochen, der am Abend mit einem Auto oder einem weißen Pferd ankam. Danach wäre niemand mehr erschossen worden. Im Laufe der Zeit, als sich das Eingreifen von Prinz Max in Sorinnes herumgesprochen hatte, wurde dieser Bericht auf ihn reflektiert.

Der letzte Punkt unserer Exkursion ist Les Rivages. Jener Ort, den Prinzessin Margarete in ihrem Tagebuch im Zusammenhang mit einem Mordbefehl gegen Frauen und Kinder erwähnt.

Hier wurden tatsächlich Kinder ermordet. Sieben zwischen drei Wochen und zwei Jahren alt und weitere zehn im schulpflichtigen Alter. Unter den 83 auf einer Gedenktafel genannten Opfern waren außerdem 24 Frauen und zehn alte Menschen über 65 Jahre. Auch hier gab es Überlebende, die unter den Toten hervorkrochen, wie Ludwig Renn beschreibt.[24]

Ist es nicht schon schlimm genug, dass durch sächsische Soldaten hunderte Einwohner ohne jegliches Gerichtsurteil stand-

rechtlich erschossen wurden, so ergibt sich hier die Frage, warum auch Babys, Kleinkinder, Schulkinder und Greise ermordet wurden? Das kann man nur Willkür nennen und sich fragen, wer bringt es über's Herz, einen drei Wochen alten Säugling in den Armen seiner Mutter zu erschießen? Warum? Der Mord an den Dinanter Geiseln war Unrecht.

Les Rivages ist in Bezug auf Prinz Max bedeutsam, weil hier schon am 23. August eine Pontonbrücke gebaut wurde. Über diese muss der Stab der Division Nr. 23 gezogen sein, zu dem Prinz Max gehörte, da der Bau der massiven Notbrücke im Zentrum von Dinant länger dauerte.

Wir trennen uns kurze Zeit später im Zentrum von Dinant von Monsieur Brochet. Im Café Leffe haben wir noch ein längeres Gespräch mit Monsieur Amand und verabreden, uns zur Eröffnung der Ausstellung »Seiner Zeit voraus! Prinz Max von Sachsen – Priester und Visionär« am 12. April 2019 im Schloss Pillnitz zu treffen.

Christian Amand gewährte uns freundlicherweise Einblick in seine Forschungsergebnisse zu den schrecklichen Ereignissen im August 1914 in Dinant und Umgebung, wofür wir ihm herzlichst danken.

1 Herrmann, Heinrich, Geschichte des Königlich Sächsischen Leibgrenadier-Regiments Nr. 100, Dresden, o. J., S. 30 f.

2 Bucher, Dienstunterricht des Königlich Sächsischen Infanteristen, Dresden 1914, S. 34.

3 Postkarte von 1908, Sammlung Iris Kretschmann.

4 Margarete Fürstin von Hohenzollern Herzogin zu Sachsen 1900–1962, Tagebücher, Briefe, Schriften. Briefe von Verwandten und Freunden, Würdigungen. Herausgegeben von Johann Georg Prinz von Hohenzollern, München 2000. S. 25, Eintrag unter dem 31. Oktober 1914.

5 Postkarte vom 6. 9. 1914, Sammlung Iris Kretschmann.

6 Margarete Fürstin von Hohenzollern Herzogin zu Sachsen, wie Anm. 4, S. 22, Eintrag unter dem 25. August 1914.

7 LE CHANOINE JEAN SCHMITZ (SÉCRETAIRE DE L'ÉVÊCHÉ DE NAMUR) ET DOM NORBERT NIEWLAND (DE L'ABBAYE DE MAREDSOUS): DOCUMENTS POUR SERVIR A L'HISTOIRE DE L'INVASION ALLEMANDE DANS LE PROVINCES DE NAMUR ET DE

Links: Ermordete Zivilisten an der Bourdon-Mauer, Foto, August 1914.

Oben: Nach der Schlacht und den Erschießungen hunderter belgischer Zivilisten – Die Leibgrenadiere aus Dresden warten auf den Flussübergang, Foto, August 1914.

Unten: Von deutschen Pionieren im Zentrum von Dinant gebaute Notbrücke, Foto, 1914.

LUXEMBOURG, QUATRIÈME PARTIE, LE COMBAT DE DINANT, I. LA CONQUÊTE DE LA MEUSE, BRUXELLES ET PARIS, 1921, S. 7. Wir danken Christian Amand, Brüssel und Dinant, für den freundlichen Hinweis auf die Veröffentlichung und Annekathrin Heichler, Dresden, für die Übersetzung aus dem Französischen.

8 Ebd., S. 169.

9 Ebd., S. 171.

10 Ebd., S. 176.

11 Ebd., S. 173.

12 Niewland, Dom Norbert – Mönch in der Abtei Maredsous – und Tschoffen, Maurice – Königlicher Staatsanwalt in Dinant-, Das Märchen von den Franctireurs von Dinant, Antwort auf das Gutachten von Professor Meurer von der Universität Würzburg, Gembloux, 1928, S. 18.

13 Margarete Fürstin von Hohenzollern Herzogin zu Sachsen, wie Anm. 4, S. 25, Eintrag unter dem 31. Oktober 1914.

14 Sächsisches Staatsarchiv, Hauptstaatsarchiv Dresden, 13183 4. Feldartillerieregiment Nr. 48, Nr. 203, Armee-Tagesbefehl vom 25. 8. 1914.

15 Margarete Fürstin von Hohenzollern Herzogin zu Sachsen, wie Anm. 4, S. 22, Eintrag unter dem 25. August 1914.

16 Zitiert nach Baumer, Iso, Max von Sachsen Prinz und Prophet, Freiburg Schweiz, 1992, S. 197.

17 Ebd., S. 192 ff. Vgl. auch den Beitrag »Prinz Max von Sachsen als politischer Mensch« in diesem Band.

18 Vgl. Renn, Ludwig, Anstöße in meinem Leben, Berlin und Weimar 1980, S. 83–93.

19 Kriegstagebuch des Königs Friedrich August III. von Sachsen aus dem Ersten Weltkrieg, Exemplar des Tagebuchschreibers Vizefeldwebel Bartsch, S. 41.

20 Schmitz/Niewland, wie Anm. 7, S. 39.

21 Vgl. Renn, wie Anm. 18, S. 88 f.

22 Gillet, Leon, De ware geschiedenes van en, die ontkwam an het geweervuur bij den muur van Tschoffen, Leopoldstraat, Dinant den 23. Augustus 1914, S. 11 ff.

23 Renn, wie Anm. 18, S. 89 f.

24 Vgl. ebd., S. 90 f.

WEST O
ENGLAN

Prinz Max von Sachsen als politischer Mensch

Prinz Max von Sachsen hat mehrmals von sich behauptet, dass er sich »vom politischen Gebiet völlig fernhalte«, so beispielsweise in seinem Vortrag gegen Antisemitismus, den er am 31. August 1932 in Dresden hielt. Wichtig für ihn seien allein die kulturellen, sozialen und sittlichen Fragestellungen, darunter ganz besonders die Erhaltung des Friedens.[1] Tatsächlich war Max von Sachsen ein dezidiert politischer Mensch, ein Homo Politicus, dem die Schaffung einer am Gemeinwohl orientierten politischen, sozialen und wirtschaftlichen Ordnung genauso wichtig war wie ein friedliches, von gegenseitiger Achtung und Wertschätzung geprägtes Zusammenleben in der Weltgemeinschaft. Wie auch bei seinen anderen wichtigen Lebensthemen begründete er sein politisches Programm theologisch mit dem Wort Gottes und dem im Neuen Testament dokumentierten Vorbildhandeln von Jesus Christus. Bei der Lektüre seiner Texte zu den drängenden Fragen seiner Zeit wird aber auch die große Kenntnis in anderen Bereichen des Wissens deutlich, zuvorderst in den Rechtswissenschaften, in denen er einen Doktortitel erworben hat, aber auch in den Grenzgebieten der Theologie und in den Sozial- und Kultur-, ja sogar den Wirtschaftswissenschaften.

Links: Prinz Max als Redner auf dem Eucharistischen Weltkongress in Westminster, London, Foto, 1908.

Oben: Prinz Max (Mitte rechts) spricht zu den Teilnehmern auf dem Eucharistischen Weltkongress in Westminster, London, Foto, 1908.

Sein Interesse an Politik ist auch in seiner Biografie angelegt. Als Prinz Max von Sachsen 1870 als dritter Sohn des Prinzen Georg und der Infantin Maria Anna von Portugal in Dresden geboren wurde, zeigte König Johann die Geburt des neuen Familienmitgliedes, seines Enkels, allen europäischen Monarchen an. Alle waren miteinander verwandt. Allein die Familientreffen mit Großeltern, Eltern, Onkeln und Tanten, Cousins und Cousinen boten reiche Möglichkeiten des Gesprächs und Austausches auch über politische Themen. Obwohl wir in den Aufzeichnungen von und über die Kindheit und Jugend des Prinzen Max von Sachsen darüber keine Überlieferungen finden, lässt sein späteres Leben den Rückschluss zu,

Oben: Residenzschloss Dresden mit Hofkirche, Foto, 1928.

Unten: König August II. von Polen, der Starke genannt, Gemälde von Louis de Silvestre, 1723.

Rechts oben: Fribourg (Schweiz), Blick auf die Altstadt mit der Kathedrale St. Nikolaus, Postkarte, um 1910.

Rechts unten: Der heilige Franz von Assisi und die heilige Klara von Assisi, Gemälde eines unbekannten italienischen Künstlers, 16. Jahrhundert.

dass er hellwach an den politischen Diskursen seiner Zeit teilgenommen hat. Sein Wissen konnte er dabei im Unterschied zu den meisten seiner Zeitgenossen aus erster Hand schöpfen, aus den Kabinetten der europäischen Mächte, aus den Berichten von Botschaftern und Gesandten, aus Gesprächen zur sozialen und politischen Lage am Familientisch der Regierenden. Dazu kam auch der Einfluss von Personen aus der Hofgesellschaft, von Lehrern und gleichaltrigen Mitschülern und Mitstudierenden. Von großem Vorteil war, dass Prinz Max in vielen Sprachen kommunizieren konnte. Neben seinen Muttersprachen Deutsch und Portugiesisch waren das Englisch, Spanisch, Französisch, Russisch und Italienisch. Auf dem Gymnasium kamen die Sprachen der damaligen gelehrten Welt hinzu: Lateinisch und Alt-Griechisch, im Theologiestudium Hebräisch. Später, als sein Interesse für Theologie, Kulturen und Literaturen der Länder der Orthodoxie erwacht war, eignete er sich Kenntnisse in Sprachen dieser Region an, die er nach eigenem Bekennen zum Teil aktiv, zum Teil passiv für das Studium der Literatur beherrschte.

Außerdem verfolgten die Eltern ganz bewusst das Ziel, ihre Kinder mit der sozialen Wirklichkeit im Land zu konfrontieren. Sachsen war im 19. Jahrhundert das Kernland der deutschen Industrialisierung. Montanwirtschaft und moderne innovative Unternehmen, zum Beispiel im polygrafischen Maschinenbau, prägten die Wirtschaft ebenso wie ein sich verdichtendes Eisen-

bahnnetz und eine in Teilen fast industrielle Landwirtschaft. Da die vergleichsweise geringen Löhne ein wichtiger Faktor für die Konkurrenzfähigkeit sächsischer Unternehmen waren und der große Arbeitskräftemangel der zweiten Industrialisierungsphase zu einer Gastarbeiter-Migrationswelle führte, sah sich auch Prinz Max mit Fragen der sozialen Gerechtigkeit und Toleranz konfrontiert. Die politische Arbeiterbewegung orientierte sich mehrheitlich an den Positionen einer marxistischen Sozialdemokratie, auf deren politischer Agenda nicht nur die Beseitigung der kapitalistischen Wirtschaftsordnung stand, sondern auch die Beendigung der monarchischen Staatsform. Konfessionell war Sachsen mehrheitlich evangelisch-lutherisch, seit der Konversion Augusts des Starken mit römisch-katholischer Herrscherfamilie und einer sich um den Hof bildenden kleinen katholischen Diaspora-Gemeinde, die durch den Zuzug von Gastarbeitern, überwiegend aus Grenzgebieten zwischen Deutschland und Polen, etwas anwuchs.

Das alles prägte den Heranwachsenden. Seine frühen Äußerungen zu politischen und Kirchenfragen waren noch stark an dem orientiert, was eine staatstragende Elite und konservative Öffentlichkeit von einem Prinzen erwarteten. Mit zunehmendem Lebensalter, Erfahrungswissen und Meinungsbildung änderte sich das. Dabei befand sich Prinz Max in einer komfortablen Situation. Als drittgeborener Sohn des Kronprinzen und späteren Königs war er soweit von einer möglichen Thronfolge entfernt, dass dynastische Zwänge und staatspolitische Rücksichtnahmen ihn weniger einschränkten als seine älteren Brüder Friedrich August und Johann Georg. Dennoch erlangte er als politischer Mensch eine weit größere öffentliche Wahrnehmung unter seinen Zeitgenossen. Er wurde zu einem der bedeutendsten Wettiner des 20. Jahrhunderts.

Offensichtlich verfolgte er die politische Entwicklung nicht aus machtpolitischem Kalkül, was bei einem Mitglied einer regierenden Dynastie kaum verwunderlich gewesen wäre, sondern vor dem Hintergrund der internationalen und der sozialen Gerechtigkeit. Bereits bevor er die Berufung

Links oben: Prinz Georg von Griechenland als Hochkommissar von Kreta und Persönlichkeiten der Zeitgeschichte, Postkarte, Anfang 20. Jahrhundert.

Links unten: Appell von englischen Soldaten auf Kreta, Postkarte, Anfang 20. Jahrhundert.

Rechts: Prinz Johann Georg mit seiner Frau Prinzessin Maria Immaculata, Foto, 30. Oktober 1916. Das Foto hing über dem Bett des Prinzen Max in seiner letzten Wohnung in Fribourg-Bürglen.

zum priesterlichen Dienst verspürte, war für Prinz Max Gerechtigkeit ein zentrales Thema. Er wollte und konnte nicht akzeptieren, wenn andere Menschen individuell oder als Gruppe wegen ihrer sozialen Herkunft, Zugehörigkeit zu einer ethnischen Gemeinschaft oder zu einer Konfession beziehungsweise Religion überheblich oder sogar herabwürdigend behandelt wurden. Die wenigen Quellen über den jungen Prinzen beschreiben ihn als freundlich und zuvorkommend allen Menschen gegenüber. Der kategorische Imperativ Immanuel Kants – neben Lew Nikolajewitsch Tolstoi war der Philosoph aus Königsberg ein wissenschaftliches und persönliches Vorbild – wurde dem Hochgebildeten ein lebensleitendes Prinzip. Den andern niemals nur als Mittel zu gebrauchen, bestimmte sein Handeln, eingebettet in seine tiefe Überzeugung von der Gottesebenbildlichkeit eines jeden Menschen, konsequent und mutig in Kindheit und Jugend, als Student der Theologie, junger Priester, Universitätsprofessor im Schweizer Fribourg mit dem Schwerpunkt Kirchenrecht und ostkirchliche Liturgie, als Militärseelsorger und Lazarettgeistlicher im Ersten Weltkrieg, Friedensaktivist, bekennender Tier- und Umweltschützer, Vegetarier und Lebensreformer, als Seelsorger und Professor für Kulturen und Literaturen des Orients in seiner zweiten Fribourger Zeit.

Sich seiner Stellung als königlicher Prinz wohl bewusst, bedeutete Teilhabe an Herrschaft für Max von Sachsen vor allem Wahrnehmung von Verantwortung. Als mit der Novemberrevolution die Herrschaft der Familie verging und damit für einige Jahre die materielle Existenz des vormaligen Königshauses in Frage stand, trennte er sich von einem großen Teil seines irdischen Besitzes, behielt ihm lieb gewordene Erinnerungsstücke und verschenkte vieles ihm Zugedachte an die Armen.

Prinz Max von Sachsen wurde von etlichen Zeitgenossen als ein neuer Franziskus von Assisi wahrgenommen. Tatsächlich scheute er sich nicht, wie jener, alles offen und kritisch anzusprechen, was ihm kritikwürdig erschien. Das offene, aufrüttelnde Wort war ihm wichtiger als diplomatische Zurückhaltung, dem Staate und gesellschaftlichen Akteuren gegenüber ebenso wie gegenüber seiner Kirche. Seine Herkunft aus einer der ältesten deutschen und europäischen Dynastien verschaffte ihm auch bei denjenigen Gehör, die ihm lieber nicht zugehört hätten.

Die erste überlieferte öffentliche Äußerung zu einem Thema der internationalen Politik, die erhebliche Medienresonanz fand, stammt aus dem Jahr 1910 und bezieht sich auf die Kreta-Frage.

Kreta, Mordechai und die Wahrheit

Prinz Max teilte mit seinen Geschwistern, vor allem aber mit seinem Bruder Johann Georg, die Begeisterung für Kultur, Kunst, Geschichte und Religionen des christlichen Orients, für den man heute besser den Begriff »Christlicher Osten« verwendet. Zwischen 1903 und 1909 reiste er mehrmals dorthin, wohl wegen seiner theologischen Fokussierung ohne die Geschwister, die sich für Kunst, Architektur und Kultur interessierten. Als deutscher Prinz und Theologie-Professor konnte er wichtige politische und kirchliche Kontakte nutzen und hatte einfachen Zugang zu den Herrscherfamilien.[2] Mit seinem schnell anwachsenden Wissen über die politische Situation vor Ort, über die orthodoxen Kirchen, das Judentum und den Islam, auch als Ergebnis von Begegnungen mit intensivem Gedanken- und Meinungsaustausch, vermochte er Konfliktlinien zu erkennen und die Ursachen politischer Spannungen zu verstehen. Theologisch und kulturwissenschaftlich faszinierte ihn die Welt der Orthodoxie, die nach seiner Auffassung dem ursprünglichen Christentum näher war als die lateinische Kirche.

Doch zurück zu Kreta. An der Wende vom 19. zum 20. Jahrhundert verlor das Osmanische Reich Stück für Stück an Macht und Territorium. Aufstände, gespeist von einem neu erwachten Selbstbewusstsein bisher kolonialisierter Völker, stellten nicht nur für den »Kranken Mann am Bosporus« eine Gefahr dar, sondern für die gesamte Region. Kreta war davon in besonderer Weise betroffen. Die Insel, deren Bevölkerung aus Christen und Muslimen bestand, war ein Spielball von Groß- und Mittelmächten.

Nach einem Aufstand 1868 wurde den Kretern mehr Autonomie zugestanden, und 1895 setzte der osmanische Sultan einen christlichen Gouverneur ein. Die davon ausgelösten innenpolitischen Spannungen führten 1896 zu einem Massaker in der Stadt Iráklion (heute Heraklion), bei dem mehrere hundert Christen starben. Mit der Landung griechischer Truppen auf Kreta begann 1897 der Türkisch-Griechische Krieg, der mit einem Sieg des Osmanischen Reichs endete. Durch den Friedensvertrag vom Dezember 1897 erhielt Kreta auf Druck der Großmächte dennoch eine weitgehende Autonomie unter einem internationalen Protektorat bei formeller Oberhoheit des osmanischen Sultans. Jedoch blieb die Lage instabil, bis Kreta schließlich 1913 mit Griechenland vereinigt wurde.[3]

Als die europäischen Mächte und die Hohe Pforte, das heißt die osmanischen Regierung, 1910 erneut über Kreta verhandelten, griff Prinz Max mit einem Artikel »Die Kretafrage vom christlichen Standpunkt aus betrachtet« ein, der am 26. Juni 1910 von der »Kölnischen Volkszeitung« abgedruckt wurde. Seine Argumentation war zunächst eine glaubensbezogene und theologische. So kritisierte er scharf, dass die sich als christlich bezeichnenden europäischen Mächte in Sachen Gottes kaum noch für ihre Glaubensanhänger Partei ergriffen.[4] Heutzutage, so schreibt er, »rührt man […] keinen Finger, um sie zu befreien«.[5] Es sei aber ihre Pflicht, für die Befreiung der christlichen Bevölkerung aus der osmanischen Herrschaft zu sorgen. Wie der

Flugblatt Nr. 11
der Armenischen interkonfessionellen Hilfsaktion = A.I.H.
Lössnitzgrund, Post Kötzschenbroda i. Sa. (Deutschland)
Postscheckkonto: Armenag S. Baronigian, Basel V Nr. 6344.

Aufruf an die hochwürd. katholische Geistlichkeit und ihre Gemeinden zur Unterstützung der Armenier im Sinne ihrer Errettung vom Hungertode.

Von **Dr. Max, Herzog zu Sachsen,**
Professor an der Universität Freiburg (Schweiz)

Des armenischen Volkes, des ersten, das als Nation und Staat das Christentum annahm, Gang durch die Jahrhunderte, war ein fortgesetzter Weg zur Schlachtbank. In der neuesten Zeit haben sich unter dem Sultan Abdul Hamid die furchtbarsten Ereignisse mit diesem Stamm in Gestalt der grossen Massacres abgespielt. Das Alles ist jedoch durch die Begebenheiten zur Zeit des Weltkrieges vollkommen in Schatten gestellt worden. Man hat, wie es fast deutlich zu sein scheint, **planmässig die ganze armenische Bevölkerung der Türkei auszurotten gesucht.** Und die Sache hat nach dem Frieden von Brest-Litowsk noch ein furchtbares Nachspiel auf bis dahin russischem Boden gehabt.

Auf Grund von Aktenstücken des Berliner auswärtigen Amtes und der deutschen Bot-

Oben: Ausschnitt aus Flugblatt Nr. 11 mit dem Hilfsaufruf von Prinz Max von Sachsen für Armenien. Nachlass Prinz Max von Sachsen.

Unten: Deportation von Armeniern, Foto, 1915.

Rechts: Der armenische Student Frederik Baronigian mit Prinz Max und seinem Hund Netti, Foto aus dem Nachlass des Prinzen Max mit Widmung: »Zur Erinnerung an meinen Freiburger Aufenthalt, 7. 2. 1941, Fr. Baronigian«, Foto von Anton Imgrüth.

biblische Mordechai, der Sohn des Jaïr und Adoptivvater der Königin Ester im Alten Testament, sehe er es als seine Pflicht an, furchtlos die Wahrheit zu sagen.[6]

Damit ist nicht Wahrheit im Sinne der Philosophie oder der modernen Sozial- oder Naturwissenschaften gemeint, auch nicht als Besserwisserei oder populistische Behauptung. Immer wenn sich Prinz Max von Sachsen auf die Wahrheit bezog, meinte er damit das Wort Gottes, auch die im Alten und Neuen Testament aufgestellten Regeln für ein gutes und gerechtes Leben und Zusammenleben und selbstverständlich das Beispiel Christi. Wie Mordechai zu Gott betet, »Ich werde mich vor niemanden niederwerfen, außer vor dir, meinem Gott, und ich handle nicht aus Überheblichkeit so« und ihn anruft »Herr verschone dein Volk«, will sich Prinz Max überall dort einmischen, wo gegen die göttliche Gerechtigkeit verstoßen wird.

Prinz Max argumentiert in der Kreta-Frage politisch, kritisiert die aus seiner Sicht zutiefst ungerechte internationale Ordnung. Bei seinen Reisen in der Region konnte er sich ein Bild davon machen, was nichttolerante islamische Herrschaft für christliche Minderheiten bedeutete. So wollte er mit seiner öffentlichen Wortmeldung einerseits Partei für die orthodoxen Christen auf Kreta ergreifen, andererseits mehr als deutlich gegen das Verhalten der großen Mächte protestieren. Der Umstand, dass »Großmächte über kleine Staaten und Völker verfügten, als handelte es sich um Tauschware«,[7] war seinem Verständnis von internationaler Gerechtigkeit zutiefst zuwider.

Sein Artikel wurde auch von anderen Zeitungen veröffentlicht und löste einen politischen Wirbel und diplomatische Turbulenzen aus. Die Reichsregierung sah die Beziehungen zur Hohen Pforte in Gefahr, die sächsische Regierung sorgte sich um die Sicherheit des Prinzen Johann Georg und der Prinzessinnen Maria Immaculata und Mathilde, die eine Bildungsreise in das osmanische Reich vorbereiteten. Der sächsische Außenminister Christoph Johann Friedrich Graf Vitzthum von Eckstädt bat mit einem Schreiben den sächsischen Gesandten in Berlin, dem Auswärtigen Amt und dem türkischen Botschafter mündlich mitzuteilen, dass der Artikel lediglich die persönliche Meinungsäußerung des Prinzen Max wäre.[8] Der dachte aber gar nicht daran, sich aus Rücksichtnahme auf die sächsische und deutsche Politik und ihre Verbündeten oder die Befindlichkeiten anderer hoher Herrschaften zurückzuhalten, wenn unbequeme Wahrheiten auszusprechen waren.

Nr. 31, Pfingsten 1932 Ausgabe A / (Auflage 12000) 14. Jahrgang

Das neue Armenien

Mitteilungen
des Armenischen Hilfskomitees e. V., Lößnitzgrund 4
Post Kötzschenbroda in Sachsen

Bankkonto: Dresdner Bank, Dresden Stadtgirokasse Nr. 1620 Kötzschenbroda i. Sa.
Postscheck-Konten: Dresden 17100 und Zürich VIII 8930
Telegramm-Adresse nur: Baronigian Kötzschenbroda Fernruf: Amt Dresden 71918

Unser Dienst ist ein Befehl Gottes. Er ist ein „Müssen" und nicht bloß ein „Wollen". Dr. B.

Unsere nächste Kleidersendung

geht diesmal so Gott will Ende Juni nach den armenischen Flüchtlingslagern in Syrien ab. Wir danken Ihnen für all Ihre lieben Spenden, die es uns auch in dieser schweren Notzeit Deutschlands doch wieder ermöglichen, unsere Kisten für die armenischen Flüchtlinge füllen zu können. Wir setzen diese Tätigkeit auch weiterhin fort und sind stets für jede Wäsche- und Kleidersendung herzlich dankbar. Was mit diesen Kisten nicht mehr fortkommen kann, das nehmen wir auch späterhin für die Weihnachtskisten gerne an. Wir wollen an das Wort des Herrn denken „ich war nackt, aber ihr habt mich gekleidet".

Links: Das neue Armenien, Mitteilungen des Armenischen Hilfskomitees e.V. (Kötzschenbroda), Nr. 31, Pfingsten 1932. Der Verein ruft zur Kleiderspende für armenische Flüchtlingslager in Syrien auf und bedankt sich für die Spenden. Das Mitteilungsblatt stammt aus dem Nachlass von Prinz Max.

Rechts: Die Wölfe, Gemälde von Franz Marc (Balkankrieg), 1913.

Hilfe für Armenien

Als Ostkirchenkundler beschäftigte sich Prinz Max mit der Geschichte und Sprache Armeniens, ganz besonders mit der armenischen Kirche und ihrer uralten Liturgie. Bei seinen Reisen in den Osten knüpfte er enge Beziehungen zu Persönlichkeiten aus Kirche und Politik Armeniens und erlernte die armenische Sprache. 1907 war er in Armenien und traf in Etschmiadsin zweimal mit dem Katholikos-Patriarchen der Armenisch Apostolischen Kirche Mkrtitsch Chrimjan zusammen. Max war von Armenien fasziniert und setzte sich zeitlebens für dessen Schicksal ein. Bereits 1909 äußerte er in der Schweizerischen Kirchenzeitung kritische Gedanken bezüglich der Behandlung des armenischen Volkes, die er in einem Gespräch mit einem armenischen Erzbischof geäußert hatte. Er schrieb, »dass die europäischen Mächte nichts zugunsten der Armenier täten«.

1915 gehört er zu denjenigen Deutschen, die den Völkermord an den Armeniern am schärfsten und ganz unmissverständlich kritisierten. Im »Flugblatt Nr. 11 der Armenischen Interkonfessionellen Hilfsaktion« veröffentlichte er einen »Aufruf an die hochwürdige katholische Geistlichkeit und ihre Gemeinden zur Unterstützung der Armenier im Sinne ihrer Errettung vom Hungertode«.[9]

Zutiefst erschüttert über die politischen Entwicklungen in Armenien und die massenhafte Verfolgung und Ermordung der Armenier sowie über das Wegsehen der europäischen Staaten ergriff Prinz Max Partei. Der Weg »des armenischen Volkes, des ersten, das als Nation und Staat das Christentum annahm, [sein] Gang durch die Jahrhunderte, war ein fortgesetzter Weg zur Schlachtbank. [...] Das Alles ist jedoch durch die Begebenheiten zur Zeit des Weltkrieges vollkommen in den Schatten gestellt worden. Man hat, wie es fast deutlich zu sein scheint, planmäßig die ganze armenische Bevölkerung der Türkei auszurotten gesucht. [...] Armenier sein, heißt ein Kind des Unglücks zu sein, es ist ganz gleich, wo er ist, unter wessen Schutz er sich befindet. Armenier werden niedergemetzelt [...]. Ein Gemetzel ohne Ende.«

Prinz Max belässt es nicht bei der politischen Anklage, sondern will konkrete Hilfe leisten, indem er Unterstützungsaufrufe verbreitet. Diese Bitten um Spenden enthalten eine ausführliche Beschreibung des Elends der Armenier: Flucht, Hunger, Obdachlosigkeit, kalte Witterung, Kleidungsmangel, unhygienische Zustände, Krankheiten und mangelnde ärztliche Versorgung sowie die andauernde Verfolgung. Bemerkenswert ist das Engagement, mit dem Prinz Max für die Armenier eintritt. So ruft er deutsche Kinder dazu auf, auf ihrem Wunschzettel für Weihnachten um Brot für Armeniens Flüchtlinge zu bitten. Durch seine Kontakte nach Armenien informiert, bieten die Äußerungen von Prinz Max zur Armenienfrage eine genaue und kritische Beschreibung der Umstände. Sein enormer Einsatz für Armenien, sowohl in wissenschaftlich-kultureller Hinsicht mit seinen Studien zur Ostkirche als auch mit seiner tatkräftigen Hilfe während der humanitären Katastrophe des Völkermordes ist in Armenien nicht in Vergessenheit geraten. Als 1988 der »Vierte Internationale Kongress der Assoziation für Armenien-Studien« in Fribourg stattfand, wurde er von armenischen Teilnehmern als »Apostel Armeniens« gewürdigt.

Einsatz für den Frieden im Ersten Weltkrieg

Am 13. Juli 1913, der Zweite Balkankrieg hatte mit dem Kriegseintritt des Osmanischen Reichs gerade seinen Höhepunkt erreicht, berichtete die »Wiesbadener Zeitung« von einem Gespräch der Redaktion mit einem namentlich nicht genannten Mitglied eines deutschen Königshauses, dem Bruder eines regierenden Königs, in dem dieser die Politik der ungarischen Regierung gegenüber der rumänischen Minderheit scharf angriff und als Ursache für

die gefährliche Situation auf dem Balkan eine verfehlte Nationalitätenpolitik Österreichs identifizierte. Schnell wurde bekannt, dass Prinz Max von Sachsen der Interviewpartner war. Er wies die Rechtfertigung des Krieges mit einer Vergeltung für die Ermordung des serbischen Königs Alexander I. und der Königin Draga zurück. Schuld war für ihn immer individuell, für die schändliche Tat eines Einzelnen oder einer Gruppe dürfen nicht ganze Völker in Haftung genommen werden.

Auch befürchtete Prinz Max im Jahr 1913, dass »vielleicht in drei bis fünf Jahren« ein größerer Konflikt entstehen könne.[10] Ihm war bewusst, dass die europäischen Mächte in Dreibund und Entete beim Eintritt des Bündnisfalls in einen europaweiten Krieg hereinschlittern würden, wie auch der Historiker Christopher Clark in seinem fast einhundert Jahre nach diesen Ereignissen erschienenen Buch über den Ersten Weltkrieg schrieb.[11] Mit dieser Auffassung war Prinz Max nicht allein, er war aber einer der ganz wenigen Angehörigen der herrschenden Eliten, der das so offen aussprach. Er selbst wusste seit Ende März/Anfang April 1913, dass er im Kriegsfall als Feldgeistlicher eingezogen werden würde.[12] Auch die Äußerung zu den »Balkanwirren« erlangt ein breites Medienecho, und der König und die sächsische Regierung mussten sich wie bei der Kreta-Frage in diplomatischen Entschuldigungsritualen üben.

Bei Ausbruch des Krieges zog Prinz Max mit dem XII., dem Sächsischen Armeekorps als Feldgeistlicher nach Belgien und Frankreich. Damit erhielt er den Offiziersrang, die für Feldgeistliche vorgesehene Uniform und eine Equipage.[13] Als Prinz aus regierendem Hause hatte er zusätzlich zu seinem militärischen Rang eine herausgehobene Stellung.

Er war für regelmäßige Gottesdienste zuständig und kümmerte sich als Seelsorger um die Soldaten in der Not des Krieges, um Verwundete und Sterbende auf den Schlachtfeldern und in den Lazaretten. In dieser Zeit verstärkte sich die pazifistische Grundhaltung, die er bereits in der Jugend ausgebildet hatte. Prinz Max deutete sein Leben später als einen Weg zum Frieden – von der Geburt im Deutsch-Französischen Krieg über die militärische Ausbildung hin zum Friedenskämpfer und zum vehementen Kriegsgegner, der immer Position bezieht, manchmal direkt, deutlich und öffentlich, manchmal auch im Stillen, unter Freunden und im Gebet.

Die schrecklichen Erfahrungen des Ersten Weltkrieges haben Prinz Max zutiefst erschüttert und sein weiteres Leben geprägt. Aufschluss hierüber geben seine persönlichen Zeugnisse wie ein Kriegstagebuch, aber auch Fotografien, die ihn zu Beginn und während des Krieges zeigen. In einem Fotoalbum finden sich Bilder von den Kriegsschauplätzen in Belgien und Frankreich, die Prinz Max selbst aus einem Flugzeug aufgenommen hat. Sie zeigen das enorme Ausmaß der Kriegszerstörungen und die Schützengräben, in denen Soldaten monatelang kämpften und zu Hunderttausenden starben.

Seinen pastoralen und caritativen Dienst beschränkte er nicht auf deutsche Soldaten, er leistete ihn gegenüber allen Menschen, gefangenen Soldaten der Gegenseite ebenso wie gegenüber der Zivilbevölkerung. Seine Vielsprachigkeit und das enorme Wissen über Liturgien anderer Konfessionen ermöglichten diesen Einsatz. So eilte er mitten in einem Gefecht ohne Rücksicht auf sein eigenes Leben in eine Dorfkirche und feierte dort mit der Gemeinde die Heilige Messe in französischer Sprache

Gegenüber dem kriegerischen Hurra-Patriotismus des wilhelminischen Kaiserreichs war er immun. So berichtete der Neffe Prinz Ernst Heinrich von Sachsen von einem Treffen mit Kaiser Wilhelm II.: »Als der Kaiser 1915 seine Division besuchte, traf er mit ihm zusammen. Wilhelm II. ließ sich im Divisionsstab heftig über die Engländer aus. Onkel Max, der hoch über allen nationalistischen Gefühlen stand, hörte sich das in Ruhe an und sagte dann ganz schlicht: ›Das kann ich

Oben: Prinz Max (1. Reihe, 2. v. l.) mit Offizieren im Ersten Weltkrieg, Foto aus dem Nachlass des Prinzen Max, 1914.

Rechts: Die im Ersten Weltkrieg zerstörte Stadt Rethel in Frankreich, die Prinz Max sah, Postkarte, Erster Weltkrieg.

Ganz rechts: Prinz Max zu Pferde in der Uniform eines Feldgeistlichen, Foto aus dem Nachlass des Prinzen Max, 1914/15.

gar nicht verstehen, dass du so über die Engländer schimpfst, wo doch deine Mutter Engländerin war.‹ Der Kaiser war sprachlos, empört und wütend. Dieser Prinz hatte sich erlaubt, ihn, den Kaiser, einfach mit ›Du‹ statt mit ›Majestät‹ anzureden, und außerdem hatte er ihm widersprochen – und das vor dem Divisionsstab. Er drehte Onkel Max den Rücken zu und sprach kein Wort mehr mit ihm.«[14]

Unter dem Eindruck der Kriegsverbrechen an der belgischen Bevölkerung äußerte sich Prinz Max bereits im September 1914 gegenüber dem Geistlichen Hermann Hoffmann: »Wenn es einen gerechten Gott im Himmel gibt, müssen wir den Krieg verlieren wegen der Gräuel, die wir in Belgien verübt haben.« Im Februar 1915 schreibt er an Prälat Johannes Evangelist Kleiser nach Fribourg: »Glauben Sie nicht, alles, was gegen uns gesagt wird, seien Lügen und Verleumdungen. So viele Priester wurden hingemetzelt! So viele Häuser und Dörfer wurden verbrannt! Möge der allmächtige Gott uns schonen und uns nicht strafen nach unseren Missetaten!«

Presseöffentlichkeit erlangte eine eigentlich private Aussage über die deutsche Schuld an den Kriegsverbrechen an der belgischen Zivilbevölkerung, die er gegenüber dem päpstlichen Hausprälaten Baron Paul de Mathies machte. Zunächst berichtete die Schweizer »Schildwache« am 20. März 1915 über diesen Brief: »Ein reichsdeutscher Priester sehr hohen Geburtsstandes schreibt uns Ende Januar wörtlich: ›Wie man das belgische Land behandelt hat, es schreit zum Himmel, hätte ich vorher von dem Durchmarsch durch Belgien und alledem, was man da erleben musste, gewusst, ich wäre nicht als Feldgeistlicher ausgerückt.‹« Noch im gleichen Jahr erschien die Schrift des Luxemburger Bürgermeisters Émile Prüm »Le veuvage de la vérité. Une réponse aux catholiques allemands«, in dem sich der Verfasser auf den Bericht aus der »Schildwache« beruft.

Man hätte daraus nicht sofort auf Prinz Max schließen können. Dieser hatte aber in einer Londoner Zeitschrift Wilhelm II. scharf kritisiert. »Mein Herz blutet, indem es feststellt, dass einer meiner Verwandten es geraten, ja erlaubt hat, Verbrechen sonders gleichen gegen die Kirchen Gottes zu begehen [...] als Chef des Deutschen Reiches ist er erbarmungslos.« Im Pariser »Excelsior« vom 5. Februar 1916 abgedruckt, wurde das Zitat vom deutschen Auslandsgeheimdienst entdeckt.

Damit schloss sich der Kreis. Prinz Max hatte Hoch- und Landesverrat begangen, nur seine Herkunft schützte ihn vor einem Kriegsgericht. Ab April 1916 berichteten darüber internationale Zeitungen, vom Pariser »Figaro« bis zum Mailänder »Corriere della Serra«, von »Dagens Nyheter« bis zur »Morning Post« und dem »Le Petit Parisien«. Das Sächsische Oberlandesgericht zog den Fall an sich. Prinz Max wurde vorgeworfen, »Ruhe, Ehre, Ordnung und Wohlfahrt des ganzen Königlichen Hauses unverkenn-

bar ernstlich beeinträchtigt« zu haben. Das Gericht forderte Prinz Max zu einer schriftlichen Stellungnahme auf, die dieser in Zeithain verfasste, wo er seit Dezember 1915 Lazarettgeistlicher war.

Seine Antwort beschönigt nichts: »Dass in Belgien leider Gottes viele Priester erschossen wurden und auch sonst unerhörte Dinge von unserer Seite geschehen sind, daran kann niemand zweifeln, der dort die Dinge nicht durch eine ganz einseitige Brille angesehen hat. Der Durchmarsch durch Belgien bildet den furchtbarsten Eindruck des Lebens. Die Ableugnungen und das geflissentliche Totschweigen von Seiten unserer Presse nützen nichts dagegen. Zur Entschuldigung dient der Umstand, dass unsere Truppen durch die beständigen Schauermären der Presse über die belgische Bevölkerung sich in einem Zustande der größten Nervosität und Aufregung befanden, schon in solcher Stimmung ins Land einrückten [...]. Jedenfalls habe ich nur Fälle erlebt, wo Irrtum vorlag, wenigstens nichts Sicheres nachgewiesen war und man dennoch Häuser und ganze Ortschaften abbrannte. Manchmal ist in der Truppe ein Gewehr losgegangen, und dafür haben dann Einwohner büßen müssen. [...] Ich liebe mein Vaterland, zunächst mein sächsisches, dann aber auch das deutsche, aber bei Untersuchung von Fragen und Tatsachen handelt es sich für mich in erster Linie um Wahrheit und Gerechtigkeit. Wie ich es nie über mich bringen würde, zu Gunsten meiner Kirche eine Lüge zu sagen, sondern nur suche, unparteiisch zu sein, objektiv zu urteilen, so auch nicht zu Gunsten meines Vaterlandes.«[15]

Auf Empfehlung des Oberlandesgerichts ordnete der König die Internierung von Prinz Max ab Juni 1916 bis zum Ende des Krieges auf dem Jagdschloss Wermsdorf und die Einschränkung seines schriftlichen und persönlichen Verkehrs an. Prinz Max nutzt diese Zeit für Seelsorgeaufgaben in Hubertusburg und Wermsdorf und für die wissenschaftliche Arbeit. Auch hielt er sich häufig in Bad Elster oder Dresden auf. Ebenso lassen sich Vortragsreisen nach München, Berlin, Mannheim und zwei Kurzaufenthalte in Wien nachweisen, die ohne das Wissen des Königs nicht möglich gewesen wären. Mit dem Ende des Krieges und der Monarchie war auch die Internierung beendet. Prinz Max nahm in den Folgejahren Seelsorgedienste in Süddeutschland wahr und kehrte 1921 nach Fribourg zurück.

Einsatz für den Frieden und gegen Antisemitismus und totalitäre Herrschaft

Seine Erlebnisse im Ersten Weltkrieg bestärkten Prinz Max in der Überzeugung, sich selbst aktiv in der Friedensbewegung zu engagieren. Er wurde zu dem »Friedensapostel«, wie die »Münchener Neuesten Nachrichten« 1923 schrieben, als den wir uns heute an ihn erinnern. Er trat als Redner auf, veröffentlichte viele Zeitungsbeiträge zur Friedensthematik und verfasste Bücher, zum Beispiel »Ratschläge und Mahnungen zum Volks- und Menschheitswohle«, 1921. Obwohl ihm und seinen Appellen nicht mehr die Medienöffentlichkeit zuteil wurde wie 1910, 1913 und 1915/16, blieb er keineswegs ungehört. Für Prinz Max hatte der Frieden immer zuerst eine individualethische Perspektive. Der Mensch muss mit sich selbst im Frieden leben, sich zum Frieden bekehren, damit der Frieden in der Welt gelingen kann.

Darüber ist in der Gegenwart nur noch wenig bekannt. Das verwundert, da Prinz Max zeitlebens kein Thema unberührt ließ, das ihm auch nur irgendwie relevant schien für den Frieden. Er kritisierte einen unethischen Kapitalismus, wies Imperialismus, Kolonialismus und Antisemitismus als verwerfliche Ideologien zurück, die zu inhumanen Praktiken führen. Er forderte die Abschaffung der Todesstrafe, den Schutz des ungeborenen Lebens und eine Beschränkung der Macht des Staates, der »aufhören müsse, das höchste Wesen auf Erden zu sein«.[16] Er setzte sich für eine die Welt umfassende Staatengemeinschaft ein, für eine pazifistische Erziehung der Jugend, gegen den Alkoholismus und für den Vegetarismus und Schutz der Tiere. Mit diesen Überzeugungen gehört Prinz Max zu den visionären Persönlichkeiten der ersten Hälfte des 20. Jahrhunderts, die von vielen Zeitgenossen bewundert, aber von vielen auch nicht verstanden wurden.

Konkreten Ausdruck fand der Einsatz für den Frieden bei Prinz Max in seiner seelsorglichen Tätigkeit als Priester. Im praktischen Handeln und alltäglichen Leben bemühte er sich stets, Frieden und Menschlichkeit zu verbreiten. Viele seiner Predigten hatten den Frieden und das friedliche Zusammenleben zum Thema. Das Christentum deutete Prinz Max hierbei stets auf seine friedensstiftende und zugleich revolutionäre Kraft hin.

Ein wichtiges Beispiel hierfür sind die »Dresdner Predigten«, die Prinz Max im Jahr 1932 vom Gründonnerstag bis zum Weißen Sonntag in der Katholischen Hofkirche hielt. Einen kleinen Einblick in seine Gedanken gibt die letzte Predigt vom Weißen Sonntag, den 3. April 1932, mit dem Titel »Der Weltfriede«. Nur ein knappes Jahr vor dem Beginn der nationalsozialistischen Diktatur prangert er öffentlich jede Art von Kriegspolitik an. »Die Kriegspolitik ist die törichteste, die es gibt. [...] Sie rechnet nicht mit Gott, sondern mit menschlichen Kräften und verrechnet sich darum nur zu leicht. Die Sache des Friedens wird als die Schimpfliche angesehen, und sie ist dabei die weisere und bessere. Sie ist häufig die Sache des größeren Mutes. [...] Viele Opfer sind für den Krieg gefallen. Nun gibt es auch Opfer für den Frieden. Und an ihrer Spitze steht der Friedensfürst. [...] Wie viel mehr müssen dann wir Christen, wo wir sehen, dass unser Führer [gemeint ist Jesus Christus!] im Kampf für den Frieden verwundet worden und dann getötet worden ist, uns mit umso größerem Eifer in den Friedenskampf stürzen, seinen Fußspuren folgen, damit den höllischen Heerreihen, die sich am Kriege erfreuen, der Sieg entrissen werde.«[17]

Es wundert nicht, dass Prinz Max ein dezidierter Kritiker des Antisemitismus war, als der er leider weitgehend vergessen wurde. Umso wichtiger ist es, an sein Engagement in dieser stets aktuellen Thematik zu erinnern. In dem eingangs erwähnten Vortrag vom 31. August 1932 beschreibt er das Judentum zum einen als friedliches Volk ohne Staat, das unter die Völker zerstreut ist, zum anderen nimmt er Israel aber auch als politische Größe in den Blick und äußerte sich positiv

Links oben: Prinz Max als Lazarettseelsorger gemeinsam mit anderen Geistlichen in Zeithain, Foto aus dem Nachlass des Prinzen Max, 1916.

Links unten: Altes Jagdschloss Hubertusburg in Wermsdorf, Foto, um 1915.

Oben: Brand der Synagoge in der Oranienburger Straße in Berlin während der Reichskristallnacht, Foto, 1938.

Oben: Nach der Rückkehr vom Staatsbesuch in Italien: Adolf Hitler auf dem Münchener Flughafen, Foto von Hanns Hubmann, 1934.

Unten: Benito Mussolini, Foto, o. J.

Rechts: Dresden, Luftbild, vor 1931.

über die Bestrebungen des Zionismus. Er betont die Kultur des Friedens im Judentum und ruft zur gegenseitigen Achtung und einem toleranten Miteinander auf – aus christlicher Sicht auf dem gemeinsamen Fundament des Alten Testamentes. Prinz Max verurteilt den Antisemitismus mit scharfen Worten als »eine Offenbarung des Rassen- und des Religionshasses« und als törichten, niedrigen und verwerflichen Instinkt.[18]

Dieser Vortrag gegen den Antisemitismus ist von ganz überragender Aussagekraft. Er überrascht als ein beachtliches Kompendium von Wissen über Ursachen und Auswirkungen des Antisemitismus und entlarvt die inhumane Haltung von Nazigrößen. Er hoffte, mit rationalen Argumenten die Ideologie des Antisemitismus ad absurdum zu führen, was in der ideologisch aufgeladenen Situation Deutschlands leider nicht mehr funktionierte. Für Prinz Max stellte der Antisemitismus eine erhebliche Gefahr für das friedliche Zusammenleben dar, der gefüttert von einseitigen Vorurteilen und pseudowissenschaftlichen Behauptungen einen Keil in die Gesellschaft treibt. »Manche Menschen«, so

führte er aus, »treiben nun die Sache soweit, dass sie die Juden schlechterdings für alles Übel in der Welt verantwortlich machen. Man muss ja einen Sündenbock für Alles haben, und es ist so bequem, alles Unheil und alle Schuld auf ihnen abzuladen.«[19] Vehement wendet er sich auch gegen spezifisch christliche Positionen, die den Antisemitismus theologisch begründet befördern wollen, so zum Beispiel gegen jene, die Jesus nicht als Juden sehen. Prinz Max attestiert ihnen, auch vom Standpunkt der Wissenschaft aus, nicht ernstzunehmenden Unfug zu betreiben.[20] Weiter stellt er bedeutende kulturelle Leistungen von Juden für die Menschheit heraus und deutet ihre hohe Stellung vor Gott als erwähltes Volk: »Die reichen Schätze, die in der jüdischen Natur verborgen sind, sollen sie für unser Gesamtvolk verwerten. Darin liegt doch die ursprüngliche Bedeutung dieses Volkes, nicht Fluch, sondern ein Segen für die Völker zu sein.«[21] Ahnungsvoll fragt Prinz Max zum Schluss des Vortrags: »Und was will der Antisemitismus denn eigentlich tun, um die Juden zu bekämpfen und die Welt vor der angeblichen Judengefahr zu schützen? Das sagt er nicht. Man kann die Juden doch nicht auf's Neue in's Ghetto einsperren. Man kann auch keine Ausnahmegesetze gegen sie schaffen […].«[22] Drei Jahre später wird genau das mit den verhängnisvollen Nürnberger Gesetzen schreckliche Wirklichkeit.

Mit dem Beginn der nationalsozialistischen Herrschaft trat Prinz Max vor und während des Zweiten Weltkrieges gegenüber den Zuständen in Deutschland als zurückhaltender Kritiker auf. Er begründete sein Schweigen mit der Sorge um seine Familie und die Verwandten in Deutschland. Prinz Max selbst hatte in der neutralen Schweiz nichts zu befürchten. Wie berechtigt diese Vorsicht gewesen ist, zeigt das Schicksal seines Großneffen Maria Emanuel von Sachsen, der als Schüler wegen einer regimekritischen Äußerung vor dem sogenannten Volksgerichtshof angeklagt wurde und nur durch eine Aneinanderreihung von für ihn glücklichen Umständen der Todesstrafe entging.

Max von Sachsen war stets ein erbitterter Gegner des Nationalsozialismus. In den erhaltenen Stellungnahmen zum Faschismus und Nationalsozialismus argumentierte er vernünftig, unmissverständlich, bisweilen polemisch. Er kann in vielen Fragen auf seine reiche Bildung und seine Studienreisen mit vielen Begegnungen zurückgreifen. Schließlich verbindet sich mit seiner immer auch theologischen Argumentation ein christlich-moralischer Anspruch, den viele seiner Zeitgenossen schon nicht mehr teilten. Ein Beispiel dafür ist etwa ein Zeitungsartikel von 1935 – eine scharfe Anklage gegen Benito Mussolini und dessen Expansionspolitik gegenüber Abessinien.

Zunächst scheint Prinz Max die von Deutschland ausgehende Kriegsgefahr unterschätzt zu haben, weswegen er sich vorerst gegen Mussolini wendet: »Hitler hat manches Beklagenswerte getan, aber bisher hat er noch keinen Krieg entfesselt. Insofern steht in diesem Augenblick Mussolini weit schlimmer da, als er. Ob Hitler später einmal zu Kriegen schreiten wird, wissen wir nicht. Jedenfalls werde ich alsdann genauso gegen ihn aufgebracht sein und mich, wenn möglich, gezwungen sehen, gegen ihn zu schreiben, wie jetzt gegen Mussolini.«[23]

Links: Konzentrationslager Auschwitz I (Stammlager), Innenansicht einer Baracke, Standbild aus dem Dokumentarfilm »Todeslager Sachsenhausen« (SBZ 1946), Foto von Richard Peter jun., vor 1945.

Rechts: Blick vom Rathausturm auf das zerstörte Dresden in Richtung Residenzschloss, Foto von Richard Peter sen., 1945.

Die Situation in Deutschland und Italien sieht er fast identisch. Er analysiert recht genau, dass beide faschistischen Systeme eng zusammenhängen: »Hitler kopiert beständig Mussolini. Und in früheren Zeiten hat Mussolini im Inneren von Italien gleichfalls arg schlimme Dinge getan, oder wenigstens sein System, seine Anhänger. Und noch heute besteht in Italien ebenso wenig wie in Deutschland kein Schatten von Pressefreiheit oder von Möglichkeit, seine Meinung irgendwie zur Geltung zu bringen, wenn sie sich nicht mit dem deckt, was regiert und was dort genehm ist. Derselbe heidnische Begriff von den Totalitätsansprüchen herrscht in Italien wie in Deutschland.«[24] Schließlich attestiert er dem Faschismus, personifiziert durch Mussolini, eine zerstörerische, kriegerische Antikultur zu verbreiten.

Seine Sehnsucht nach Frieden und sein Engagement gegen Ideologie und Krieg fanden auch eine stillere und sicher wohl die persönlichste Ausdrucksform in seinem Aufruf zum Gebet um den Frieden. 1938 veröffentlichte Prinz Max unter dem prophetischen Titel »Gib, Herr, Frieden in unsren Tagen!« ein eigenes Friedensgebetsbuch. Im Bewusstsein seiner Unfähigkeit, an den Verhältnissen aktiv etwas ändern zu können, wendet er sich ganz Gott zu, indem er sein Engagement in das Gebet um den Frieden verlagert.

So wird sein Friedensbrevier zum stillen Protest des Prinzen und drückt seine Hoffnung aus, die Situation durch Gottes Hilfe zu verändern. Die inhaltlich um das Thema Frieden zusammengestellten Texte aus der Bibel kombiniert Prinz Max mit selbstgeschriebenen oder übersetzten Gebeten. »Die Waffen verabscheuen wir, Soldaten sind des Friedens wir!«[25] ist sein betender Appell zu Gott und an die Menschen. Prinz Max' unverhandelbares Ideal, das er aufrichtig und unnachgiebig vertrat, war es, »gegen das Böse als solches zu protestieren, auf welcher Seite es sich auch immer zeigt«.[26]

Adressat des Vrba-Wetzler-Berichts und mögliche Aufgaben in einem demokratischen Nachkriegsdeutschland

Rudolf Vrba und Alfréd Wetzler gelang Anfang April 1944 die Flucht aus dem Konzentrationslager Auschwitz. Sie verfassten einen detaillierten Bericht über das Lager, seine Organisation und die schrecklichen Verbrechen, die dort begangen wurden. Ebenso wollten sie die jüdischen Gemeinden in Ungarn vor der von den Nazis geplanten Vernichtung warnen. Eine Kopie des Berichts gelangte Anfang Juni an einen tschechoslowakischen Diplomaten in Bern, eine zweite am 18. Juni über die rumänische Gesandtschaft an die Schweizerische Bundesregierung und eine dritte etwas später an Vertreter einer orthodoxen jüdischen Gemeinde in Montreux. Dann kam er in die Öffentlichkeit, wurde nach dem 20. Juni von Schweizer und internationalen Zeitungen zitiert und Anfang Juli von der BBC verbreitet. Im Nürnberger Kriegsverbrecherprozess gehörte der Vrba-Wetzler-Bericht zu den wichtigsten Dokumenten der Anklage.[27]

Prinz Max erhielt den Bericht in französischer Übersetzung bereits am 19. Juni, das heißt bevor er der Presse übergeben wurde. In dem namentlich nicht gezeichneten, wohl von einem Vertreter einer jüdischen Organisation verfassten Anschreiben, heißt es: »Man lies mir kürzlich Ihre Visitenkarte zukommen und ich nutze nun die Gelegenheit um Ihnen die hier angehängten Berichte über unsere Situation in Ungarn zukommen zu lassen.«[28] Dieses Dokument befindet sich bei den Unterlagen von Prinz Max von Sachsen im Universitätsarchiv Fribourg, seine Reaktion ist nicht überliefert. Allein die Tatsache, dass er zu den ersten Adressaten des Berichts in der Schweiz gehörte, unterstreicht aber, dass er als wichtige politische Persönlichkeit wahrgenommen wurde.

Im September 1944 erhielt er ein Schreiben von der »Gesellschaft für Abendländische Kulturpolitik«, einer Gruppe von Politikern, Schriftstellern und Journalisten – meist deutsche Migranten in der

Schweiz –, die unter Vorsitz von Wilhelm Abegg nach Kriegsende in der amerikanischen Besatzungszone am Aufbau einer demokratischen Ordnung mitwirken wollten. »Der kulturelle Wiederaufbau Deutschlands muss von allen Seiten unternommen werden, nicht zuletzt auch von Seiten jener Schriftsteller, die deutscher Herkunft sind und die nationalsozialistische Lehre abgelehnt haben. [schrieben sie an Prinz Max, und weiter] Wir sind darüber orientiert, dass die wirklich gebildeten Kreise Deutschlands zu Ihnen […] ganz besonderes Vertrauen haben. Darum haben wir uns entschlossen, mit der Bitte an Sie heranzutreten, uns Ihre Mitarbeit zur Verfügung zu stellen und zwar in Ihrer Eigenschaft als ehemaliger Professor der Morallehre.«

Im Einzelnen ging es um die Mitherausgabe eines sechsbändigen wissenschaftlichen Werkes sowie einer populären Monatszeitschrift zu Themen der politischen Bildung, in der auch die Schuld am Krieg und an den nationalsozialistischen Verbrechen diskutiert werden sollte.[29] Dieses Angebot hatte Gewicht. Abegg war bis 1933 als Innenstaatssekretär politischer Leiter der preußischen Polizei und besaß ebenso gute Verbindungen zum militärischen Widerstand in Deutschland wie zu US-amerikanischen Regierungsstellen. Eine Antwort von Prinz Max ist nicht überliefert, beide starben 1951.

Letzte Äußerungen

Im Februar 1945 überbrachte Prinz Friedrich Christian die Nachricht über die Zerstörung Dresdens, die Prinz Max mit großer Trauer aufnahm. Auch in den folgenden Tagen war er im Gebet versunken völlig in sich gekehrt.

Eine Wortmeldung zum Weihnachtsfest 1947 zeigt ihn düster, entsetzt darüber, dass viele Menschen aus den Konflikten des 20. Jahrhunderts, aus den beiden Kriegen wenig gelernt hatten. Zwar fordert er von jedem Einzelnen, der guter Gesinnung ist, »idealen Sinn und ideales Streben zu zeigen und die Worte von einer Liebe, die alle Wesen umfasst, von Friede, Freude, Neuheit des Lebens und Kindersinn wenigstens in seinem Leben und seiner Umgebung zur Wahrheit zu machen.« Selbst ist es ihm aber schwer geworden, daran zu glauben. Zwei persönliche Schicksalsschläge, der Tod der Schwägerin Maria Immaculata und der seines Hundes Netti, der ihn zehn Jahre seines Lebens begleitet hatte, verdunkelten den Lebensmut des 77-Jährigen.[30] Wenige Monate zuvor hatte er sich beim französischen Stadtkommandanten von Freiburg im Breisgau für die Schwägerin eingesetzt, deren Wohnhaus von der Besatzungsmacht beschlagnahmt wurde. In diesem Brief kritisierte er mit scharfen Worten die Ungerechtigkeit gegenüber einer alten und kranken Frau, die nach vielen Schicksalsschlägen nun auch dieses Zuhause verlieren sollte.

Links oben: Prinzessin Johann Georg (Prinzessin Maria Immaculata), Postkarte, 1915.

Links unten: Freiburg im Breisgau, Blick auf den Münsterplatz, Postkarte, um 1950/60.

Unten: Pfarrer Karl-Ludwig Hoch, Foto, 2014.

Rechts: Prinz Max von Sachsen, Foto, um 1950.

Im Sommer 1950 besuchte ihn ein Landsmann, der evangelische Theologiestudent und spätere Pfarrer Karl-Ludwig Hoch[31] aus Dresden. Er fragte den Prinzen Max, ob Ost- und Westkirchen tatsächlich einmal einen gemeinsamen Weg gehen würden. Mit dieser Frage wollte der 21-Jährige wissen, ob Prinz Max die Ziele erreicht hat, für die er Zeit seines Lebens eingetreten ist. Der Prinz antwortete mit einer Geste. Er sagte nur: »›Lieber junger Freund‹ mit der Betonung auf der Silbe ›lieb‹! – und neigte sein Haupt, so dass nur der Strahlenkranz seiner weißen Haare über der Soutane zu sehen war. Da gehen Touristen auf der Straße: ›Ah, der Prinz von Sachsen‹ und fotografieren. Ein ›noch lebender Heiliger?‹«[32]

1 Sachsen, Prinz Max von: Antisemitismus, Vortrag gehalten in der Weißen Schleife, Winckelmannstraße 3, Dresden, 31. August 1932, maschinenschriftliches Manuskript, Universitätsarchiv Fribourg, Kiste LB 10 Karton 18, o. Bl.

2 Baumer, Iso: Max von Sachsen, Prinz und Prophet. Jugend und Ausbildung, Einsatz für Frieden, Gerechtigkeit und Schöpfung, Freiburg/Schweiz 1992, S. 140 ff.

3 Ebd.

4 Ebd., S. 142.

5 Ebd., S. 143.

6 Vgl. Das Buch Ester, in: Die Bibel. Einheitsübersetzung, Zitate: 4. Kapitel, Verse 17e und 17f.

7 Baumer, Iso: Max von Sachsen, Prinz und Prophet (wie Anm. 2), S. 145.

8 Ebd., S. 144.

9 Baumer, Iso: Prinz Max von Sachsen (1870–1951). Im Widerspruch zu gängigen Meinungen und Einstellungen in Kirche Staat. Mit einem Anhang: Flugblatt Nr. 11 der Armenischen Interkonfessionellen Hilfsaktion, Bremen 1986.

10 Ein deutscher Prinz über die Balkanwirren. Eine aufklärende Unterredung, in: Wiesbadener Zeitung, 13. Juli 1913.

11 Vgl. Clark, Christopher: Die Schlafwandler. Wie Europa in den Ersten Weltkrieg zog, München 2012.

12 Baumer, Iso: Max von Sachsen, Prinz und Prophet (wie Anm. 2), S. 150.

13 Vgl. für die folgenden Textpassagen: ebd., S. 150 ff.

14 Prinz Ernst Heinrich von Sachsen: Mein Lebensweg, Norderstedt 1979, S. 44.

15 Vgl. Baumer, Iso: Max von Sachsen, Prinz und Prophet (wie Anm. 2), S. 150–189.

16 Prinz Max als Friedensapostel, in: »Münchener Neuste Nachrichten« vom 17. April 1923.

17 Prinz Max von Sachsen, Der Weltfriede, in: Dresdner Predigten, 1. Heft 1932, Freiburg (Schweiz) 1932, S. 62–72.

18 Prinz Max von Sachsen: Antisemitismus (wie Anm. 1).

19 Ebd.

20 Ebd.

21 Ebd.

22 Ebd.

23 Aus Baumer, Iso: Max von Sachsen. Prinz und Prophet (wie Anm. 2), S. 218 f.

24 Ebd.

25 Prinz Max von Sachsen: Gib, Herr, Frieden in unseren Tagen! Freiburg (Schweiz) 1938, S. 20.

26 Baumer, Iso: Max von Sachsen. Prinz und Prophet (wie Anm. 2), S. 220.

27 Bauer, Yehuda: Anmerkungen zum »Auschwitz-Bericht« von Rudolf Vrba, in: Vierteljahrshefte für Zeitgeschichte, Heft 45/1997, S. 302 ff.

28 Brief an Prinz Max von Sachsen vom 19. Juni 1944, in: Universitätsarchiv Fribourg, Kiste LB 10 Karton 18, o. Bl.

29 Brief an Prinz Max von Sachsen vom 8. September 1944, in: Dossier Max von Sachsen, Universitätsarchiv der Universität Fribourg, o. Bl.

30 Prinz Max von Sachsen, Weihnacht im Dunkel der Zeit, in: Amor est Justitia, S. 12–16, in: Universitätsarchiv der Universität Fribourg, Kiste LA 20 Karton 7.

31 Hoch (1929–2015) verfasste 1989 die Urfassung des »Rufes aus Dresden« für den Wiederaufbau der Frauenkirche.

32 Zitiert nach: Baumer, Iso: Max von Sachsen. Prinz und Prophet (wie Anm. 2), S. 320.

Vegetarismus, Tierschutz, Lebensreform und Abstinenz

2015 schreibt Anton Jungo in den Freiburger Nachrichten: »Bis in die Mitte des letzten Jahrhunderts konnte man in den Strassen Freiburgs einem Mann in abgenutztem Priesterkleid, mit Regenschirm und Segeltuchschlappen, begleitet von einem schwarzen Hund, begegnen. [...] Doch kaum jemand dürfte gewusst haben, wer sich hinter dieser etwas schrulligen Person verbarg.«[1] Ein ehemaliger Student erinnert sich an diese Gestalt: »Er hat einfache, blaue Stoffsandalen getragen. Manchmal trug er Sandalen, manchmal aber auch ganz gewöhnliche blaue Turnschuhe, wie sie früher im Tornister eines jeden Primärschülers anzutreffen waren. Es konnte nichts Groteskeres geben, als wenn der greise, vollkommen anspruchslose, fast verwahrlost wirkende Priester und Gelehrte sagte: ›Mein Bruder, der König!‹ [... D]urch alles hindurch sah ich immer wieder auf die blauen Turnschuhe des sonderbaren Priesters. Diese waren ihm mehr wert als das Ansehen des Adels, des ›blauen Blutes‹. Er wollte Anspruchslosigkeit und Liebe als die Grundlage des Völkerfriedens verkünden.«[2] Der Beschriebene ist kein anderer als Prinz Max von Sachsen.

Links: Karikatur »Prinz de Saxe mit Netti«, Bleistiftzeichnung, um 1940.

Rechts: Die Turnschuhe des Prinzen Max von Sachsen, Bildausschnitt aus seinem Arbeitszimmer in seiner letzten Wohnung in Bürglen, Foto, 1951.

Jungo skizziert Max von Sachsen als kauzige Gestalt und tituliert ihn als »unzeitgemäßen Propheten«. Die Schweizerische Vereinigung für Vegetarier hingegen bezeichnet den Prinzen als »Reformpionier«.[3] Diese Beschreibungen und Bezeichnungen von Max von Sachsen illustrieren, wie kontrovers seine Person gesehen wird. Aber nicht nur gegenwärtig, sondern schon zu seiner Zeit war der Prinz aufgrund seiner Lebensweise und Ideale umstritten. Der folgende Beitrag stellt dar, wie Vegetarismus und die Liebe zum Tier den Prinzen als »Kind seiner Zeit« kennzeichnen. Gleichzeitig sind es gerade jene Verhaltensweisen, die ihn aus dem Rahmen fallen lassen.

Das Lebensgefühl um 1900 in der Gesellschaft des Deutschen Kaiserreiches

Seit Mitte des 19. Jahrhunderts zieht es immer mehr Menschen in die großen Städte. Leben 1871 gerade einmal fünf Prozent der deutschen Bevölkerung in Großstädten, sind es 1910 bereits 21 Prozent.[4] Der Zuzug in die Stadt führt zur Wohnungsnot. Mietskasernen werden errichtet, in denen Arbeiterfamilien auf engstem Raum leben und diesen zum Teil noch untervermieten. Mit der Enge gehen mangelnde Hygiene und dadurch die rasche Ausbreitung von Krankheiten einher. Aggression, Gewalt und Flucht vor alldem durch Alkoholkonsum sind an der Tagesordnung. Das Heim gilt daher »als Hölle, die Kneipe und das Bordell als Him-

Oben: Arbeitermietskasernen in Hamburg, Foto, o. J.

Rechts: Verfallene Häuser »zieren« das Dresdner Stadtzentrum um die Frauenkirche, Foto von Walter Hahn, 1917.

mel«.[5] Doch nicht nur die Situation in den Wohnungen ist zermürbend. Die Arbeit in der Fabrik ist freudlos, monoton und erschöpfend. Das Tempo scheint sich durch die mit der Industrialisierung einhergehende Technisierung zu beschleunigen. »Seit etwa 1880 verbreitet sich geradezu schlagartig die Auffassung, dass man in einem ›nervösen Zeitalter‹ lebe und die moderne Nervosität von dem beschleunigten Tempo und der Reizüberflutung herrühre.«[6] Unfälle und Umweltkatastrophen lassen das Vertrauen, dass man der Technik freien Lauf lassen könne, schwinden. Am Ende des 19. Jahrhunderts nimmt das Krisenbewusstsein zu.

Entfremdung und soziale Not in der Literatur

Verschiedene Autoren des ausgehenden 19. und frühen 20. Jahrhunderts greifen die Probleme auf. Der französische Naturalist Emile Zola beschreibt die verarmten Arbeiterviertel von Paris, in denen Tagelöhner- und Fabrikarbeiterfamilien unter unmenschlichen Bedingungen leben: überlange Arbeitszeiten, niedrige Löhne, Hungersnöte, Alkoholkonsum sowie Prostitution. Gesellschaftskritische Werke wie Italo Svevos »La coscienza di Zeno« (Zenos Gewissen, 1923) bieten eine literarische Opposition zum Desinteresse der Oberschicht an den sozialen Missständen. Denn

Oben: Lew Nikolajewitsch Tolstoi (1828–1910), Postkarte, um 1900.

Rechts: Luise von Toscana mit ihrer 1903 geborenen Tochter Anna Monica Pia, Postkarte, 1906.

der großen Zahl der Lohnarbeiter steht eine geringe Anzahl vermögender Großbürger und moralisch zerrütteter Aristokraten gegenüber.

Vor allem ein zeitgenössischer Autor inspiriert Max von Sachsen: Lew Nikolajewitsch Tolstoi. In einigen Werken beschreibt Tolstoi die Lebensweise einer Bürgerklasse, deren Leben mehr von Konventionen und Pflichten als von menschlichen Gefühlen und moralischen Prinzipien bestimmt ist. Beispiel dafür ist die Figur Iwans in »Der Tod des Iwan Iljitsch« (1886). Iwan, ein Richter von 45 Jahren, philosophiert über sein wohlgeordnetes Leben, weil ihm eröffnet wird, dass er nur noch wenige Wochen zu leben habe. In der Rückschau erkennt er die Gier, den Egoismus und die Gefühlskälte seiner eigenen Familie und enger Bekannter.

1903 kritisiert Tolstoi Prinz Max' Schwägerin Luise von Toscana, die erklärte, stark von den Werken des russischen Autors beeinflusst worden zu sein: »Ich bekenne mich zur christlichen Lehre, deren erster Grundsatz der ist, unser Vergnügen und unser Glück der Wohlfahrt unserer Nachfahren zu opfern. Diese Frau hat den Frieden und das Glück nicht nur ihres Gatten und ihres Schwiegervaters geopfert, sondern vor allem auch das ihrer Kinder […]. Diese hat alles für das Vergnügen geopfert.«[7]

Oben: Vereinsheim des Schrebergarten-Vereins »Frohe Stunde« in Dresden, Foto, 1926.

Unten: Typische Alltagszene: Prinz Max mit seinem Hund Netti und verformtem Hut, Foto, 1940er Jahre.

Rechts: Der Hut des Prinzen Max, Foto, 2019.

Für Prinz Max ist Tolstoi ein Gedankenbruder. Er übersetzt Passagen aus seinen Werken ins Deutsche und nimmt in den eigenen Schriften Bezug auf ihn. In »What may we learn from Tolstoi?« (Was können wir von Tolstoi lernen?, 1930) lobt ihn der Prinz für seinen Einsatz für Abstinenz, Frieden, Tierschutz und Vegetarismus. Prinz Max kennt die sozialen Probleme seiner Zeit, die in der Literatur diskutiert werden. Wider den Sittenverfall plädiert er für ein naturverbundenes Leben, fern von den inhumanen Bedingungen in den Fabriken und Großstädten.

Lebensreform und Vegetarismus um 1900

Seit Mitte des 19. Jahrhunderts versuchen soziale Reformbewegungen wie Gartenstadt- und Nacktbewegung den Missständen entgegenzuwirken. Subsumiert werden die Bestrebungen unter dem Begriff »Lebensreform«. Die Gartenstadtbewegung sucht den schlechten Lebensbedingungen der Städte durch Begrünung zu entfliehen. In Ballungsgebieten entstehen dazu »privat entworfene Gartenstädte«[8] sowie »gemeinnützige Vereinsschrebergärten«.[9]

Monatliche Zeitschriften wie »Das Neue Leben – Im Lichte neuzeitlicher Erkenntnisse« verbreiten die reformerischen Ideen. Dr. Hans W. Schmidt begründet darin den Zusammenhang von Sport und Nacktkultur. »Gymnastik ist [...] nichts anderes als Nacktsport. [...] Nacktsport sagt [...] nicht etwa, dass der Sport um der Nacktheit willen getrieben werden soll, sondern dass hindernde Kleidung den Sport als solchen nicht beeinträchtigt.«[10] Max von Sachsen ist ähnlicher Ansicht, wenn er meint, dass es gesund sei, sich so zu kleiden, »daß die Luft reichlich Zutritt zum Körper hat. [...] Den bloßen Kopf – das gilt wenigstens für das männliche Geschlecht, was braucht man Hüte und Mützen, außer etwa bei außerordentlichem Sonnenbrand? – soll die frische Luft umrauschen.«[11] Deshalb setzt er den Hut, den er auf bischöflichen Wunsch tragen soll, nie auf, sondern trägt ihn unter dem Arm.

Inspiriert ist die Nacktbewegung von Naturheilbewegungen, die Alternativen zur Schulmedizin sucht. Ebenso gehen auf die Naturheilbewegung vegetarische Reformkostbewegungen zurück, die seit den 1860er Jahren an Bedeutung gewinnen. Die Idee, auf den Verzehr von Fleisch zu verzichten, besteht seit der Antike. Als »Stammvater des Vegetarismus«[12] in Europa gilt Pythagoras. Zwar lässt sich seine vegetarische Lebensweise mittels zeitgenössischer Quellen nicht belegen, aber eine Reihe antiker Autoren im späten 3. Jahrhundert n. Chr., wie Porphyrios, Jamblichos und Diogenes Laertius, behaupten in ihren Viten über Pythagoras, dass er Tieropfer sowie den Genuss beseelter Nahrung abgelehnt habe. Im Christentum wird die vegetarische Idee anfänglich nur rudimentär rezipiert. Klösterliche Gemeinschaften der Spätantike und des Mittelalters praktizieren als asketische Fastenübungen Fleischverzicht. Ein generelles Fleischverbot wird meist nicht ausgesprochen. Caesarius, der Erzbischof von Arles, zum Beispiel erlaubt Kranken Geflügel zu essen. Der heilige Benedikt von Nursia genehmigt sogar Gesunden Geflügelverzehr, während Kranke auch Fleisch von vierbeinigen Tieren zu sich nehmen durften.

Mitte des 19. Jahrhunderts greift Pfarrer Eduard Baltzer die vegetarischen Gedanken neu auf und versucht sie biblisch-theologisch zu begründen.[13] 1903 publiziert er ein »Vegetarisches Kochbuch für Freunde der natürlichen Lebensweise«, das bereits 1908 in der 16. Auflage erscheint. Etwa zeitgleich bekennt sich der mit Baltzer befreundete Gustav Struve zum Vegetarismus und begründet 1868 die Vegetarische Gesellschaft Stuttgart e.V.

Neben christlich-biblischen Begründungen führt die Vegetarismusbewegung drei weitere Argumente an. Anfang des 20. Jahrhunderts wächst die Nachfrage nach Wurst- und Fleischprodukten, sodass die Preise dafür steigen. Ökonomisch argumentieren Vegetarierverbände, dass durch den Fleischverzicht die Lebenshaltungskosten gesenkt werden. Der »hygienische Vegetarismus«[14] hingegen stützt sich auf medizinische Theo-

LIEBIG
Dr. Max Rubner
EXTRACTUM CARNIS
MANUFACTURED BY
THE LIEBIG'S EXTRACT OF MEAT
LIMITED
LONDON
GENERAL DEPOT. ANTWERP

Rauchen verboten
II Kl
Wenn Sie MANOLI rauchen,
habe ich nichts dagegen.

Links oben: Werbung für Liebig Fleischbrühe, 1909.

Links unten: »Wenn Sie Manoli rauchen, habe ich nichts dagegen.« Werbung für Zigaretten, 1909.

Oben: Adam und Eva im Paradiesgarten. Zweiter Tag der Festlichkeiten zur Taufe von Herzog August am 21. September 1614, Bildrolle, Ausschnitt: Paradieswagen mit Sündenfall, Wasserfarben auf Papier, 1614.

rien, die chronische Krankheiten auf einen zu hohen Fleischkonsum zurückführen. Ethisch dagegen führt man idealerweise die Würde des Menschen und seine Liebe zum Tier an. Gerade die beiden letzten Argumente prägen die Lebensgestaltung von Prinz Max am stärksten.

Max von Sachsen – Ein Kind seiner Zeit

Max von Sachsen fasst das Lebensgefühl 1928 so zusammen: »Unser Dasein, wie es sich unter der Herrschaft der ›Kultur‹ gestaltet hat, vollzieht sich so, daß wir in geschlossenen Räumen wohnen und […] auch arbeiten, ja, daß selbst unsere Erholung vielfach auch da […] stattfindet. Und diese Wohn-, Arbeits- und Vergnügungsräume bieten häufig nicht genug gesunde Luft (weil z. B. die Wohnungen zu eng und zu niedrig sind), ja, sind oftmals gar mit einer verpesteten, die Gesundheit vernichtenden Luft erfüllt (dies betrifft besonders die Fabrikräume, in denen viele Leute jahraus, jahrein den ganzen Tag schaffen müssen, und die rauchigen, stickigen Gastwirtschaften). Kein Wunder, wenn zahllose Menschen oft schon in der Jugend bleich und ausgezehrt aussehen.«[15] Gesundheitsschädigende Umstände wie verschmutzte Luft schüren die Sehnsucht nach der reinen, gesunden Natur. Eine Sehnsucht, die der Prinz teilt. Max von Sachsen scheint ein Kind seiner Zeit zu sein, wenn er sich mit der Liebe zur Natur, einer vegetarischen Lebensweise und Tierschutzbestrebungen den Idealen der Lebensreform anschließt. Nicht nur der Lebensstil zeigt die konsequente Haltung des Prinzen, sondern er versucht, seinen Fleischverzicht und seine Liebe zum Tier vernünftig zu begründen. Er verfasst Schriften, hält Vorträge und Predigten, in denen er sein Publikum nicht nur überzeugen will, sondern ihm gleichfalls Ratschläge zum guten Leben erteilt. Neben Tierschutz und Vegetarismus sind ebenso Abstinenz und die Ablehnung des Rauchens beliebte Themen von Prinz Max.

Obwohl er seine Lebensweise als gesund und biblisch begründet glorifiziert, toleriert nicht jeder seiner Zeitgenossen den Lebenswandel des Prinzen. Kritik und Unverständnis begegnen ihm nicht nur im familiären Umfeld.

Der vegetarische Lebensstil des Prinzen Max und seine Theologie des Vegetarianismus

In seiner unveröffentlichten Schrift »Versuch einer Theologie des Vegetarianismus« (veraltete Form für Vegetarismus) skizziert Prinz Max 1919 eine Geschichte des Vegetarismus, die er biblisch fundiert. Mittels Bibelzitaten erklärt er, wie sich der Mensch nach und nach durch seine Sünden ins Elend stürzt und so zum »Fleischfresser« wird. Der Prinz argumentiert: »Der Mensch ist ursprünglich Fruchtesser gewesen, was die höchste und edelste Form des Vegetarianismus darstellt, denn hier wird keinerlei Leben, nicht einmal das einer Pflanze, vernichtet, sondern nur das genossen, was die Natur selbst bereitet hat und uns darbietet. Gott weist allen Wesen, Menschen wie Tieren, ausschliesslich Pflanzenkost als Nahrung an […]. Im Vegetarismus liegt ein Zu-

Links: Noah vor der Arche, Kupferstich von Ambrosi nach Raffael, um 1700.

Rechts: Ansicht von Fribourg (Schweiz), Künstlerpostkarte, 1914.

rückstreben nach dem Ursprünglichen, Edlen und Reinen daher zweifelsohne etwas Hochberechtigtes, dem schöpferischen Willen Entsprechendes.«[16] Durch den Sündenfall verfällt der Mensch in einen anderen Lebenszustand, der mit neuen Nahrungsmitteln verbunden ist. Diese neuen Nahrungsmittel, Fleisch und Brot, muss er sich durch harte Arbeit verdienen. »Indem der Mensch so ins Verderben hinabsinkt, zieht er auch die Tierwelt mit sich herab. Auch die wird zum Teil verwildert, grausam, fleischfressend. Bei dem Menschen kommt die Jagd auf, welche die Schrift verabscheut.«[17]

Prinz Max resümiert: »Je reifer die Menschheit wird, je mehr es dem Ende der Dinge zugeht, je weiter das Reich Gottes sich ausbreitet, desto näher müssen wir der Verwirklichung des vegetarischen Ideals kommen, deren Herbeiführung ein Teil der Rückkehr zum paradiesischen Zustand bedeuten würde.«[18] Stets fordert er seine Leser auf, nach dem paradiesischen Urzustand in Lebensgestaltung, Ernährung und der Beziehung zwischen Mensch und Tier zu streben.

Der von Max von Sachsen propagierte paradiesische Urzustand kommt aber biblisch nur an drei Stellen im Alten Testament vor. Die alttestamentlichen Schöpfungstexte stellen den Menschen als Vegetarier vor, der in einem von Gott geschaffenen Garten lebt. Max von Sachsen beschreibt den Garten so: »Gott hatte den Menschen lieb, und darum wollte er ihm, als dem König der sichtbaren Schöpfung, auch den schönsten Teil der Erde zum Aufenthalt geben. Das Paradies war also auf dieser Erde nur ein besonderer, bevorzugter und glücklicher Teil derselben. Es verhielt sich zur Erde, wie ein Kunstgarten mit herrlichen Gewächsen zu dem wild wachsenden Walde und den Feldern.«[19]

Im ersten Schöpfungsbericht (Genesis 1,29–30) werden Mensch und Tier vegetative Nahrung zugewiesen. Während dem Menschen Samen und Früchte vorbehalten sind, soll das Vieh Kraut fressen. Damit wird eine Nahrungskonkurrenz ausgeschlossen. Psalm 104,14 schließt sich diesem Ideal an. Dem Menschen werden Pflanzen des Feldes zugeteilt, die er anbauen und ernten muss, während den Tieren das grüne Gras gehört.[20] Gleichzeitig übt der Mensch so die ihm im Paradies gegebene Herrschaft als ein gewaltloses, friedliches Nebeneinander aus. Dieses Motiv greift der Prophet Jesaja im sogenannten Tierfrieden auf und entwickelt daraus das Bild einer künftigen Heilszeit (Jesaja 11,6–9).

Nach der Sintfluterzählung wird jedoch die Speisekarte des Menschen erweitert. Noah erhält die Erlaubnis, Tiere zu essen, ihr Blut aber darf der Mensch nicht verzehren (Genesis 9,2–4), weil es der Sitz des Lebens ist. Erlaubt wird damit eine Profanschlachtung, wie sie für eine antike Gesellschaft Israels von Halbnomaden, Bauern und Städtern üblich ist. Das Alte Testament spiegelt einen Lebensalltag wider, der von Ackerbau und Viehzucht geprägt ist. Das Tier als Besitz des Menschen soll die Familie nähren und kleiden. Das bedeutet jedoch nicht, dass Fleisch täglich serviert wird. Wahrscheinlicher ist, dass Fleisch nur zu Festzeiten, die altorientalisch meist religiös bestimmt sind, und im Tempelkult bei Opferungen gereicht wird. Alttestamentlich besteht gerade im

Kult die Tendenz, einen Fleischkonsum zu theologisieren.[21] Der Vegetarismus ist in den biblischen Erzählungen »einerseits eine utopische Vorstellung der Anfangs- und der Endzeit; diese aber spiegelt andererseits den Wunsch Gottes nach einer von ihm gestalteten und befriedeten Welt, die sich nicht im Zustand des Krieges zwischen Mensch und Tier befindet, wider. Zugleich drückt sich darin auch eine grundlegende Sehnsucht der Menschen nach paradiesischen Zuständen und Gewaltlosigkeit zwischen den Lebewesen aus.«[22]

Gemäß den kirchenrechtlichen Bestimmungen von 1917 reicht Max von Sachsen sein Manuskript »Versuch einer Theologie des Vegetarianismus« im Ordinariat Freiburg (Schweiz) ein, um die Druckerlaubnis zu erhalten. Nach einer Unterhaltung mit dem Bischof verwehrt ihm Generalvikar Ems diese. In einem Schreiben kritisiert der Vikar die biblische Auslegung des Prinzen. Zurückgewiesen wird vor allem die Aussage, dass Jesus ein eifriger Lehrer des Vegetarismus gewesen sei. Schlussendlich meint Ems: »Mögen einige Vegetarier sein: ich beschimpfe sie nicht und lasse sie machen, aber ich kann nicht billigen, dass diejenigen, die Fleisch essen, kurzerhand, samt und sonders, als ›Prasser, Schwelger, Feinschmecker‹ etc. gebrandmarkt werden.«[23] Für den Generalvikar birgt die Schrift des Prinzen Max die Gefahr, dass einfache – fleischverzehrende – Gläubige durch einen theologisierten Vegetarismus stigmatisiert werden und damit aus der Glaubensgemeinschaft herausfallen.

Der vegetarische Lebensstil des Prinzen aus der Sicht einiger Zeitgenossen

In einem Zeitungsartikel schreibt Prinz Max 1948: »Ich bin im Herbst 1913 […] Vegetarier geworden und bis heute geblieben. Auch den ersten Weltkrieg […] habe ich als Vegetarier durchgehalten. […] Ich bin vollkommen arbeitsfähig, halte meine Vorlesungen und besorge meine Studien und Arbeiten wie in früherer Zeit. Und ich bewege mich dabei viel in freier Luft. Diesen glücklichen Zustand, wie er wenigen zuteil wird, verdanke ich der Güte der göttlichen Vorsehung. Es kann aber sein, dass die gesunde Lebensweise auch ein wenig zu diesem Erfolge beigetragen hat.«[24] Details zu seiner Ernährung gibt der Prinz 1921 in einem Artikel preis: »Zur Mittagszeit besorgte ich mir meine Mahlzeit […], indem ich Brot und Früchte, wohl auch sonstiges Gebäck, oder etwas Schokolade kaufte. Seit Anfang Mai dieses Jahres bis jetzt habe ich einen Versuch damit begonnen, nichts Gekochtes zu genießen. Ich nehme nur zwei Mahlzeiten, mittags und abends, ein. Dabei ist Brot meine Hauptnahrung. […] Dabei befinde ich mich ausgezeichnet wohl. Sobald ich jedoch in einem fremden Hause zu Gaste bin und dort Gekochtes zu mir nehme – Fleisch genieße ich auch dann niemals – fühlt sich der Magen bald verstimmt, weil er nicht mehr daran gewöhnt ist.«[25]

Obwohl Prinz Max seine Lebensführung als gesundheitsfördernd beurteilt, teilen Zeitgenossen nicht immer seine Ansichten. Während er von den positiven Wirkungen einer spartanischen Ernährung überzeugt ist, sind die Kanisiusschwestern, die ihm Mahlzeiten zubereiten, um seine Gesund-

heit besorgt und mischen heimlich Eier und Fleisch unter seine Speisen. Schwester Aloisia erinnert sich: »Er ass weder Fleisch, noch trank er Wein. Auch von Eiern durfte man ihm nicht kochen. Einmal war ein Kuchen ziemlich gelb und er fragte, ob da nicht Eier darin wären. Verschmitzt antwortete Sr. M. Columba: ›Saffran macht den Kuchen gelb, Kgl. Hoheit.‹«[26]

Ebenso sorgen sich Prinz Max' Verwandte um seine Gesundheit und versuchen ihn bei seinen Besuchen »diskret von seinen übermässigen Fastenübungen abzuhalten, was er, der ja oft in höheren Sphären schwebte, nicht so richtig bemerkt hat. Es war daher sehenswert, wie er besser ausgesehen hat, wenn [er …] abgereist ist.«[27]

Der Prinz und seine Tierliebe

Prinz Max' vegetarische Ernährung beeinflusst sein Verhältnis zu Tieren. Eine Schwester des Kanisiuswerks berichtet: »Die meisten und rührendsten Episoden lassen sich wohl erzählen über sein Mitleid mit den Tierlein als ›Geschöpfe Gottes‹. Aus dieser Einstellung heraus war er, wenn man so sagen darf ein fanatischer Vegetarier. Nicht, dass nicht nur er kein Fleisch aß; auch sein Hund, der schwarze Netti musste sich an diese Entsagung halten. Darum behielt er es sich vor, den Hund selbst zu füttern und gewöhnte diesen auch an pünktliche Mahlzeiten. Wie er zu diesem Hunde kam? Eine ihm bekannte Familie wollte den Hund, weil er schon alt war, ertränken. Das erfuhr Prinz Max und er bat, dies nicht zu tun und ihm den ›Netti‹ zu überlassen.«[28]

Prinz Max baut im Laufe der Zeit eine enge Beziehung zu Netti auf. Dabei pflegt er seinen Hund mehr als sein eigenes Erscheinungsbild. Er nimmt ihn sogar in seine Vorlesungen mit, wo er ihn, der im Alter ab und zu während seiner eigenen Vorträge einschläft, wecken soll.[29] Unter den Studierenden wird Netti zur Sensation. Zu Beginn des Semesters füllen zahlreiche Neugierige die Vorlesungsräume, um den legendären Hund zu sehen. Einmal sollen einige Studenten eine Wurst unter dem Schreibtisch versteckt haben, und als Netti sie bemerkte, stürzte er sich zu Prinz Max' Entsetzen voller Freude auf den Leckerbissen. Als der

Links oben: Der heilige Petrus Canisius, Stahlstich, um 1840.

Links unten: Prinz Max vor dem Annahaus in Bürglen, Foto, Mai 1937.

Oben: Hölzerne Gedenktafel im Garten des Annahauses in Bürglen mit einer Widmung des Prinzen Max von Sachsen an seinen Hund Netti, Foto, 2018.

Unten: Urkunde des Neuen Tierschutzvereins Magdeburg zur Ernennung Prinz Max' als Ehrenmitglied, Wasserfarben auf Papier, April 1930.

Hund im hohen Alter stirbt, lässt Prinz Max ein Grabmal mit der Inschrift aufstellen: »Dr. Max Herzog zu Sachsen seinem treuen Hunde Netti reinster Treue reinstes Bild«.

Obwohl die Liebe zu seinem Hund Netti und allgemein zur Tierwelt groß ist, kritisiert Prinz Max heftig Menschen, die sich in ihrer Liebe zu Tieren von »Sentimentalität und krankhaften Gefühlen« leiten lassen. In einem Vortrag mit dem Titel »Tierliebe und Sentimentalität« (1927, Jena) erklärt er, dass nicht jede Form von Tierliebe gut sei. Menschen, die Tiere den Menschen vorziehen, die nur eine Tierart lieben oder sich in ganz besonderem Maße um ihr eigenes Tier kümmern, würden von einer »ungeordnete(n) und ungesinnige(n) Liebe« bewegt. »Die richtig geordnete Tierliebe stellt das Gefühl unter die Herrschaft des Geistes und lässt sich bei Allem von einem Gedanken, einem Grundsatze, leiten.«[30]

Der Glaube an die Einheit der Natur ist für Prinz Max ein solcher Grundsatz. Ständig greift er ihn in seinen Schriften auf und begründet damit seine intensive Be-

ziehung zur Tierwelt. »Die Natur bildet eine Einheit. Ihre Wesen sind einander ähnlich und aufeinander angewiesen. Wir haben kein Recht, das Band zu verleugnen, das uns mit ihnen verbindet.«[31] Aus dieser Überzeugung heraus setzt sich Prinz Max aktiv für Tierschutz ein.

Er ist in verschiedenen Verbänden und Vereinen tätig, unter anderem im »Weltbund zum Schutz der Tiere und gegen Vivisektion« und dem »Internationalen Verein zur Bekämpfung der wissenschaftlichen Tierfolter«.[32] Hierfür verfasst er verschiedene Vorträge und Artikel für Zeitschriften wie »Tierrecht und Tierschutz« und »L'Ami des Animaux« (Der Freund des Tieres).[33] Er versucht, sein Publikum darauf aufmerksam zu machen, welche große Verantwortung der Mensch gegenüber Tieren habe. 1921 appelliert er: »Wie Gott die ganze Welt regiert, so soll der Mensch auf Erden ein kleiner König sein und die Wesen beherrschen, die geringer von Natur sind als er. Nun aber ist die göttliche Macht eine wohltätige, väterliche und segnende. Die Tiere werden dem Menschen als unmündige, schutzbedürftige Kinder der Schöpfung anvertraut. Wie man blödsinnige oder geisteskranke Menschen nicht tötet, sondern liebevoll pflegt, wie der Erwachsene unmündige Kinder nicht unterdrücken, sondern beschirmen soll [...] so soll der Mensch der Tierwelt Führer und Beschützer sein. [...] Warum auch nur ein Insekt zertreten, eine Fliege, eine Mücke, eine Wespe umbringen, nur weil sie uns ein wenig unangenehm ist? Alles das hat ein Recht auf Leben. [...] Jedes Wesen trägt jedoch in sich selber einen Grund seines Bestehens, der den Schöpfer trieb, ihm das Dasein zu verleihen.«[34]

Oben: LET EVERYTHING THAT HATH BREATH PRAISE THE LORD, nach einem Aquarell von Margaret W. Tarrant, Karte zum neuen Jahr 1934 an Prinz Max von Natalia Georgina von Riefenstahl, Erlös aus dem Verkauf der Karte für »The Animal Defense Society« in London. Die Neujahrskarte stammt aus dem Nachlass von Prinz Max und war direkt über seinem Bett angebracht, man sieht noch die Einstichstelle der Reißzwecke.

Rechts: Die Absinthtrinkerin, Gemälde von Pablo Picasso, 1901.

Schwester Aloisia erzählt, dass Prinz Max bemüht war, diesem Ideal zu entsprechen: »Sr. Kgl. Hoheit war ein ausnahmsweise grosser Tierfreund. Kein Tier oder Tierlein konnte er leidend sehen, noch sollte man eines töten. Einmal lag im St. Annahaus eine Wespe auf dem Boden. Als Kgl. Hoheit dies sah, nahm er sein Taschentuch, hob es sorgfältig auf und trug es fort, damit sie nicht zertreten würde. Im Sommer nach der Hl. Messe, die er im St. Annahaus in Bürglen las, verschaffte er sich gerne eine körperliche Bewegung und mähte so eine halbe Stunde ungefähr Gras oder grub im Garten. Als er nun wieder einmal Erde umstach, kamen die Hühner und frassen die Würmer, die er ausgegraben. Er wehrte ihnen und schimpfte mit den Hühnern: Du Scheusal, schäm dich etc. Zuletzt hörte er verdrossen zu graben auf, da er den Hühnern nicht wehren konnte, Würmer oder Insekten zu fressen. Auch auf der Strasse hob er hie und da einen Wurm auf und trug ihn abseits, damit er nicht zertreten oder überfahren würde.«[35]

Solche Episoden wecken in Prinz Max' Zeitgenossen den Eindruck, dass sein Handeln naiv, gar realitätsfern sei. Seine Vertraute Emanuele Meyer schreibt in einem Brief: »Er tut einem in seiner Hilflosigkeit, das Leben zu meistern und sich in ihm zurechtzufinden, leid, aber er kann auch nicht aus seiner Haut heraus.«[36] Es muss allerdings betont werden, dass Prinz Max in seinem Agieren klaren, einfachen und nachvollziehbaren Prinzipien folgt, die zwar nicht den Konventionen seiner Zeit entsprechen, aber zur Verwirklichung einer besseren Welt beitragen sollen.

Ratschläge und Warnungen zum Menschenwohle

Zu den Hauptaufgaben eines Geistlichen gehört nach Prinz Max mehr als nur die Seelsorge. Im Vorwort zu »Ratschläge und Mahnungen zum Volks- und Menschenwohle« heißt es dazu: »Daß ich, der ich Geistlicher bin, [...] mich hier in dieser Schrift nicht unmittelbar mit Religion, sondern mit anderweitigen Fragen befasse, könnte vielleicht Verwunderung erregen. Allein der Mensch und sein Leben ist ein Ganzes, das sich nicht leicht auseinanderreißen lässt. [...] Auf der geordneten Grundlage der Natur baut sich auch das höhere Leben auf. Es ist daher eine heilige Pflicht der Geistlichen, für das Volk, ja für die ganze Menschheit, ihr Wohl und Wehe ein Herz zu haben und an keiner Frage des Volkswohls gleichgültig vorüberzugehen.«[37]

Die von ihm gegebenen Lebensratschläge sollen dem Menschen helfen, in einen paradiesischen Urzustand zu gelangen, wie er ihn für das Verhältnis Mensch – Tier mittels des Vegetarismus propagiert. Ziel seiner Mahnungen ist es, diverse Missstände seiner Zeit auszugleichen, sodass der Mensch friedlich, gesund, glücklich und vor allem naturverbunden lebt.

Seine Ratschläge beruhen auf seinen biblischen Interpretationen, dem medizinischen und naturwissenschaftlichen Wissen der Zeit. Weltanschaulich führt er sie auf die vorgegebene (und von Gott geschaffene) Ordnung der Natur zurück. »Will man gesund sein, so muß man [...] ein möglichst den Gesetzen der Natur entsprechendes Leben führen. Für jedes Wesen besteht eine im Haushalte der Natur bestimmte Ordnung. Der Mensch besitzt die Möglichkeit, sich von ihr loszusagen, weil er nun einmal die Macht des freien Willens sein eigen nennt. Aber er büßt es mit Krankheit und endlosen Leiden, wie dies das Schicksal des Menschengeschlechtes unaufhörlich beweist. [...] Die Natur hat jedem Wesen nur eine bestimmte Nahrung vorgeschrieben und zugleich ein Maß verordnet, das ihm nötig ist, und ein anderes das er nicht überschreiten darf.«[38] Dabei geht Prinz Max wie die lebensreformerischen Denker davon aus, dass der Mensch durch seine angeborene Vernunft in der Lage ist, zu erkennen, welches »Maß« die Natur ihm vorgibt und welche Mittel seiner Gesundheit schaden oder nützen.

VEGETARIER RUNDSCHAU

ZEITSCHRIFT ZUR VERTIEFUNG VEGETARISCHEN GEDANKENGUTES UND ZUR SICHERUNG VEGETARISCHER LEBENSFÜHRUNG

HERAUSGEGEBEN VON DER DEUTSCHEN VEGETARIER ZENTRALE IN SONTRA

ERSCHEINT AM ENDE JEDEN MONATS

FEBRUAR 1951 5. JAHRGANG NUMMER 2

AUS DEM INHALT:

Das Herz Gedicht von Carl Spitteler

Hebe dich hinweg, Satan!
Von Guntram E. Pohl, Gruiten

Zum Heimgange von Professor Max, Herzog zu Sachsen
Von Dr. Einhardt, Konstanz

Internationale Vegetarier-Union
Aufruf an die deutschen Vegetarier

Zu freien Ufern Buchbesprechung (Schluß)
Von Hugo Brosius, Bad Homburg

Dr. W. Zimmermann an seine Freunde

Lebensreformer-Siedlung in Brasilien Wer macht mit?
Von Gert Rohde, Marburg

Ist Hydrokultur biologisch begründet?
Von Richard Ungewitter, Stuttgart

Einzelpreis 35 Dpfg.

VEGETARIER RUNDSCHAU

ZEITSCHRIFT ZUR VERTIEFUNG VEGETARISCHEN GEDANKENGUTES UND ZUR SICHERUNG VEGETARISCHER LEBENSFÜHRUNG

HERAUSGEGEBEN VON DER DEUTSCHEN VEGETARIER ZENTRALE IN SONTRA

ERSCHEINT AM ENDE JEDEN MONATS

MAI 1951 5. JAHRGANG NUMMER 5

AUS DEM INHALT:

Ein Heiliger lebte unter uns
Aus den Kanisius-Stimmen, Freiburg

Die Internationale Vegetarier-Union zum Friedens-Nobelpreis vorgeschlagen

Die wirkende Kraft (Schluß)
Von Dr. h. c. Werner Zimmermann, Schweiz

Werner Zimmermann an seine Freunde

Vegetarischer Jugendring

Steinmehl allein tuts nicht! (Fortsetzung)
Von Oswald Kiehne, Sontra

Freunde lebensgesetzlicher Haltung

Einzelpreis 35 Dpfg.

In der Vegetarier-Rundschau vom Februar beziehungsweise Mai 1951 erschienen Nachrufe zum Tod von Prinz Max.

An die Vernunft appellierend, fordert er vom Leser, um ihn vor ungesunder Luft zum Beispiel in Gastwirtschaften zu bewahren, auf das Rauchen zu verzichten: »Man darf nur einen Rauchenden [...] beobachten. Gibt es einen häßlicheren, lächerlicheren Anblick? [...] Die Handlung des Rauchens ist der Ausdruck öder platter Gedankenlosigkeit. Dabei ist der Tabakgenuß in all seinen Formen das überflüssigste und unvernünftigste aller Genußmittel. Er bietet dem Körper keine Nahrung, ist also vollkommen zwecklos. [...] Es liegt nur die kindische Freude darin, etwas im Mund zu haben, Rauch aufsteigen zu sehen und herauszublasen. Ist es eines vernünftigen, denkenden Menschen würdig, eine solche Beschäftigung zu betreiben?«[39]

Neben dem Tabakkonsum weiß der Prinz um die Gewalt und den Alkoholismus, die in den Arbeitervierteln Alltag sind. Als überzeugter Abstinenzler empfiehlt er daher der Jugend: »Wohl dem, der nie mit Alkohol bekannt wurde! Auch da glauben Viele, es gehöre zum Erwachsensein. [...] Wenn aber der reiche Verstand zu den Kennzeichen des Erwachsenen gehört, dann kann unmöglich eine Albernheit, wie diese, die uns den Verstand raubt, beweisen, daß wir erwachsen sind.«[40]

Seine Empfehlungen beschränken sich nicht nur auf praktische Aspekte, sondern umfassen des Weiteren Charaktertugenden und Lebensregeln. Im Artikel »Lebensregeln und Parolen«[41] plädiert er 1935 für Einfachheit im Handeln und in den eigenen Lebensansprüchen. Er argumentiert darin, dass in der Natur eine große Einfachheit herrscht. Somit gehört für ihn der Verzicht auf Luxus und unnötige Güter zu den Grundvoraussetzungen, um glücklich und sorgenfrei leben zu können. Auf die Einfachheit folgen Demut und Bescheidenheit. »Unbescheidenheit und Selbstüberschätzung gehen aus Dummheit und Unwissenheit hervor. Es gibt aber noch immer Menschen, die sich einbilden, durch Stolz, durch hemmungsloses Vorwärtsdringen, durch Arroganz und Unverschämtheit ihre Ziele erreichen zu können. Sie werden sich früher oder später enttäuscht sehen.« Eine letzte Lebensregel des Prinzen ist das unaufhörliche Streben: »Strebe nach beständiger Erweiterung deines Gesichtskreises, deiner Gedankenwelt und deiner Kenntnisse. Wohl dem, den das Leben in die Weite geführt hat, dem Reisen in die Ferne, Kenntnis vielfältiger Verhältnisse, allerhand Lebensschicksale, Umgang mit Menschen und Wesen aller Art, Verbindung mit der Natur, reiches und gesundes Studium den Blick erweitert haben.«

Fazit: Max von Sachsen – (k)ein Kind seiner Zeit

Schriften und Predigten dokumentieren, wie stark sich Prinz Max von Sachsen mit den Ideen der Lebensreform identifiziert. Die Nöte und Lebensumstände der mittleren sowie unteren Arbeiterschicht kennend, macht er es sich zur seelsorgerischen Aufgabe, mit an die Vernunft appellierenden Ratschlägen ihre Lebensweise zu verbessern. Nicht nur seine Mahnungen, sondern ebenso seine theoretischen Abhandlungen zu Vegetarismus und Tierwohl präsentieren ihn als einen reflektierten, in seiner Haltung entschiedenen Menschen.

Die Leidenschaft, mit der er sich den lebensreformerischen Gedanken wie Vegetarismus, Tierwohl und Abstinenz hingibt, tendiert zu einer Exzentrik, die ihn zugleich zum Außenseiter der Gesellschaft macht. Weder entsprechen Erscheinungsbild des Prinzen, noch weltfremde Aktionen – wie Hühnern das Fressen von Würmern zu verbieten – den Konventionen, die sich aus seiner Zugehörigkeit zur königlichen Familie ergeben. All diese Normbrüche bringen dem Prinzen den Ruf eines Sonderlings ein. In seiner Konsequenz scheint Prinz Max das von ihm propagierte »Maß« von Zeit zu Zeit zu überschreiten. Während der Prinz von sich das Selbstbild eines gemäß der natürlichen Ordnung lebenden, am Wohle der Gesellschaft interessierten Menschen konstruiert, zeichnen Anekdoten und Geschichten über ihn das Fremdbild eines gesellschaftlichen Aussteigers.

1 Jungo, Anton: Ein unzeitgemässer Prophet, in: Freiburger Nachrichten 25.7.2015, www.freiburger-nachrichten.ch/nachrichten-grossfreiburg/ein-unzeitgemaesser-prophet, 15.12.2018.
2 Salzgeber, P. Joachim: Prinz Max von Sachsen, 1870–1951. Der »Heilige« mit den Turnschuhen, in: Maria Einsiedeln 7/8 (1983), S. 241–243.
3 Kopp, Peter F.: Ein Reformerpionier. Prinz Max von Sachsen, in: Info-Vegi 1 (2004), www.vegetarismus.ch/heft/2004-1/reformpionier.htm, 15.12.2018.
4 Vgl. Krabbe, Wolfgang R.: Gesellschaftsveränderung durch Lebensform. Strukturmerkmale einer sozialreformerischen Bewegung im Deutschland der Industrialisierungsperiode (Studien zum Wandel von Gesellschaft und Bildung im Neunzehnten Jahrhundert, Bd. 9), Göttingen 1974, S. 16.
5 Sombart, Werner: Das Proletariat, Frankfurt a. M. 1906, S. 30.
6 Radkau, Joachim: Technik in Deutschland. Vom 18. Jahrhundert bis heute, Frankfurt a. M. 2008, S. 235.
7 Die Zeit, Wien, 19.2.1903, S. 141.
8 Wedemeyer-Kolwe, Bernd: Aufbruch. Die Lebensreform in Deutschland, Darmstadt 2017, S. 125.
9 Ebd., S. 125.
10 Schmidt, Hans W.: Sport und Nacktkultur, in: Das Neue Leben 1,11 (1929), S. 245 f., hier S. 245.
11 Sachsen, Max, Herzog zu: Ratschläge eines Freundes, o. O. 1928, S. 7.
12 Rosenberger, Michael: Wie viel Tier darf's sein? Die Frage ethisch korrekter Ernährung aus christlicher Sicht, Würzburg 2016, S. 55.
13 Vgl. Baltzer, Eduard: Vegetarianismus in der Bibel (Die natürliche Lebensweise, der Weg zu Gesundheit und sozialem Heil 4), Nordhausen 1872.
14 Krabbe (wie Anm. 4), S. 60.
15 Sachsen, Freundes (wie Anm. 11), S. 6 f.
16 Vgl. die Typoskripttranskription von Diego Hieronymi, Lizentiatsarbeit. Vegetarismus im Christentum. Die kirchliche Druckverweigerung des Manuskripts »Versuch einer Theologie des Vegetarismus« des Freiburger Professors Max von Sachsen angesichts der fleischlosen Tradition des Christentums, des heutigen Wissensstandes und der theologischen Diskussion, Freiburg (Schweiz) 2000, S. 96.
17 Ebd., S. 96.
18 Ebd., S. 108.
19 Max von Sachsen, Das Paradies. Dienstag nach dem zweiten Fastensonntag, den 26. Februar, in: ders., Predigten über das erste Buch Mosis. Von S. K. H. Prinz Max von Sachsen, gehalten während der Fastenzeit in der Liebfrauenkirche zu Freiburg (Schweiz), 1908, S. 67.
20 Hossfeld, Frank-Lothar/Zenger, Erich: Psalmen 101–150 (HThKAT), Freiburg i. Br. 2008, S. 80.
21 Vgl. Böhmisch, Franz: Das verlorene Paradies. Die Bibel und das Fleischessen, in: ThPQ 155 (2007), S. 39–50, hier S. 38 f.
22 Grätz, Sebastian: Sind Tiere zum Essen da? Das Alte Testament und der Vegetarismus, in: Reuter, Eleonore (Hg.): Mit-Mensch Tier (Frauen-Bibelarbeit 14), Stuttgart 2015, S. 23–26, hier S. 26.
23 Zitiert nach Hieronymi (wie Anm. 29), S. 32.
24 Zitiert nach Baumer, Iso: Max von Sachsen Prinz und Prophet. Jugend und Ausbildung, Einsatz für Frieden, Gerechtigkeit und Schöpfung, Freiburg 1992, S. 222.
25 Sachsen, Max, Herzog zu: Eindrücke aus der Schweiz, in: Vegetarische Warte, Frankfurt a. M. 5.11.1921 (22), Jg. 54, S. 1 f.
26 Sr. Aloisia: Anekdotensammlung, S. 13, Anm. 30.
27 Zitat von Otto von Habsburg, zitiert nach Baumer (wie Anm. 24), S. 311.
28 O. A., Anekdotensammlung, S. 9, Anm. 30.
29 Salzgeber (wie Anm. 2), S. 241.
30 Sachsen, Max, Herzog zu: Tierliebe und Sentimentalität, S. 6. Das Typoskript befindet sich im Universitätsarchiv der Katholischen Universität Eichstätt-Ingolstadt, Sign. Z 1001-22.
31 Ebd., S. 7.
32 Baumer (wie Anm. 24), S. 222–224.
33 Ebd.
34 Sachsen, Max, Herzog zu: Ratschläge und Mahnungen zum Volks- und Menschheitswohle, Dresden 1921, S. 18 f.
35 Sr. Aloisia (wie Anm. 26), S. 13, Anm. 30.
36 Zitiert nach Baumer (wie Anm. 24), S. 270 f.
37 Sachsen, Mahnungen (wie Anm. 34), S. 3.
38 Sachsen, Freundes (wie Anm. 11), S. 15 f.
39 Sachsen, Mahnungen (wie Anm. 34), S. 33.
40 Sachsen, Freundes (wie Anm. 11), S. 18 f.
41 Sachsen, Max, Herzog zu: Lebensregeln und Parolen, in: Neue Illustrierte Zeitung, 15.3.1935 (106) 40 Jg., S. 2 f.

Prinz Max als Lehrer, Professor und Wissenschaftler

»Seiner Zeit voraus! Prinz Max von Sachsen – Priester und Visionär«. So lautet der Titel der Sonderausstellung im Schloss Pillnitz im Jahr 2019 über einen bislang eher wenig bekannten Sprössling des sächsischen Königshauses. Vorliegender Begleitband nähert sich dem Prinzen Max aus verschiedenen Richtungen, um so ein umfassendes Bild einer Persönlichkeit zu zeichnen, die von den einen als skurril und kauzig, von anderen aber als vorbildhaft und überzeugend oder – christlich formuliert – als »heiligmäßig« beschrieben wird. Beruflich war Max von Sachsen von 1900 bis zu seinem Tode im Jahr 1951 als Professor tätig.[1] Das mag zunächst verwundern, wenn man die königliche Herkunft des Prinzen bedenkt. Auch für einen Priester mit dieser Abstammung ist die Tätigkeit als »gewöhnlicher« Hochschullehrer eher ungewöhnlich. Vielmehr wäre eine kirchliche Karriere als Bischof oder gar Kardinal zu erwarten gewesen. Letzteres war auch von einigen Kirchenfürsten erhofft und konkret befördert worden. Und doch kam es anders.

Links: Prinz Max als junger Professor, Foto, o. J.

Rechts: Franz Leopold von Leonrod (* 26. August 1827 in Ansbach; † 5. September 1905 in Eichstätt), Foto, o. J.

Vom Priester zum Professor in Fribourg (Schweiz)

Mit der Priesterweihe des Prinzen Max am 26. Juli 1896 war die Frage seiner praktischen Tätigkeit längst nicht abgeschlossen. Während er sich zu einem beschaulichen Leben im Ordensstand berufen fühlte, planten andere für ihn eine kirchliche Karriere. So nimmt es nicht Wunder und ist es bis heute auch bei besonders begabten Priestern üblich, dass man sich zunächst auf eine praktische Seelsorgearbeit verständigte. Dazu war Prinz Max zunächst in Eichstätt, dann in London, schließlich in Nürnberg tätig.

Von der Idee einer Professur für Prinz Max hören wir zum ersten Mal in einem Brief vom 18. Juni 1900, mit dem er sich an seinen geistlichen Mentor und väterlichen Freund, Bischof Franz Leopold von Leonrod von Eichstätt, wendet und von diesem Rat erbittet. Prinz Max berichtet von der Anfrage aus Fribourg (Schweiz), ob er nicht dort lehren möchte. Am sächsischen Hofe erzogen, war sich Prinz Max der politischen Problematik eines Rufes an die erst zehn Jahre zuvor, im Jahr 1889, errichtete Universität durchaus bewusst. Es war die einzige Universität in der katholischen Schweiz und wurde auch als solche wahrgenommen, wenngleich sie rechtlich immer eine staatliche, nie eine kirchliche Hochschule war. Dazu gab es erhebliche Spannungen zwischen den deutschsprachigen und den französischsprachigen Professoren, die

1897/98 acht deutsche Professoren zum Verlassen der Universität veranlassten, was zu einem Skandal europäischen Ausmaßes führte. Entsprechend vorsichtig war das Herantasten an eine mögliche Lehrtätigkeit des Prinzen Max. Zunächst war an seelsorgliche Arbeit des Prinzen für die Studierenden gedacht und an eine Dozententätigkeit. Tatsächlich wurde Prinz Max dann auch nicht auf einen der bestehenden Lehrstühle berufen, vielmehr wurde für ihn ein eigenes Extra-Ordinariat eingerichtet. Hierfür gaben Kollegen Lehrverpflichtungen in Liturgik und in Kirchenrecht ab. Eine Besoldung für diesen Dienst war nicht vorgesehen und wegen seiner

Oben: Gottesdienst in der Geburtskirche in Bethlehem, Foto, 1930.

Unten: Maria lactans, Papierikone des orthodoxen Ritus, erste Hälfte 19. Jahrhundert.

Rechts oben: Ostkirchlicher Priester, Foto, o. J.

Rechts unten: Die Hagia Sophia in Konstantinopel (Istanbul), ursprünglich eine christliche Kirche, die später in eine Moschee umgewandelt wurde, Lithografie, um 1830.

damaligen Apanage als Mitglied des regierenden sächsischen Königshauses auch nicht erforderlich.

Erste Lehrtätigkeit

Am Anfang seiner akademischen Laufbahn im Wintersemester 1900/01 war Prinz Max Extraordinarius, außerordentlicher Professor für Kirchenrecht und Liturgie. Zunächst war er mit nur drei Stunden Lehrveranstaltungen pro Woche tätig und genoss wohl auch aufgrund seiner besonderen Stellung gewisse Freiheiten. So bot er zum Themenkomplex Kirchenrecht nur in seinem ersten Semester eine einzige Vorlesung an, in späteren Semestern lehrte er dazu gar nicht mehr. Dagegen fand er große Freude an Forschung und Lehre im Bereich der Liturgie. Diese beschäftigt sich mit den gottesdienstlichen Feiern der Kirche. Auch hier setzte Prinz Max frühzeitig eigene, um nicht zu sagen eigenwillige Schwerpunkte. Die Liturgiewissenschaftler beschäftigten sich zur damaligen Zeit vor allem mit dem einzigen, dem römisch-katholischen Ritus, näher hin mit dessen Rubriken. Dabei handelt es sich um Hinweise in den liturgischen Büchern, wie die Gottesdienste zu zelebrieren sind. Sie wurden deshalb nicht selten als Rubrizisten bezeichnet. Es ging also um eine sehr formale, eher äußerliche Beschäftigung mit der Feier der Gottesdienste, die sich vom wissenschaftlichen Zugang und Selbstverständnis heutiger Liturgiker grundsätzlich unterscheidet. Die moderne Liturgiewissenschaft beschäftigt sich seit dem Zweiten Vatikanischen Konzil, das von 1962 bis 1965 stattfand, nur noch am Rande mit den Rubriken, vielmehr fragt sie nach den Quellen der Liturgie und versucht zu vermitteln, wie der Glaube gefeiert wird, zielt also auf die innere Dimension der Liturgie. Genau an diesem Punkt offenbart sich nun eine überraschende Parallele zu Prinz Max.

Bereits in seiner »Antrittsvorlesung« an der Theologischen Fakultät Fribourg (Schweiz) formulierte Prinz Max unter Bezug auf Papst Leo XIII. sein Interesse an der Einheit der Westkirche Roms mit den Ostkirchen. Das wurde zu einem seiner großen Lebensthemen und brachte ihn in so manche bedrohliche Situation, auch in Konflikt mit dem Papst.[2] Prinz Max vertrat zu Recht die Auffassung, dass man das Wesen und Selbstverständnis der Ostkirchen nur dann adäquat begreifen kann, wenn man die Art und Weise kennenlerne, wie dort der Glaube gefeiert wird, also durch die ostkirchliche Liturgie. Gerade an dieser Stelle werden zwei besondere Begabungen des Prinzen deutlich. Zum einen sind dies seine persönliche Hinwendung zu den Menschen, zum anderen seine außerordentliche Merkfähigkeit. Was er einmal gelesen oder gehört hatte, vergaß er selten; heute würde man wohl von einem fotografischen Gedächtnis sprechen.

Die Hinwendung zu den Menschen eröffnete ihm den inneren Zugang zu den östlichen Liturgien. Diese lernte er bei seinen zahlreichen Reisen in den Osten auch praktisch kennen. Damit er die Liturgien besser verstehen konnte, eignete er sich schnell die jeweiligen Ritussprachen an. Dies weniger durch stupides Sprachstudium, sondern praktisch, indem er Priester der jeweiligen Sprache zu sich als Gäste einlud und von diesen dann schnell deren Sprache lernte. Dabei kamen ihm die finanziellen Möglichkeiten als Prinz der königlich-sächsischen Familie zugute.

Von besonderer wissenschaftlicher Bedeutung sind auch seine Editionen der jeweiligen östlichen Liturgien im Original

samt Übersetzungen ins Deutsche. So ermöglichte er den Zugang zu den ostkirchlichen Liturgien auch denen, die nicht dorthin reisen konnten oder der jeweiligen Ritussprache nicht mächtig waren.

Die Art und Weise, wie Prinz Max Liturgiewissenschaft betrieb, entspricht somit eher der heutigen Herangehensweise moderner Liturgiker. Prinz Max war in diesem, wenn auch für lateinische Christen eher sekundären Bereich, seiner Zeit voraus.

Prinz Max – ein Professor auf Reisen 1903–1910

Einen wesentlichen Zugang zu den ostkirchlichen Liturgien erlangte Prinz Max auf seinen Reisen.

Als Professor für Liturgik unternahm er im Oktober 1903 die erste Orientreise ins Heilige Land und nach Syrien, um dort die orientalischen Liturgien und deren geistliche Zusammenhänge zu studieren. An diesem Punkt unterscheidet er sich von seinem

Jerusalem, Blick vom Ölberg zum Tempelberg mit dem Felsendom, Farblithografie, um 1880.

C. i K. NADW.
FOTOGRAF
WE LWOWIE

Links: Prinz Max in Lemberg (Lwiw). In diesen Jahren der intensiven Auseinandersetzung mit der Ostkirche fällt er durch seinen Bart auf. Foto, 1910/14.

Rechts: Lemberg, Postkarte, 1916.

Bruder Johann Georg, der sich auf seinen Reisen mehr für die Kulturen und deren Artefakte interessierte. Im Zuge seiner Reise besuchte er Regionen, welche vor der osmanischen Herrschaft und der Verbreitung des Islams vornehmlich christliche Gebiete waren. Durch diese Reise kam er auch in Kontakt mit verschiedenen christlichen Kirchen vor Ort, wie beispielsweise mit dem armenisch-apostolischen St. Jakobskloster in Jerusalem oder dem armenisch-katholischen Patriarchatskloster Bzommar. Die Tatsache, dass die christlichen Gebiete Teil eines muslimischen Herrschaftsgebietes waren, beschäftigte Prinz Max. Zwar war er gegenüber anderen nicht-christlichen Religionen durchaus aufgeschlossen, was beispielsweise die Vorlesung »Das Fasten und die Abstinenz von Alkohol in den Religionen des Ostens« im Wintersemester 1923/24 zeigt, doch scheint ihn das Thema der islamischen Vorherrschaft im Nahen Osten nahe gegangen zu sein.

Die Reise ins Heilige Land war nicht seine einzige Bildungsreise in den Osten. In den darauffolgenden Jahren unternahm er, wie auch Prinz Johann Georg, mit dem er das Interesse am östlichen Europa und dem Nahen Osten teilte, immer wieder Reisen wie beispielsweise nach Georgien, Armenien, zum Mönchsberg Athos nach Griechenland und auf den Balkan. Auch dort widmete er sich der Untersuchung der Liturgie der orientalischen und östlichen Kirchen. Jedoch nicht vornehmlich, um theoretische Ansätze zu erarbeiten, sondern um die Erkenntnisse konkret in seine Arbeit als Seelsorger und Ausbilder für die nächste Generation von Priestern zu verwenden. Seiner Ansicht nach war es wichtig, für eine zukünftige Vereinigung der katholischen und östlichen Kirchen die Liturgie der jeweils anderen Kirche zu verstehen.

Gastprofessor in Lemberg

Vor dem Hintergrund seines Interesses an und seines Wissen um die christlichen Kirchen des Ostens überrascht es heute nicht, dass Prinz Max als junger Hochschullehrer von 1910 bis 1914 auf Wunsch des Metropoliten Dr. Andreas Graf von Scheptyzkyi jeweils für mehrere Wochen im Jahr in Lemberg im Generalseminar der ruthenischen Kirche, einer der mit Rom unierten Ostkirchen, tätig ist. Damals freilich war ein derartiger Lehrexport zwischen den verschiedenen katholischen Rituskirchen außergewöhnlich. Schon 1906 hatte sich Prinz Max als exzellenter Kenner der, wie sie heute genannt wird, ukrainisch-katholischen Kirche erwiesen, als er im Züricher Gesellenhaus einen Vortrag zur Geschichte der Ruthenischen Kirche hielt, der in Folge in den »Neuen Züricher Nachrichten« vom 1. bis 10. Mai 1906 einer breiteren Öffentlichkeit zugänglich gemacht wurde.

Die ruthenische Kirche zu Lemberg (heute Lwiw) feiert die Liturgie im byzantinischen Ritus. Die Kirchensprache ist slawisch, heute muss man sagen: kirchenslawisch. Eine Sprache, die Prinz Max selbstverständlich schnell erlernte und beherrschte.

Zwar befanden sich die unierten Kirchen in der Einheit der Katholischen Kirche, gleichwohl wurden sie von fortgesetzten Latinisierungstendenzen hinsichtlich ihrer rechtlichen Verfasstheit und ihres spirituellen Gepräges bedroht. Dies wurde letztlich erst auf dem Zweiten Vatikanischen Konzil mit dem Dekret Orientalium Ecclesiarum über die katholischen Ostkirchen vom 21. November 1964 überwunden.

Durch seinen beständigen Dienst in Lemberg gelang es Prinz Max in der ihm eigenen, bescheidenen Weise, zur Verständigung zwischen den verschiedenen katholischen Kirchen beizutragen, indem er durch seine die östliche Tradition wertschätzenden Vorlesungen Vertrauen aufbaute. Über den Aufenthalt in Lemberg ist wenig bekannt. Lediglich seine Vorlesungen sind sicher überliefert. Er übernahm meist Themen aus seiner ersten Zeit in Fribourg (Schweiz) und ergänzte sie mit geografischen Überblicken über einzelne Stationen des Christentums im Nahen Osten und Osteuropa. So urteilten damalige Studierende: »Seine Königliche Hoheit, Prinz Max, erweiterte mit seinen außerordentlich wertvollen Vorlesungen über die orientalischen Liturgien und seinen tief geistlichen Vorträgen in großem Maße unsere theologischen Kenntnisse.«[3] Durch seine Persönlichkeit und seinen Dienst als Professor trug er so zur

Links: Papst Pius X. vor dem Petersdom in Rom, Postkarte, 1905.

Rechts oben: Prinz Max (3. v. l.) im Kreis der Professoren des Kölner Priesterseminars, Foto, 1912/14.

Rechts unten: Prinz Max (4. v. l.) mit anderen Professoren des Priesterseminars Köln anlässlich der Beerdigung des am 30. Juli 1912 verstorbenen Antonius Kardinal Fischer, Foto aus: »Der Feuerreiter« Nr. 1 vom 12. 1. 1952, S. 5.

Verständigung bei und war damit seiner lateinischen Kirche ein gutes halbes Jahrhundert voraus. Das hatte seine Kehrseite, wie er es bald am eigenen Leib erfahren sollte.

Der Konflikt mit Rom

Im Jahr 1910 veröffentlichte Prinz Max einen Artikel »Pensées sur l'union des Eglises« (Gedanken zur Union der Kirchen) in der Erstausgabe der Zeitschrift »Roma e l'Oriente« (Rom und der Orient), in dem er zur Einigung mit den Ostkirchen Stellung bezog. Am 15. Dezember 1910 wandte sich nun der Hauptschriftleiter, der Abt von Grottaferrara, im »Osservatore Romano«, einer vom Apostolischen Stuhl herausgegebenen Zeitung offiziösen Charakters, öffentlich gegen die von Prinz Max vertretenen Auffassungen hinsichtlich einer möglichen Einheit der Kirchen, die von historischen und lehramtlichen Irrtümern geprägt seien. Damit wurde der Angelegenheit eine gesamtkirchliche und aufgrund der Zugehörigkeit des Prinzen zum sächsischen Königshaus auch politisch-europäische Aufmerksamkeit zuteil.[4]

Der Artikel behandelt primär die Frage des Verhältnisses der katholischen Kirche zur Ostkirche und Möglichkeiten zu einer Einigung aus der Sicht des Prinzen. Dieser spricht sich dafür aus, eine Einigung nicht als Unterwerfung oder Fusion zu verstehen, sondern als eine parallele Existenz zweier gleichberechtigter Partner, er spricht von Schwesterkirchen, einer heute üblichen Begrifflichkeit, wenn man das Verhältnis der katholischen und der orthodoxen Kirche beschreibt.

Als größtes Problem sah Prinz Max die vermeintlichen Unterschiede in der Dogmatik, der Auslegung der christlichen Lehre. Dabei gelingt es ihm aufzuzeigen, dass dogmatische Streitigkeiten etwa über den Heiligen Geist keine wirklichen Unterschiede im Glauben sind, sondern nur in der Formulierung. Auch das ist heute Lehre der Kirche. Erneut zeigt sich: Auch als Professor war Prinz Max seiner Zeit voraus.

Um es auf den Punkt zu bringen: Prinz Max wurde vom Papst nicht verurteilt, auch wurde keine Sanktion gegen ihn verhängt. Gleichwohl war sein Ansehen durch diese Angelegenheit derart beschädigt, dass es nicht ohne Auswirkungen auf seine Tätigkeit als Professor sein konnte. Wurde Prinz Max zehn Jahre zuvor unter anderem deshalb an die Universität Fribourg (Schweiz) berufen, um deren Image in der wissenschaftlichen Öffentlichkeit und in der Kirche aufzubessern, wurde er durch die von seinem Aufsatz ausgelösten Irritationen nun selbst zum Problem für die Universität. Nicht wenige Kollegen der Theologischen Fakultät wollten den unliebsamen Prinzen loswerden, andere wollten ihn behalten – eine gespaltene Situation.

Zwar hatte der Papst erlaubt, dass Prinz Max wieder in Fribourg lehren durfte. Dies sollte zunächst nur in seinen Privaträumen, dann aber doch an der Fakultät möglich sein. Jedenfalls musste für den Prinzen ein neues Betätigungsfeld gefunden werden. Ob dies auf Veranlassung durch den Papst erfolgte oder der General des für die Theologische Fakultät in Fribourg (Schweiz) zuständigen Dominikanerordens oder andere Kurialen den Papst instrumentalisierten, ist bis heute ungeklärt und für die weitere Entwicklung letztlich unerheblich.

Professor in Köln

Staatsrat Python, der damals für die Errichtung der Fribourger Universität zuständige Leiter der Erziehungsdirektion (Kultusministerium) hielt dem scheidenden Prinzen die Treue. Er monierte, dass Prinz Max auf Veranlassung der Hochschulleitung im Vorlesungsverzeichnis getilgt worden war und

Oben: Der Kölner Dom, Postkarte, 1910.

Unten: Ansicht der Universität in Fribourg (Schweiz), Postkarte, 1928.

Rechts: Armenier. Straßenszenen in Konstantinopel, Chromolithografie von Adam Gatternicht, um 1890. Prinz Max hielt im Jahr 1921 eine Vorlesung zur Geschichte der Armenier.

ordnete an, dass er dort als »beurlaubt« zu führen sei. Darüber hinaus versicherte er dem Prinzen, ihn wieder an die Universität zurückzuholen. Diese, damals auch von Prinz Max eher als Ausdruck persönlichen Wohlwollens verstandene Äußerung, sollte später, nach dem Ersten Weltkrieg, für den Prinzen von entscheidender Bedeutung werden.

Der Abschied von Fribourg fiel Prinz Max schwer. In den zehn Jahres seines Wirkens war er dort heimisch geworden. Wie es genau zur Abberufung des Prinzen kam, lässt sich heute nicht mehr nachzeichnen. Jedenfalls wurde er 1912 auf Wunsch von König Friedrich August III. von Sachsen, Max' Bruder, vom Erzbischof von Köln, Antonius Kardinal Fischer, als Professor ans Priesterseminar nach Köln berufen.

Am Kölner Priesterseminar sollte Prinz Max den Priesteramtskandidaten vor allem den Gebrauch der Psalmen und Cantica (Gesänge aus der Bibel, näher hin dem Neuen Testament) beibringen. Entsprechend veröffentlichte er 1914 auch ein Buch mit dem Titel »Erklärung der Psalmen und Cantica in ihrer liturgischen Verwendung«. Neben der biblischen Fundierung der theologischen Wissenschaften wird an dieser Stelle die Weite des Denkens des Prinzen erkennbar. In seiner Publikation zitiert er, für die damalige Zeit äußerst unüblich für einen Professor der katholischen Theologie, den protestantischen Theologen Karl Gerok. Prinz Max war also zumindest auf wissenschaftlicher Ebene für eine Ökumene mit der Evangelischen Theologie offen. Ein weiterer Beleg für den umfassenden Horizont des Gelehrten.

Die Lehrtätigkeit des Prinzen Max wurde jäh durch die Entfesselung des Ersten Weltkrieges unterbrochen – er musste Köln verlassen und diente als Seelsorger an der Westfront in der Königlich-Sächsischen Armee.

Prinz Max an der Philosophischen Fakultät Fribourg (Schweiz)

Das Ende des Ersten Weltkrieges veränderte das Leben des Prinzen Max von Grund auf. Mit dem Ende der Monarchie in Sachsen endete auch die vom Hauschef der Wettiner ausgeübte Aufsicht über das politisch-moralische Verhalten der Mitglieder der Königlichen Familie. Nunmehr war Prinz Max Privatmann wie jeder andere Bürger auch. Er musste seine Aufenthalte, selbst in Ferienzeiten, nicht mehr der Regierung melden. Mit anderen Worten: Prinz Max war frei. Zugleich aber war Prinz Max auf einmal arbeits- und mittellos. Die Abfindungs- und Ausgleichsverhandlungen mit der ehemals regierenden Familie der Wettiner waren noch nicht abgeschlossen. Für drei Jahre hielt er sich mit seelsorglichen Aushilfen in Bayern über Wasser. Endlich gelang die Rückkehr nach Fribourg (Schweiz). Zur Überbrückung der finanziellen Notlage erwirkte der Fribourger Staatsrat Python ein jährliches Gehalt von 5 000 Franken für Prinz Max. Als sich dessen Situation verbessert, nachdem die Zinszahlungen für sein in Frankreich liegendes Vermögen eintreffen, verzichtet er wiederum teilweise beziehungsweise ganz auf die Unterstützung.

Armenier
(Strassenszenen in Konstantinopel.)

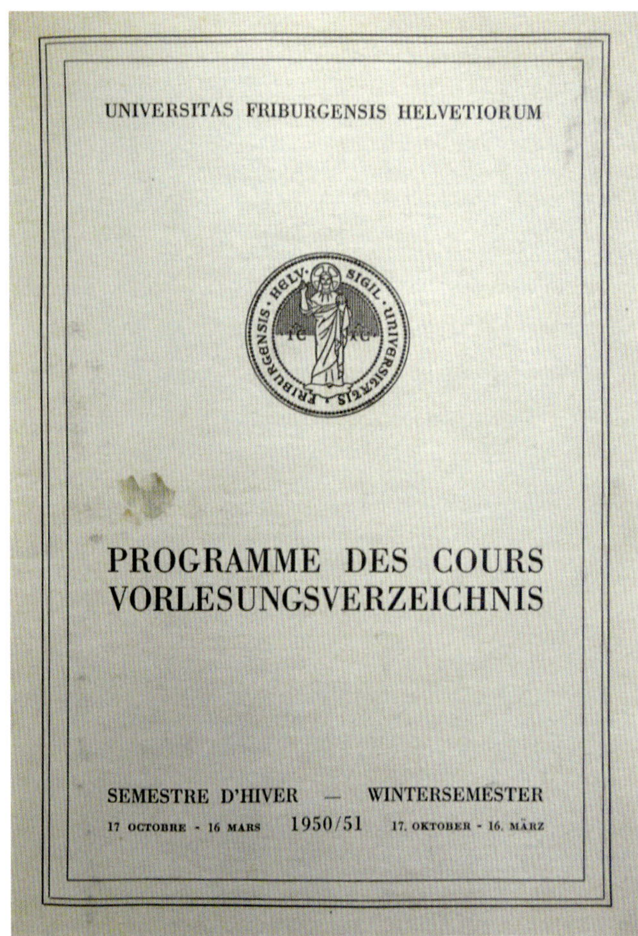

UNIVERSITAS FRIBURGENSIS HELVETIORUM

PROGRAMME DES COURS
VORLESUNGSVERZEICHNIS

SEMESTRE D'HIVER — WINTERSEMESTER

17 OCTOBRE - 16 MARS 1950/51 17. OKTOBER - 16. MÄRZ

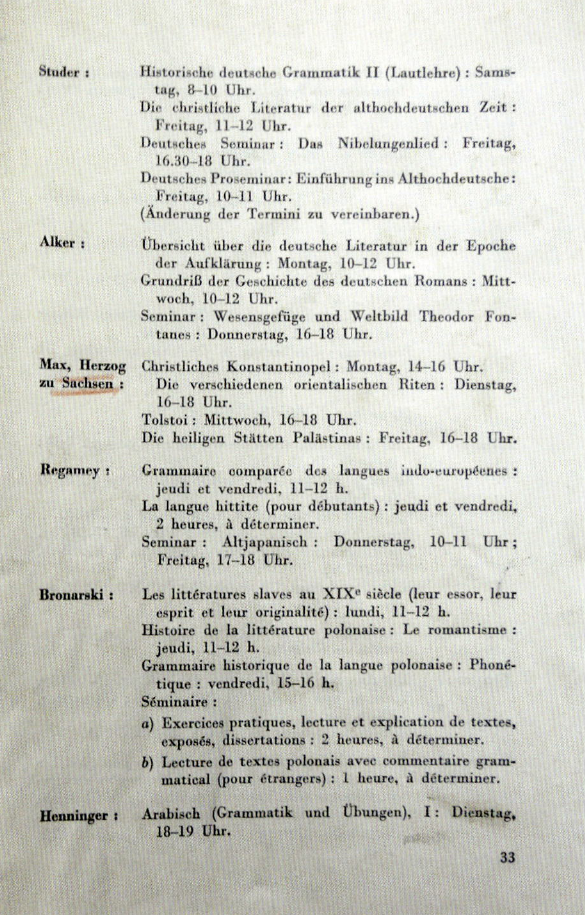

Studer : Historische deutsche Grammatik II (Lautlehre) : Samstag, 8–10 Uhr.
Die christliche Literatur der althochdeutschen Zeit : Freitag, 11–12 Uhr.
Deutsches Seminar : Das Nibelungenlied : Freitag, 16.30–18 Uhr.
Deutsches Proseminar : Einführung ins Althochdeutsche : Freitag, 10–11 Uhr.
(Änderung der Termini zu vereinbaren.)

Alker : Übersicht über die deutsche Literatur in der Epoche der Aufklärung : Montag, 10–12 Uhr.
Grundriß der Geschichte des deutschen Romans : Mittwoch, 10–12 Uhr.
Seminar : Wesensgefüge und Weltbild Theodor Fontanes : Donnerstag, 16–18 Uhr.

Max, Herzog zu Sachsen : Christliches Konstantinopel : Montag, 14–16 Uhr.
Die verschiedenen orientalischen Riten : Dienstag, 16–18 Uhr.
Tolstoi : Mittwoch, 16–18 Uhr.
Die heiligen Stätten Palästinas : Freitag, 16–18 Uhr.

Regamey : Grammaire comparée des langues indo-européenes : jeudi et vendredi, 11–12 h.
La langue hittite (pour débutants) : jeudi et vendredi, 2 heures, à déterminer.
Seminar : Altjapanisch : Donnerstag, 10–11 Uhr ; Freitag, 17–18 Uhr.

Bronarski : Les littératures slaves au XIXe siècle (leur essor, leur esprit et leur originalité) : lundi, 11–12 h.
Histoire de la littérature polonaise : Le romantisme : jeudi, 11–12 h.
Grammaire historique de la langue polonaise : Phonétique : vendredi, 15–16 h.
Séminaire :
a) Exercices pratiques, lecture et explication de textes, exposés, dissertations : 2 heures, à déterminer.
b) Lecture de textes polonais avec commentaire grammatical (pour étrangers) : 1 heure, à déterminer.

Henninger : Arabisch (Grammatik und Übungen), I : Dienstag, 18–19 Uhr.

33

Prinz Max legte dem Vernehmen nach Wert darauf, in Fribourg (Schweiz) als »beurlaubt« geführt zu werden. Nach dem Ersten Weltkrieg und dem Untergang der Monarchie auch in Sachsen wurde Prinz Max vom kantonalen Unterrichtsdirektor eingeladen, nach Fribourg zurückzukehren. Wie weiter oben gezeigt, war Prinz Max im Jahr 1900 als Extra-Ordinarius an die Universität Fribourg (Schweiz) berufen worden. Gegen die Wiedereinsetzung sprachen sich jedoch die Dominikaner aus, die das vertraglich gesicherte Recht hatten, bei Berufungen an die Theologische Fakultät, Professuren mit eigenen Ordensangehörigen zu besetzen. Unter Berufung auf den Papst verweigerten sie Prinz Max, dem wegen seiner Haltung zu den Ostkirchen immer noch unliebsamen Kollegen, die kirchliche Lehrerlaubnis und damit die Rückkehr an die Theologische Fakultät.

Aus heutiger Sicht muss verwundern, dass mit der Nichtgewährung der Lehrbefugnis für Prinz Max argumentiert wurde. Dem Prinzen war diese formal nie entzogen worden, auch nicht bei seinem Weggang aus Fribourg. Dies belegt auch sein Wirken als Professor in Köln in den Jahren von 1910 bis 1914, das eine kirchliche Lehrbefugnis voraussetzt. Insofern scheint die Vorgehensweise der für die Theologische Fakultät zuständigen Dominikaner rechtlich zumindest fragwürdig. Wiederum musste der Prinz die Erfahrung machen, dass die Macht des Faktischen stärker ist als die Rechtsordnung.

Die Rechtspflicht, dem Beurlaubten wieder eine Anstellung zu geben, und die Einladung durch die Schweizer Kantonalregierung, wieder an die Universität zurückzukehren, konnte durch die Versetzung des Prinzen Max von der Theologischen an die Philosophische Fakultät Rechnung getragen werden. Prinz Max nahm es gelassen, nicht mehr Liturgik unterrichten zu dürfen. Sein neues Aufgabenfeld unterschied sich faktisch nicht so sehr vom bisherigen und entsprach seinen eigenen Interessen: Er lehrte russische Sprache und Literatur sowie über byzantinische Schriftsteller des Mittelalters. Bereits im Sommersemester 1921 begann er dort mit einer Vorlesung »Geschichte, Geographie, Literatur, Kirche und Religion der Armenier«. Prinz Max war wieder bei seinem Lebensthema angekommen, nun jedoch frei an der Philosophischen Fakultät, der er die folgenden 30 Jahre bis zu seinem Tod 1951 angehörte. 1923 wurde er dort sogar zum Dekan gewählt. Diese Tätigkeit wurde von Prinz Max jedoch eher als Belastung erlebt: »Zudem bin ich [Prinz Max] dieses Jahr Dekan, was eine Menge nicht sehr angenehmer Geschäfte und langweiliger Schreibereien mit sich bringt.«[5] Tatsächlich waren mit der Tätigkeit als Dekan Verwaltungsaufgaben verbunden, die Prinz Max nie sehr zusagten und wozu ihm auch die Begabung fehlte.

Ursprünglich erhielt er an der Philosophischen Fakultät nur den Lehrauftrag für »Orientalische Literatur und Kultur«. Diesen legte Prinz Max mit seinen Vorlesungsthemen jedoch sehr weit aus. Durch seine

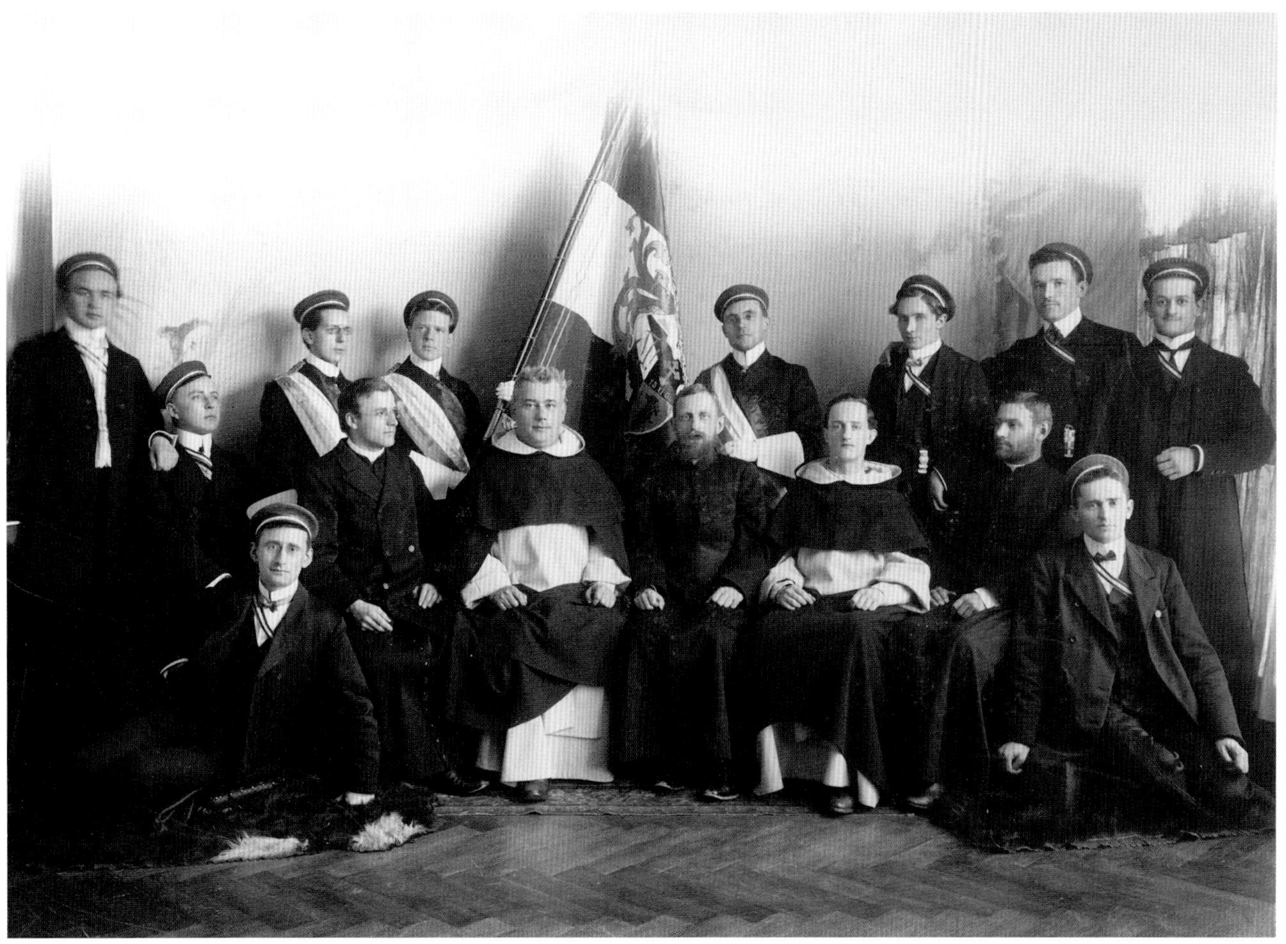

Themenwahl, wie »Russische Kirchengeschichte« geriet er mit der Theologischen Fakultät aneinander, die darin einen Eingriff in die eigene Sphäre sah. Jedoch verhallte die Kritik, und Prinz Max hielt weiterhin Vorlesungen über theologische Themen, die wie in seiner ersten Zeit in Fribourg nur sehr wenige oder gar keine Studenten anlockten. Sein Repertoire an Vorlesungsthemen war sehr umfangreich, auch wenn er manche Vorlesungen auf Grund mangelnden Interesses gar nicht erst hielt.

Thematisch lag sein Schwerpunkt in seiner zweiten Fribourger Zeit unverändert bei der Ostkirche. Sein Unterricht basierte zum Teil auf Originalquellen, was enorme Spezialkenntnisse voraussetzte. Neben seinen allgemeinen Vorlesungen, in denen er weiterhin für eine Einigung der beiden Kirchen warb, hielt er auch Vorträge zu spezifischen Kirchen und ihren Persönlichkeiten. Wie bereits erwähnt, beschäftigte sich Prinz Max auch mit Russland und seinen Schriftstellern, die er auch des Öfteren in Vorlesungen zitierte.

Die letzten zehn Jahre seiner Lehrtätigkeit, also von 1941 bis er 1951 starb, war er als Honorarprofessor tätig, was er jedoch persönlich als doppelte Beeinträchtigung interpretierte. Erstens war mit der Honorarprofessur ein geringeres Einkommen verbunden und somit stand ihm selbst weniger Geld zur Verfügung, um andere Personen finanziell unterstützen zu können. Zum anderen war dies ein deutliches Signal von Seiten der Universität, dass er als ordentlicher Professor nicht mehr benötigt wurde. Zwar hielt Prinz Max bis kurz vor seinem Tod noch Vorlesungen – jedoch nur noch als Ehrenprofessor. Damit endete seine etwa 50-jährige Laufbahn als Hochschullehrer.

Prinz Max galt allgemein als hilfsbereiter Dozent, der mit seinen äußerst wenigen, aber treuen Studenten in den Dialog trat, was zum Beispiel die Vorlesungssprache betraf. Gründe für die nur schwach besuchten Vorlesungen waren zum einen seine Unstrukturiertheit – Querverweise und Anekdoten waren an der Tagesordnung – und die speziellen Themen, die nicht auf großes Interesse seitens der Studierenden stieß. Seine äußere Erscheinung musste hingegen wohl am ehesten dem entsprechen, was man heute landläufig unter einem »zerstreuten Professor« versteht. Er legte auch in der Universität keinen großen Wert auf ein gepflegtes Äußeres und erschien schon mal in Turnschuhen. Auch mit seiner direkten und offenen Art eckte er des Öfteren an und wurde dadurch bereits in den ersten Jahren seiner Tätigkeit universitätsintern als Querkopf bekannt.

Links: Vorlesungsverzeichnis der Universität Fribourg (Schweiz) mit angekündigten Vorlesungen des Prinzen Max von Sachsen, Wintersemester 1950/51.

Oben: Prinz Max im Kreis einer Burschenschaft an der Universität Fribourg, Foto, vor 1910.

ROMA - S. Pietro e Palazzo Vaticano

Oben: Erivan (Jerewan) mit Ararat in Armenien, Aquatinta von Paul Skerl, um 1820.

Unten: Vatikan, Petersdom mit Petersplatz in Rom, Postkarte, 1908.

Resüme

Prinz Max von Sachsen war ein Lehrer, Professor und Wissenschaftler besonderer Art. Von seiner Herkunft als Mitglied der regierenden sächsischen Königsfamilie her war eine universitäre Laufbahn ungewöhnlich, und zunächst sah es auch nicht danach aus. Prinz Max absolvierte die für einen Prinzen übliche militärische Ausbildung. Fast zeitgleich mit seinem Bruder studierte er in Fribourg (Schweiz) im Breisgau und in Leipzig Jura. Sein Abschluss dieses Studiums mit dem Doktorgrad war dagegen schon etwas Besonderes.

Durch die Berufung zum Priester veränderte sich seine Situation zwar grundlegend, war aber doch nicht unüblich in seinen Kreisen. Dass Prinz Max dann aber trotz vielfacher Bemühungen anderer Kirchenfürsten keine kirchliche Karriere als Prälat, Bischof oder gar Kardinal durchlief, sondern Professor wurde, ist außergewöhnlich. Zunächst wurde Prinz Max nach seiner Priesterweihe mit seelsorglichen Aufgaben betraut. Das war üblich und diente letztendlich auch dazu, eine für ihn passende Aufgabe zu finden. Diese fand sich schließlich in seiner Berufung als außerordentlicher Professor für Liturgik und Kirchenrecht an die Theologische Fakultät der noch jungen Universität in Fribourg in der Schweiz. Die Berufung erfolgte ad personam vor allem auch aus universitätspolitischen Gründen. Prinz Max sollte als Mitglied eines deutschen Königshauses den angeschlagenen Ruf der Fakultät heben. Dies gelang vor allem auch wegen seiner offenen, persönlichen Art. So hatte Prinz Max, unabhängig von seiner Stellung in der Universität und seinen wahrgenommenen wissenschaftlichen Leistungen, zumindest in den Augen des »Kultusministers« eine wichtige Rolle für die Universität als Integrationsfigur.

Schwerpunkt seines wissenschaftlichen Wirkens war die Beschäftigung mit den Ostkirchen; zur damaligen Zeit eher ein Randthema. Durch seine Sprachkompetenzen und seine vielen Reisen in den Osten war Prinz Max auch mit der Praxis und der spirituellen Dimension der ostkirchlichen Liturgien vertraut. Prinz Max betrieb Liturgiewissenschaft in ähnlicher Weise wie heutige Liturgiker: Gestützt auf solides Studium der Originalquellen erforschte er die spirituelle Tiefe der verschiedenen ostkirchlichen Riten, übersetzte und publizierte sie und machte sie so einer breiteren wissenschaftlichen Öffentlichkeit bekannt. Während seine Professoren-Kollegen sich weitgehend mit einer formalen Beschäftigung mit den Feiern des Glaubens begnügten, war Prinz Max damit seiner Zeit weit voraus.

Visionär war Prinz Max auch hinsichtlich seiner Vorstellungen über eine mögliche Einheit mit den Ostkirchen. Dabei vertrat er Auffassungen, die damals von den Verantwortungsträgern in der Kirche abgelehnt wurden. Dazu gehört unter anderem seine Überzeugung, dass scheinbare dogmatische Differenzen weniger Unterschiede im Glauben, mehr Probleme in der Begrifflichkeit sind. Auch seine Sprechweise von den Ostkirchen als »Schwesterkirchen« passte nicht in die damalige Zeit, in der Ökumene vornehmlich aus Apologetik, also in Abgrenzung und Rechtfertigung der eigenen Position bestand, weniger im Ringen um Gemeinsamkeiten. So scheute sich Prinz Max auch nicht, auf evangelische Werke zurückzugreifen. Auch hinsichtlich seiner ökumenischen Offenheit war Prinz Max seiner Zeit damals voraus. Diese Grundhaltung bewahrte sich Prinz Max auch, als er nach dem Ersten Weltkrieg aufgrund alter Vorwürfe von der Theologischen an die Philosophische Fakultät in Fribourg (Schweiz) transferiert wurde.

Im Rückblick war Prinz Max ein bedeutender Gelehrter, auch wenn er von den Zeitgenossen nicht als solcher wahrgenommen wurde. Darüber hinaus war er ein den Menschen zugewandter Lehrer, der zwar in einem theologischen Randgebiet forschte und lehrte, dabei aber in seiner wissenschaftlichen Herangehensweise und seinen wissenschaftlichen Erkenntnissen seiner Zeit voraus war. Auf katholischer Seite wurde er erst durch die vertieften theologischen Erkenntnisse des Zweiten Vatikanischen Konzils eingeholt.

1 Baumer, Iso: Max von Sachsen. Priester und Professor. Seine Tätigkeit in Fribourg (Schweiz), Lemberg und Köln. Fribourg (Schweiz) 1990.
2 Siehe in diesem Band den Beitrag »Prinz Max und die Ostkirchen«.
3 Zitiert nach: Baumer (wie Anm. 1), S. 145.
4 Vgl. in diesem Band den Beitrag »Prinz Max und die Ostkirche«.
5 Brief vom 7. 11. 1923 an Pater Sebastian von Oer.

Kronprinz Georg
1914

Auf den Spuren von Prinz Max?

Georg von Sachsen: Vom Kronprinzen zum Jesuiten

Prinzen, Priester und die Dynastie

Auf den ersten Blick gleichen sich die Lebenswege der wettinischen Prinzen Max und Georg, von Bruder und Sohn des letzten sächsischen Königs Friedrich August III., von Onkel und Neffen. Beide wählten als Sprösslinge der alteingesessenen sächsisch-wettinischen Königsfamilie den in ihrer Zeit recht ungewöhnlichen Weg einer geistlichen Karriere. Beide erlangten die Priesterweihe und wirkten schließlich als katholische Seelsorger außerhalb Sachsens. Und beide wettinischen Prinzen stellten sich offen gegen das Naziregime. Auf den zweiten Blick offenbaren sich dennoch Unterschiede, und es lohnt, das Leben von Prinz Georg gerade im Spiegel des Lebens von Prinz Max zu verfolgen.

Obwohl die Prinzen derselben Familie entstammten, war bereits ihre dynastische Ausgangssituation höchst verschieden. Max kam 1870 als dritter Sohn des Prinzen Georg und als Neffe von dessen älterem Bruder Albert, dem sächsischen König, zur Welt.[1] Zur Zeit seiner Geburt und erst recht um 1893, zum Zeitpunkt seiner späteren Hinwendung zu einer geistlichen Karriere, schien klar, dass aus der Ehe des Königs Albert mit Carola keine Kinder hervorgehen würden.

Damit gewannen Prinz Georg und seine Söhne als potenzielle Nachfolger erheblich

Links: Kronprinz Georg in Uniform anlässlich des Sachsentages, Gemälde, Juli 1914.

Oben: König Albert und Königin Carola von Sachsen, Postkarte, um 1900.

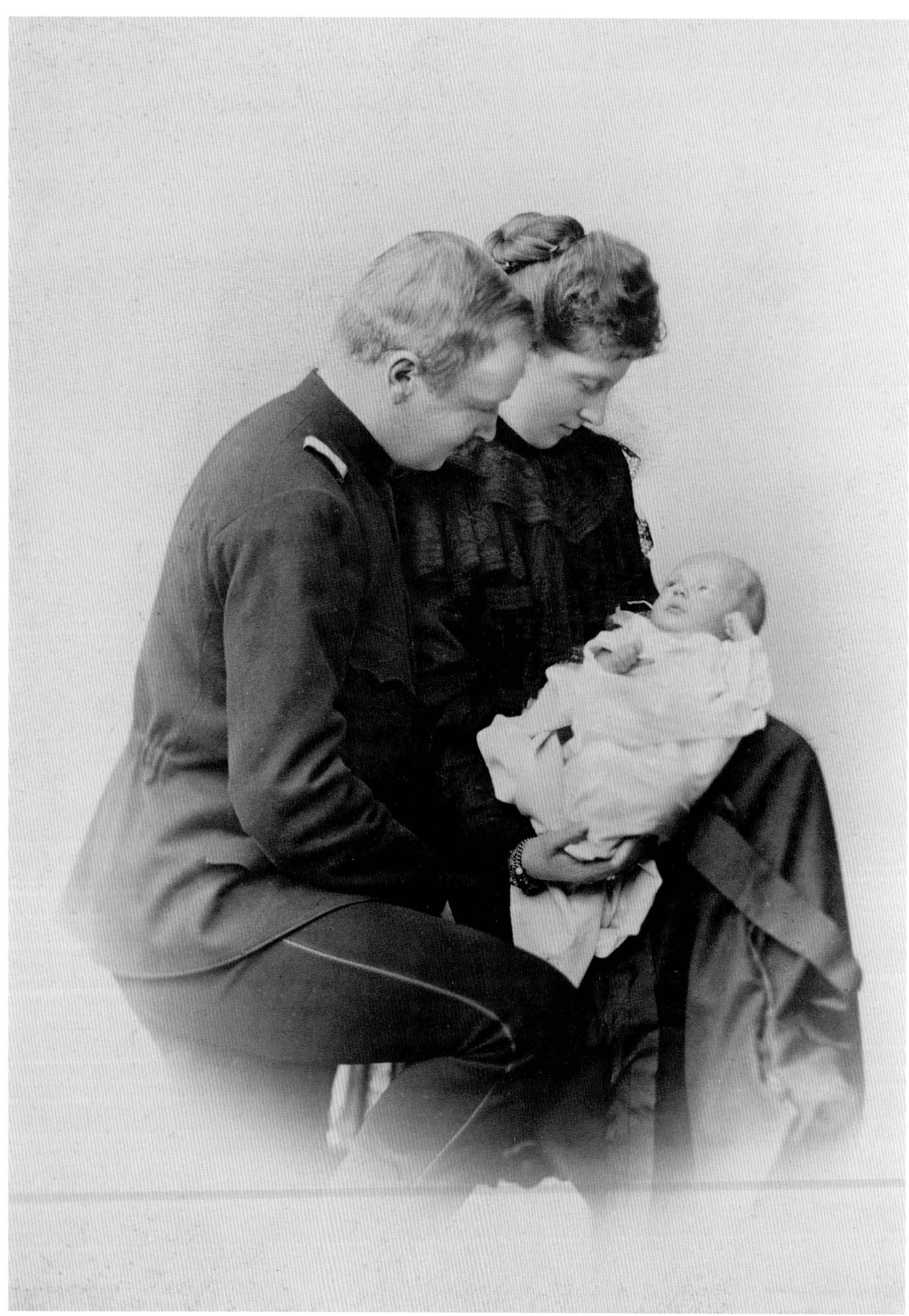

Links: Luise und Friedrich August mit ihrem Erstgeborenen und Kronprinzen, Prinz Georg von Sachsen, Foto, 1893.

Oben: Der am 15. Januar 1893 geborene Kronprinz Georg und der am 31. Dezember 1893 geborene Prinz Friedrich Christian, Söhne von Friedrich August und Luise von Toscana, als »Raffael-Engel«, Fotomontage, 1894. Postkarte aus dem Nachlass des Prinzen Max von Sachsen.

Unten: Die Sixtinische Madonna, Gemälde von Raffael, 1512/13, Staatliche Kunstsammlungen Dresden, Gemäldegalerie Alte Meister.

an dynastischer Bedeutung. Für die dynastische Kontinuität allerdings blieb der drittgeborene Prinz Max dann doch freilich weniger wichtig, zumal mit dem später verunglückten und jung gestorbenen Albert damals noch ein jüngerer vierter Bruder am Leben war, und der älteste Bruder, der damalige Kronprinz und spätere König Friedrich August III., mit zwei 1893 geborenen Söhnen gerade die familiäre und herrschaftliche Nachfolge gesichert zu haben schien. Als Prinz Max 1896 zum Priester geweiht wurde und damit auch seinen Rechten auf die sächsische Herrschaft entsagte, blieb das für das dynastische Familienmanagement der Wettiner praktisch ohne Belang.

Ganz anders erschien die Situation für Prinz Georg, den erstgeborenen Sohn König Friedrich Augusts III. und damit für den designierten Nachfolger auf den sächsischen Thron.[2] Seit Friedrich August III. 1904 seinem Vater Georg als König gefolgt war, übernahm der damals elfjährige älteste Sohn Georg die formelle Rolle eines sächsischen Kronprinzen. Im Gegensatz zu Max war Georg damit eine zentrale Figur in der dynastischen Konzeption, und er blieb dies zunächst auch mit der Abdankung seines Vaters in der Novemberrevolution von 1918.

König Friedrich August III., der am 13. November 1918 auf Schloss Guteborn mit wenigen Worten auf den sächsischen Thron

königlichen Schloßgarten
zu Pillnitz.

Links oben: Die königliche Familie zur Priesterweihe von Prinz Max vor der Villa Strehlen, v. l. n. r.: Prinz Friedrich August mit seiner Ehefrau Prinzessin Luise und den Prinzen Georg und Friedrich Christian, Kronprinz Georg, Prinz Max, Foto, 1896.

Links unten: Friedrich August mit seinen Kindern am Frühstücksplatz im Schlosspark Pillnitz beim Wasserpalais, Postkarte, um 1909.

Oben: »Ich verzichte auf den Thron.« Abdankung Friedrich Augusts III. am 13. November 1918.

Unten: Kronprinz Georg mit Gerte, Foto, 1919.

Ich verzichte auf den Thron.

Den 13. November 1918

Friedrich August

verzichtete, tat dies ausdrücklich nur für seine Person, nicht aber für die Gesamtfamilie. Damit rückte Prinz Georg an die Spitze der wettinischen Familie und wurde nolens volens zum Träger der damit noch verbundenen Herrschaftsansprüche und zur Projektionsfigur einer möglichen Wiedereinführung der Monarchie in Sachsen. Und auch wenn Prinz Georg schon in jenen Tagen mit einer geistlichen Karriere liebäugelte, so verzichtete er dennoch nicht formell auf die sächsische Thronfolge. Die Rolle eines Kronprinzen blieb für Georg zunächst noch virulent.

Mit der endgültigen Entscheidung für das Priesteramt, die Georg im September 1919 seinem Vater mitteilte, wusste er zwar zwei jüngere Brüder bereit, die entstehende dynastische Lücke zu füllen. Dennoch verfolgte ihn das Gefühl, eine wichtige familiäre Stellung verlassen zu haben, fühlte er sich den Sachsen gegenüber als ein »Fahnenflüchtiger«.[3] Last und Verpflichtung der wettinischen Tradition machten ihm trotz des beharrlichen Fortschreitens auf dem Weg zum Priester deshalb weiter zu schaffen. Dass sein jüngster Bruder Ernst Heinrich 1921 heiratete und diesem ein Jahr später ein Sohn geboren wurde, erleichterte Georg, der nun wenigstens »die Zukunft meines Hauses [...] gesichert« sah.[4]

Als Georg am 15. Juli 1924 mit 31 Jahren am Grab der heiligen Hedwig von Andechs in Trebnitz (Schlesien) durch seinen Heimatbischof Christian Schreiber (Bistum Dresden-Meißen) zum Priester geweiht wurde,

Freiburg (Schweiz), 3. Jann. 1924.

Lieber Herr Pater Sebastian.

Alles Gute zum neune Jahre fuer Sie und
das ganze Kloster, wofuer ich aber die Antwort nur in geistiger Gemeinschaft und im
Gebete erwarte. Zugleich erlaube ich mir,
beifolgende gedruckte Rede zu schicken.-
Ich war jetzt eben vom 2. Weihnachtsfeier
tag bis Silvester bei meinem Bruder, im anderen Freiburg, habe auch bei dieser Gele
genheit meinen Neffen Georg, eben den
Taufpaten dieses Kindes, im Seminar zu
St. Peter besucht. Er macht einen glueckl
chen und zufriedenen Eindruck. Die Zucht dor
droben ist sehr streng, in gewissen Dingen
strenger, als in einem Kloster. Unsere Stadt Freiburg hier hat jetzt sehr
erfreulicher Weise ihre Schwesterstadt
drueben im Breisgau adoptiert und will
fuer Bekoestigung der dortigen Notleidenden
eintreten. Beide Staedte sind Zaehringerg
gruendungen, kurz hintereinander entstanden.
Einige Hoffnungsstrahlen und Besserunsanze
chen sind doch vorhanden. Hoffentlich
giebt der Herrgott mir in diesem neuen Jahre ein Wiedersehen mit Ihnen.
In der Liebe Christi Euer Hochw.
treu ergebenster

Oben: Brief von Prinz Max an seinen früheren Erzieher, Sebastian von Oer / Pater Sebastian, vom 3. Januar 1924.

Unten: König Friedrich August III. mit fünf Kindern, darunter Kronprinz Georg, Postkarte, 1905.

Rechts: Porträt von Kronprinz Georg von Sachsen, Foto, 1918.

hatte er formal alle Brücken zu seiner Kronprinzenzeit abgebrochen. Auf sein Erstgeborenenrecht und damit auf eine eventuelle Rückkehr auf den sächsischen Thron – die mancher in den Jahren der Weimarer Republik noch nicht als abwegig erachtete – verzichtete Georg zugunsten seines mittleren Bruders Friedrich Christian. Georg verstand sich wie vordem Prinz Max weiter als Teil der wettinischen Familie, die ihm wie die königliche Herkunft wichtig blieb, und nahm weiter an den familiären Geschicken Anteil, verlor aber im Kraftakt der neuen seelsorgerischen Tätigkeit den alltäglichen Kontakt zur Heimat und zu seinen Verwandten. Aus dem Kronprinzen war ein Priester geworden, und viel mehr als dereinst für Prinz Max stellte dieser Schritt für Prinz Georg einen Bruch mit seiner Vergangenheit und mit der Tradition seiner Familie dar.

Kindheit in der Diaspora

Auffällige Ähnlichkeiten finden sich dennoch in der Kindheit beider Prinzen. Prinzessin Maria Anna von Portugal, die Mutter von Prinz Max, starb früh, als Max 13 Jahre alt war. Prinzessin Luise von Toscana, ver-

ließ in einem spektakulären Skandal für einen jüngeren Liebhaber ihre Familie mit dem damals neunjährigen Sohn Georg 1902. Der so verschiedene Verlust der Mutter hat beide als empfindsam beschriebene Knaben schwer getroffen.

Sowohl Max als auch Georg zeichneten sich überdies durch außerordentliche Sprachbegabung und intellektuelle Empfänglichkeit aus. Max beherrschte neben den üblichen Fremdsprachen mehrere osteuropäische und (alt)orientalische Sprachen sowie Armenisch; Georg sprach fließend Französisch, Italienisch, Spanisch, Englisch, Polnisch und Tschechisch. Über die schulische Leistungsfähigkeit von Georg existieren gleichwohl widersprüchliche Zeugnisse: Während einer seiner Lehrer dem Prinzen Georg bescheinigte, seinen Mitschülern so weit voraus zu sein, »dass seine Arbeiten im Rahmen der Klasse kaum zu benoten waren, ohne den Anschein einer Bevorzugung zu erwecken«,[5] lässt Arnold Vieth von Golßenau seinen Vater, der zum Mathematik-Lehrer an der Dresdner Prinzenschule berufen worden und zunächst voller Skepsis hinsichtlich dieser Lehrtätigkeit gewesen war, über die prinzlichen Schüler wie folgt berichten: »Je länger ich den Prinzen Unterricht gebe, desto lieber gewinne ich sie, besonders den Kronprinzen Georg. Das ist ein richtig guter Junge, nicht in seinen Schulleistungen – da ist er eher schlecht, aber als Mensch.«[6]

Bei aller späteren Verschiedenheit verbanden Max und Georg nicht nur die gemeinsame Familie, sondern auch die besonderen Umstände, unter denen sie zu ihrem Glauben fanden – vor allem die Diaspora der sächsischen Königsfamilie im eigenen Land, dem durch und durch lutherischen (oder zunehmend sozialdemokratisch entkirchlichten) Sachsen. Die Behauptung und Bewahrung des eigenen katholischen Glaubens stellte unter diesen Umständen eine besondere Herausforderung schon in der Kindheit der Prinzen dar, zwang die Wettiner zu einer tieferen Beschäftigung mit der Religion und forderte zudem dazu heraus, sich mit der übermächtig-konkurrierenden lutherischen Konfession auseinanderzusetzen.

Bei beiden Prinzen, Max und Georg, führte dies zu einer frühzeitigen aktiven Beschäftigung mit Glaubensfragen und zu einer tief ausgeprägten innerlichen und dennoch konfessionell aufgeschlossenen, humanistischen Katholizität. Es ist kein Zufall, dass sich beide später als Priester in besonderer Weise für die Ökumene der Konfessionen engagierten. Oberflächlichkeit, Äußerlichkeiten und Attitüden waren beiden im Glauben zeitlebens fremd. Die Menschenfreundlichkeit des Prinzen Max erschien später geradezu als legendär. Und schon über den jungen Prinzen Georg urteilte dessen Jugendfreund Arnold Vieth von Golßenau, der später unter dem Pseudonym Ludwig Renn eine erfolgreiche Schriftstellerkarriere startete, ähnlich. Im sächsischen Leib-Grenadier-Regiment schloss Vieth von Golßenau Freundschaft mit dem etwas jüngeren sächsischen Kronprinzen, zu dem er sich, ganz im Gegensatz zu Prinz Friedrich

Kronprinz Georg Prinz Ernst Heinrich Prinz Friedrich Christian von Sachsen.

Christian, hingezogen fühlte und mit dem er über Kirche und Religion diskutierte: »Die religiös gestimmte Menschenfreundlichkeit des Kronprinzen aber konnte ich nur achten. Sie entsprach vollkommen seinem Wesen, war echt und warm. Alles, was er an Idealen in sich trug, drückte er darin aus.«[7] – Zweifellos ist die spätere schriftstellerische Erinnerung Ludwig Renns an den jungen Kronprinzen aus dem Mexiko des Jahres 1944 vom Wissen über die spätere Priesterkarriere Georgs überlagert, und dennoch gehören seine Aufzeichnungen über den jungen Wettiner zu den wichtigen unmittelbaren Quellen der Zeit. Georgs Priesterkarriere wurzelte in Kindheit und Jugend, rührte aus tief eingewachsener Verbundenheit zum katholischen Glauben, reifte im Krieg und war alles andere als ein nachrevolutionärer Kurzschluss.

Verschiedene Wege ins Priesteramt

Die Freiheit, sich im Einklang mit seinem innersten Wollen einer geistlichen Karriere zu widmen, hatte Prinz Georg ironischerweise dennoch nur durch die Revolution von 1918 erlangt. In den 25 Jahren davor lief Georgs Leben stringent auf die Thronfolge hinaus, wurde der wettinische Erstgeborene zum König erzogen: Georg, der im Januar 1893 zur Welt kam, besuchte die Prinzenschule am königlichen Hof, die König Georg 1903 extra für seine Enkel hatte einrichten lassen, bis zum Abitur im März 1912. Danach bereiste der Kronprinz drei Monate lang den Balkan (Griechenland, Albanien, Bosnien und Montenegro), schloss für weitere drei Monate ein Kurz-Studium der Staatswissenschaften an und trat am 1. Oktober 1912, zusammen mit seinem Bruder Friedrich Christian, in die sächsische Armee ein.

Im sächsischen Leib-Grenadier-Regiment Nr. 100 wurden die Prinzen zu Offizieren ausgebildet, und schon im März 1913 erfolgte die Beförderung Georgs zum Oberleutnant. Als im Sommer 1914 der Erste Weltkrieg ausbrach, zerschlugen sich die Pläne für ein weiteres Studium Georgs in Leipzig und Freiburg im Breisgau.

Von längeren Krankheitsphasen und immer wieder auch von repräsentativen Verpflichtungen unterbrochen, die Georg für seinen Vater an der Front und in der Heimat wahrnehmen musste, diente Georg über vier Kriegsjahre hinweg an verschiedenen Fronten. Die Kriegserlebnisse verstärkten Georgs Hinwendung zum Glauben. In einem Brief an seine Tante Maria Immaculata – von ihm und seinen Geschwistern »Mamita« genannt – vom August 1916 ließ er erstmals die Option aufscheinen, »allem Irdischen zu entsagen und Priester zu werden«.[8] Im Januar 1918 erreichte Georg die Aufnahme in den Dritten Orden der Franziskaner, einer prominenten Laienorganisation, die jenseits des klösterlichen Ordenslebens gemäß der Ordensideale in der Welt wirkte.[9]

Im Spätsommer 1918 kehrte der junge Kronprinz auf Wunsch des sächsischen Königs vorzeitig von der Front nach Dresden zurück. Für seinen zunehmend amtsmüden

Dresden. Alaunplatz.
Kronprinz Georg v. Sachsen.
I. Leib-Komp. d. I. Grenadier-Regiments Nr. 100

Links: Kronprinz Georg mit seinen Brüdern Ernst Heinrich und Friedrich Christian im Hof des Dresdner Residenzschlosses, Foto, 1909.

Oben: Kronprinz Georg auf dem Alaunplatz in der Dresdner Albertstadt vor der I. Leib-Kompanie des I. Leibgrenadierregiments Nr. 100, Foto, um 1910.

Unten: Leutnant Kronprinz Georg im Alter von zwölf Jahren als schießender Offizier vor dem Leibgrenadierregiment Nr. 100, Postkarte, 1905.

Ansprache an das K. S. Inf.-Regt. Nr. 192

am 17. Oktober 1915.

„Es drängt mich, das jüngste Regiment Seiner Majestät nach diesen schweren Tagen zu begrüßen und ihm Glück zu wünschen zu den erfolgreichen Kämpfen auf blutgetränktem Schlachtfelde. Das Regiment hat eine Feuertaufe durchgemacht, wie noch kein anderes. Sie haben ganz wesentlich dazu beigetragen, den gewaltigsten aller Anstürme des Erbfeindes zu brechen und zu vernichten. Wir sind stolz auf unsere tapferen 192er. Alle meine Wünsche für dieses vortreffliche Regiment fasse ich zusammen in den Ruf: Das 18. Infanterie-Regiment Nr. 192 Hurra! Hurra! Hurra!“

Oben: Ansprache an das Königlich Sächsische Infanterie-Regiment Nr. 192 am 17. Oktober 1915, Postkarte mit dem Porträt des Kronprinzen Georg, 1915.

Unten: König Friedrich August III. und seine Söhne, Postkarte, um 1915.

Rechts: Familienfoto anlässlich der Priesterweihe Prinz Georgs im Garten von Schloss Sibyllenort, Foto, 1924. Benennung der dargestellten Personen.

Vater, der sich trotz der Eskalationen an der »Heimatfront« immer häufiger auf Jagden zurückzog, übernahm Prinz Georg seit September 1918 Aufgaben in Sachsen – eine Herausforderung, denn gerade in Sachsen hatte die konservative königliche Regierung einen verhängnisvollen Reformstau auflaufen lassen und insbesondere die Demokratisierung des Wahlrechts ebenso verhindert wie eine Beteiligung der oppositionellen Sozialdemokraten an der Regierung. Im Auftrag des Vaters Friedrich August III. brachte Georg Ende Oktober eine Reformregierung zustande, der unter dem Liberalen Rudolf Heinze erstmals zwei Sozialdemokraten angehörten – ohne damit die drohende Revolution aufhalten zu können. In der Nacht zum 9. November 1918 floh König Friedrich August III. vor den ausbrechenden Unruhen aus Dresden, am 10. November riefen die Revolutionäre die Republik aus, und am 13. November unterschrieb Friedrich August III. auf Schloss Guteborn seinen Rücktritt.[10]

Kronprinz Georg hatte den Zusammenbruch der Monarchie in Dresden hautnah erlebt. Um revolutionären Nachstellungen zu entgehen, zog er sich tief in die Oberlausitz, auf Schloss Neschwitz zurück. Dort reifte sein bereits im Krieg geborener Wunsch, Priester zu werden. Versöhnlich schrieb er später rückschauend über diese große Wende seines Lebens: »Ich hatte den Eindruck, als ob ein großes Blatt in der Weltgeschichte umgewendet werde. Das Königtum ist vorbei. Die Krone kommt für mich nicht mehr in Frage. So will ich mich ganz der Kirche widmen.«[11]

Nach der Primizmesse S.K.H.des Kronprinzen Pater Georg von Sachsen S.J.(1893-1943) Schloss Sibyllenort bei Breslau am 16.Juli 1924

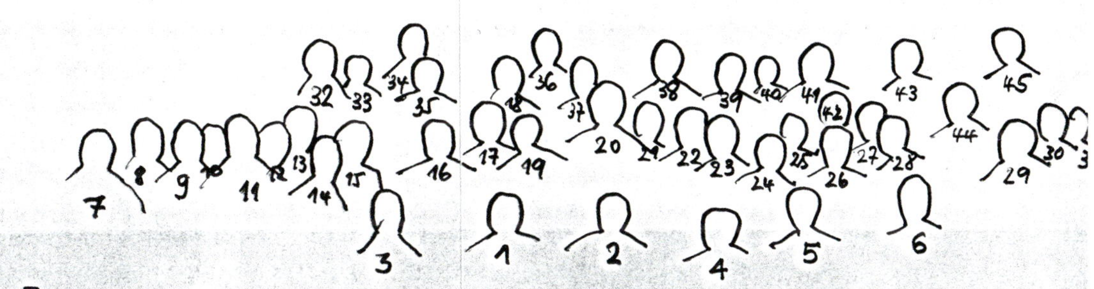

1 Friedrich Aug. III.

2. Seine Exz.d.hochw.Bischof Christian Schreiber(1872-1933)

3. P. Georg S.J.

4.

5. Maria Immaculata

6. I.K.H.Prinzessin Friedrich-CHristian v.Sachsen(19o3-1976)

7. S.H. vermutl.Spiritual d.Frauenklosters Trebnitz

8.

9.

10.

11. Ernst Heinrich

12. Baronin Georg o'Byrn Gabriela geb.Edle v.d.Planitz

13.

14. Furst Friedr. Hohenzollern

15.

16. Mathilde

17.

18. Friedr. Christian

19. Max

20. Joh. georg

21.

22. Prinzessin Ernst-Hei
rich -Sophie v.Sach-
23. sen Przss.v.Luxembg.
Furstin Friedr.Vikt.
24. v.Hohenz.Przss.v.Sa.

25.

26. Przss.Franz Josef v. Hohenz.Marie-Alix.v.S

27.

28. Prinz Franz Josef v.H Emden ... Hohenzollern

29. Prälat Franz Müller
Beichtvater S.M.(1876-
30. 1934)GenMaj.Pour le mérite
Albrecht v.Thaer(1868-
31. 1957)

32.

33.

34.

35.

36.

37.

38. GenMaj.Baron Georg O'Byrn (1864-1942)

39.

40.

41.

42.

43.

44.

45

Oben: Schloss Sibyllenort, Luftaufnahme, um 1930.

Unten: Prinz Max als Priester, Foto, um 1912.

Rechts: Kronprinz-Georg-Denkmal. Zum Bau wurden 726 nicht explodierte französische Schrapnellhülsen verwendet, Reserve-Infanterie-Regiment Nr. 104, Postkarte, 1914/18.

Der beabsichtigte Rückzug des designierten Thronfolgers stieß auf Widerstände, weil der Vater Friedrich August III. ebenso wie konservative und monarchistische Kreise die Hoffnungen auf eine Wiederbelebung der sächsischen Monarchie mit dem Kronprinzen Georg verbunden hatten. Friedrich August III. stimmte den Plänen seines Sohnes erst im September 1919 zu. Und selbst hohe Geistliche wie Franz Löbmann, der Bautzener Dekan, und Adolf Bertram, Kardinal und Bischof von Breslau, rieten dem Prinzen dazu, mit seiner Entsagung zu warten: Die Politik hätte ihn noch nicht entlassen.[12]

Um die Sache wenigstens formal offen zu halten, entschied sich Georg, nicht sofort in ein Priesterseminar einzutreten, sondern mit dem Wintersemester 1919 ein Philosophiestudium in Tübingen zu beginnen, das er 1920 in Breslau fortsetzte. Nachdem er im Oktober 1919 den päpstlichen Segen für seinen Wunsch, den Priesterberuf zu ergreifen, erhalten hatte, schwächten sich die Gegenstimmen ab. Im Herbst 1920 begann Georg in Freiburg das Studium der Theologie, das er im Herbst 1923 erfolgreich beendete, um nun endlich in ein Priesterseminar im Schwarzwald einzutreten.

Im März 1924 folgte die Priesterweihe durch den Meißner Bischof Schreiber, die aus politischen Gründen jedoch nicht in Bautzen, sondern im Zufluchtsort der königlichen Familie, auf dem schlesischen Schloss Sibyllenort, erfolgte. Kein anderer als Prinz Max, sein Priester-Onkel, hielt ihm dort die Primizpredigt. Nach Umwegen und Schwierigkeiten war der inzwischen 31-jährige ehemalige Kronprinz und nunmehrige Pater Georg in seiner Berufung angekommen.

Prinz Max selbst hatte die Entscheidung für das Priesteramt wesentlich freier treffen können; seine jungen Jahre blieben von Krieg und Revolution verschont. Max, der seine schulische Ausbildung auch an öffentlichen Schulen absolvierte, diente nach dem Abitur 1888/89 für ein Jahr im 2. Sächsischen Grenadierregiment 101. Diesen kurzen Militärdienst schloss er als Premierlieutenant (Oberleutnant) ab, um dann zügig ein Studium der Rechtswissenschaften, Nationalökonomie und Geschichte in Freiburg und Leipzig abzuschließen – wie es 15 Jahre später auch für Kronprinz Georg vorgesehen war, der dann aber in den Krieg hatte ausrücken müssen. Prinz Max dagegen konnte schon 1892 mit einer rechtshistorischen Arbeit zur Oberlausitz promoviert werden. Der erneute Militärdienst von Prinz Max seit September 1892 im Oschatzer Ulanenregiment, einer berittenen Eliteeinheit, blieb eine kurze Episode. Anstelle der weiteren militärischen Karriere wählte Max den Weg zum Priesteramt, den er mit einem Studium der Theologie in Eichstätt seit 1893 zügig beschritt und den er ohne größere Widerstände mit seiner Priesterweihe im Juni 1896 als 25-Jähriger vollendete.

Der Offizier und der Pazifist

Beim Ausbruch des Ersten Weltkrieges, in den Prinz Max als Feldgeistlicher mit den sächsischen Truppen zunächst in Belgien einzog, hatte der inzwischen 43-Jährige bereits eine wechselvolle Priester- und Universitätskarriere hinter sich. Er war ein gereifter Mann und Priester, der sich von militärisch-gesellschaftlichen Denk- und Urteilsmustern zu emanzipieren wusste. Und umso radikaler wandte er sich angesichts der erlebten Kriegsgreuel vom Krieg als »Fortsetzung der Politik mit anderen Mitteln« (von Clausewitz) generell ab. Die massenhaften Erschießungen von Zivilisten in Belgien, mit denen deutsche und gerade auch sächsische Truppen im Spätsommer 1914 auf gemutmaßten Partisanenbeschuss reagierten, verurteilte Prinz Max heftig; und er stellte sich diesen Vergeltungsmaßnahmen wohl auch persönlich entgegen.[13] Den zeitgleichen Völkermord an den Armeniern im mit Deutschland verbündeten Osmanischen Reich brandmarkte der Ostkirchenexperte Max ohne diplomatische Rücksicht.

Als seine Kritik in die internationale Presse gelangte und Prinz Max durch sein alltägliches priesterlich-pazifistisches Agieren für den Heeresdienst an der Front und überhaupt immer untragbarer wurde, berief ihn König Friedrich August III. 1916 zurück in die Heimat, auch um den unbeugsamen Bruder zu schützen. Komfortabel im alten Wermsdorfer Jagdschloss interniert, konnte sich Prinz Max dort seinen Studien widmen. Seiner pazifistischen Grundüberzeugung blieb Max lebenslang treu, gerade als Priester und Theologe.

Der sächsische Kronprinz Georg erlebte den Ersten Weltkrieg auf ganz andere Weise.[14] Als Ordonanz des sächsischen Generaloberst Max von Hausen rückte der damals 21-jährige Georg an die Westfront aus. Der schwer erkrankte von Hausen, dem preußische Militärkreise das Scheitern des Schlieffenplans in der Marneschlacht anlasteten, wurde bereits Mitte September 1914 seines Befehls enthoben. Das militärische Desaster hatte für Prinz Georg keine nachteiligen Folgen, er wurde im Oktober zum Hauptmann befördert, fiel aber noch im Herbst 1914 infolge schwer entzündeter Knie- und Handgelenke für fast ein Jahr aus. Diese gesundheitlichen Beschwerden verfolgten Prinz Georg auch nach der Rückkehr an die Westfront, wo er zunächst häufiger repräsentative Verpflichtungen beim Besuch sächsischer Truppen wahrnahm. Mit den Massakern von Dinant, die Prinz Max zum Pazifismus bekehrten, kam der Stabs- und Ordonanzoffizier Georg offensichtlich nicht in direkte Berührung.

Als Regiments-Adjutant beim 5. Infanterie-Regiment machte Prinz Georg in den ersten Monaten 1916 dann direkte Fronterfahrung, die neben den bestehenden gesundheitlichen Beschwerden auch posttraumatische Belastungsstörungen nach sich zogen, was den Prinzen erneut zu einer längeren Kur in der Heimat zwang. Zur Schlacht an der Somme im Herbst 1916 kehrte er in den Stabsdienst zurück und wurde im Mai 1917 zum jüngsten Major der sächsischen Armee befördert. Es folgten Einsätze als Bataillons- und später als Regimentskommandant an der Ostfront, unterbrochen von Propagandaeinsätzen in der Heimat, bei denen der Kronprinz die wachsende Kriegsmüdigkeit der sächsischen Bevölkerung hautnah erlebte.

1918 wurde Georgs Regiment an die Westfront verlegt, wo der Prinz im Mai zum Oberstleutnant avancierte und nach erneutem Dienst in der Heimat im Sommer 1918 zum Kommandeur einer Armeebrigade mit mehreren Tausend Soldaten aufstieg. Diese außergewöhnlich steile militärische Karriere verdankte Kronprinz Georg trotz aller Leistung vor allem seiner dynastischen Herkunft, sie galt weniger dem Offizier als dem künftigen König. Für Pazifismus blieb in dieser Rolle kein Platz. Zwar äußerte sich Prinz Georg gerade in den letzten Kriegsmonaten durchaus kritisch gegenüber den Zuständen im Heer und im Reich; wofür er von seinem kommandierenden Armeegeneral Karl von Einem noch im Sommer 1918 eine offizielle Rüge kassierte,[15] zum grundsätzlichen Kriegsgegner allerdings wurde Georg jetzt und auch später nicht. Selbst als Georg längst von den militärischen Zwängen befreit war, offenbart seine Rückschau auf den Ersten Weltkrieg ein ernüchterndes Bild. Obwohl er sich einem deutschen Hurra-Patriotismus verweigerte, blieb er in nationalistischen Deutungsmustern gefangen und konnte dem universalen, theologisch fundierten Pazifismus seines Onkels Max nicht folgen. Für die veröffentlichten Kriegserinnerungen von Max Biber, einem katholisch erweckten ehemaligen Unteroffizier und nunmehrigen jesuitischen Mitbruder, steuerte Prinz Georg 1930 ein Vorwort bei und formulierte dort für uns Heutige fremd: »Aus diesen Zeilen weht uns gesunde Luft entgegen. Mannesmut und Manneszucht, Pflicht und Treue, Opferfreude und Opferliebe. Hier redet einer, der getragen ist von christlich-deutschem Volksgeist. Er steht nicht allein, Hunderte, Tausende, ja Millionen, die Besten der Besten haben aus der Kraft des Kreuzes Christi in echter Vaterlandsliebe Schweres und Schwerstes erkämpft, erlitten und ertragen: Ihr Blut, ihr Schweiß, ihre Tränen sind nicht umsonst geflossen. Es ist der Tau von oben, der die Heimaterde zu neuem Leben befruchtet. Es ist die Saat, die tausendfältige Frucht bringen wird.«[16] – Das Buch von Max Biber verboten die Nationalsozialisten übrigens trotzdem.

Sein Foto widmete Prinz Georg dem Prinzen Max: »Meinem lieben Onkel Max zu seinem Namenstag 1922«. Aus dem Nachlass des Prinzen Max.

Kaum verwunderlich, dass sich dieser ehemalige hohe Offizier und nunmehrige Jesuiten-Priester Georg 1939 als Militärpfarrer für den aufziehenden Krieg zur Verfügung stellte. Und als die Nazis allen Ordensleuten die Teilnahme am Krieg verweigerten, bekannte Georg, dass es ihm schwerfalle, zu Hause sitzen zu bleiben.[17]

Zwei Priesterkarrieren – zwei Leben

Als Priester verband Max und Georg die Freude an der seelsorgerischen Arbeit. Aber beide Karrieren unterschieden sich erheblich. Prinz Max hatte einen Doktortitel erworben, frühzeitig eine theologische Lehrtätigkeit aufgenommen und sich besonders mit der Ostkirche beschäftigt. Er lehrte seit 1900 mit Unterbrechungen als außerordentlicher und ordentlicher Professor an der katholischen Universität Fribourg (Schweiz). Einem geistlichen Orden trat er zeitlebens nicht bei, aber als Lebensreformer auf theologischem Fundament verzichtete er auf Alkohol und Tabak, engagierte sich für den Tierschutz und lebte vegan. Früh, engagiert und nachdrücklich trat er aus der Schweiz heraus Nationalsozialismus und Antisemitismus entgegen; Sanktionen der Nazis verfolgten ihn dorthin nicht. Das christliche Armutsideal wurde Pater Max zur Passion; er verschenkte und spendete

Oben: Trauerzug zur Beisetzung des ehemaligen Königs Friedrich August III., beginnend mit seinen Söhnen Friedrich Christian, Georg im Priestergewand und Ernst Heinrich, Foto, 1932.

Unten: Der Trauerzug zur Beisetzung des ehemaligen Königs Friedrich Augusts III. überquert den Neumarkt, Foto, 1932.

Rechts oben: Die Familie hält am offenen Sarg des ehemaligen Königs Friedrich August III. Andacht.

Rechts unten: Pater S. J. Georg, Foto, o. J.

sein Vermögen, legte wenig Wert auf Kleidung, Wohnung und Äußerlichkeiten und starb hochbetagt und hochgeehrt 1951 mit 80 Jahren in der Schweiz, wo er auch begraben wurde – eine Heimführung in die Dresdner Familiengrablege, wäre sie denn gewollt gewesen, war seit 1945 unmöglich geworden.

Der einstige Kronprinz und nunmehrige Pater Georg setzte sich dagegen über die väterliche Forderung, keinem Orden beizutreten, entschieden hinweg und scheute auch nicht die öffentliche Erregung, die sein Beitritt ausgerechnet zu den in Deutschland verfemten Jesuiten 1925 hervorrief. Die als Priester in der Oberlausitz begonnene Karriere in Sachsen brach damit ab. Als Novize ging Georg zunächst nach Österreich und dann nach Bayern. 1930 versetzte ihn der Orden nach Schlesien und 1933 nach Berlin, wo im Stadtteil Charlottenburg in den 1920er Jahren mit dem Canisius-Kolleg eine weitere katholische Gemeinde mit eigenem Gymnasium aufgebaut worden war.

Sporadisch blieb über die Jahre das Verhältnis zur sächsischen Heimat erhalten: 1928 kam Georg zweimal nach Dresden, und zur Tausendjahrfeier der Mark 1929 reiste er nach Meißen. 1931 besuchte er Kloster Marienthal und predigte in Ostritz, worüber die Sächsische Volkszeitung ausführlich berichtete.

1932 erlebte er die große Anteilnahme der sächsischen Bevölkerung, als sein Vater, der ehemalige König Friedrich August III., in Dresden zu Grabe getragen und in der Dresdner Hofkirche bestattet wurde. Und noch am Vorabend des Zweiten Weltkrieges, im Sommer 1939, machte Georg Urlaub im Erzgebirge.

Sachsen, in dem die Wettiner über 800 Jahre geherrscht hatten, sollte für den Prinzen und Pater Georg ein mentaler Fixpunkt, ein unlösbarer Teil seiner Identität bleiben. In der Blut-und-Boden-Terminologie der Zeit formulierte er in einer Ansprache zum 60. Geburtstag des Vaters in dessen Exil Sibyllenort das auch ihn einschlie-

Oben: Der Glienicker See, Postkarte, 1907.

Unten: Katholische Hofkirche in Dresden, Postkarte, 1912.

ßende wettinische Credo: »Im Laufe eines Jahrtausends ist dieses Volk eins geworden durch das Band des gemeinsamen Mutterbodens [...] Unserem Hause ist durch Gottes Fügung beschieden gewesen, Jahrhunderte lang dieses Volk und Land zu leiten. Dadurch ist zwischen ihm und unserem Hause eine Lebensgemeinschaft heraus gewachsen: Die sächsische Volksfamilie.«[18]

Für Pater Georg war es trotzdem unausweichlich gewesen, zugunsten seiner jesuitischen Karriere die Heimatliebe zurückzustellen: die dürfe in seiner Arbeit für die Gesellschaft Jesu keine Rolle mehr spielen.[19] Wie tief Georg dieses neue Leben erfüllte und in Bann schlug, zeigt ein Schreiben anlässlich seiner letzten jesuitischen Gelübde von 1936, als er bekundete: »Ich kann nur sagen: In der Gesellschaft Jesu habe ich mein Lebensglück gefunden.«[20]

Aber dieses Priesterleben blieb nicht ohne Schatten. Als Seelsorger in Berlin sah sich Georg ab 1933 unmittelbar mit dem nationalsozialistischen Regime konfrontiert, das ihn als katholischen Priester zunehmend unter Druck setzte. Georg wurde überwacht und in seiner Arbeit eingeschränkt. Dass man die monarchische und dynastische Tradition Sachsens im NS-Staat derb verunglimpfte, vergrätzte den ehemaligen Kronprinzen Georg zusätzlich. In einer persönlichen Bilanz wog Georg noch 1936 die Vor- und Nachteile eines möglichen Exils ab, entschied sich jedoch für das Bleiben.

In den Berliner Jahren engagierte sich Pater Georg im sogenannten Una-Sancta-Kreis, einer von evangelischen und katholischen Geistlichen gemeinsam getragenen Bewegung, die auf eine Annäherung der Konfessionen abzielte und bald schon ins Visier der Nationalsozialisten geriet.[21] Deren katholischer Vordenker Max Josef Metzger wurde 1943 vom Berliner Volksgerichtshof zum Tode verurteilt und 1944 hingerichtet. Auch Pater Georg von Sachsen, der Juden zur Flucht verholfen haben soll und mit mehreren der späteren Attentäter des 20. Juli 1944 Bekanntschaft pflegte, wurde von der Gestapo beobachtet und mit Hausdurchsuchungen beschwert.

Dass sich Pater Georg beim Ausbruch des Zweiten Weltkrieges 1939 gleichwohl als Kriegspfarrer zur Verfügung stellen wollte, beweist die fortdauernde Zwiespältigkeit des weiterhin nationalkonservativ denkenden, weiterhin monarchistisch gesinnten Wettiners gegenüber den verachteten Nationalsozialisten, die er mit großen Teilen der »alten Eliten« teilte – und die ihn vom in seiner Ablehnung eindeutigen Prinzen Max unterschied.

In seinem priesterlichen Amt fand Pater Georg trotz der Bedrängnisse Kraft und Zufriedenheit. Auch als Berliner Seelsorger blieb er dabei zunächst mobil, reiste für Vorträge und Predigten durch Deutschland und brach 1936 sogar zu einer Orientreise auf. Erst gesundheitliche Beschwerden beschränkten den Wettiner seit den späten 1930er Jahren immer öfter auf die Reichshauptstadt, wo er vor allem die Laien des Canisius-Kollegs und verschiedene Müttervereine betreute. In Gegensatz zu Prinz Max tat sich Prinz Georg weniger durch wissenschaftlich-theologische Publikationen hervor; er fühlte sich vor allem der praktischen Seelsorge verpflichtet.

Am 14. Mai 1943 erlitt der gerade 50-jährige Pater Georg beim Baden im Glienicker See einen Schwächeanfall und starb. Erst drei Wochen später konnte seine Leiche geborgen werden. Die Beisetzung des ehemaligen wettinischen Kronprinzen in der Dresdner Hofkirche führte den Prinzen und Pater Georg in den Schoß der familiären Tradition zurück. Der antimonarchistische Furor der Nationalsozialisten verfolgte ihn freilich bis hierhin, weil man die von der Familie auf dem Sarg befestigte silberne Krone entfernen ließ. Und so flammte um den Sarg des verhinderten wettinischen Königs Georg noch einmal ein Streit auf, den der Pater Georg längst hinter sich gelassen hatte.

1 Zu Prinz Max vgl. jetzt vor allem die Beiträge im vorliegenden Band. Ausführlich und unersetzbar bleibt Baumer, Iso: Max von Sachsen. Prinz und Prophet, Priester und Professor, 3 Bde., Freiburg im Üechtland 1990/96.

2 Zu Prinz Georg von Sachsen vgl. vor allem: Brodkorb, Clemens: Georg von Sachsen. Kronprinz – Priester – Jesuit, Heiligenstadt 2004; Sembdner, Johannes: Georg von Sachsen. Kronprinz – Oberstleutnant – Tertiarier – Pater SJ, Heiligenstadt 2006 (zuerst erschienen 1993). – Hilfreich ist auch der hervorragende Artikel in Wikipedia: »Georg von Sachsen«, Abruf 25. 1. 2019.

3 Vgl. das ausführliche Zitat bei Brodkorb: Georg von Sachsen (wie Anm. 2), S. 29 f.

4 Vgl. Brodkorb: Georg von Sachsen (wie Anm. 2), S. 33.

5 Vgl. Wikipedia: Artikel »Georg von Sachsen«, Abruf 25. 1. 2019.

6 Renn, Ludwig: Adel im Untergang, Aufbau-digital, Berlin 2013, S. 27.

7 Renn, Adel im Untergang (wie Anm. 6), S. 246. – Ganz aufgesetzt und rein äußerlich empfand Vieth von Golßenau dagegen die Frömmigkeit des Prinzen Friedrich Christian, der ihm anvertraute: »Mein Onkel, Prinz Max, fastet oft wochenlang.« Golßenau, der weiß, dass es Prinz Max mit seinem Glauben ernst nimmt, stellt Prinz Georg gegen seinen Bruder: […] der Kronprinz sprach nicht über das Fasten. Das war für ihn gar nicht wichtig. Seine Religion richtete sich auf den Menschen, sie wollte den Menschen helfen.« Vgl. ebd., S. 246 f.

8 Vgl. Brodkorb: Georg von Sachsen (wie Anm. 2), S. 24. – Schon 1910 hatte Georg an Maria Immaculata geschrieben, er würde am liebsten Theologie studieren wie sein Onkel Max, wäre er nicht Kronprinz. Dazu Sembdner: Georg von Sachsen (wie Anm. 2), S. 5.

9 Vgl. Brodkorb: Georg von Sachsen (wie Anm. 2), S. 27.

10 Zur Revolution, ihrer Vorgeschichte und zum Handeln König Friedrich Augusts III. vgl. jetzt Kretschmann, Iris / Thieme, André (Hg.): »Macht euern Dreck alleene!« Der letzte sächsische König, seine Schlösser und die Revolution 1918. Begleitband zur Sonderausstellung auf Schloss Pillnitz, Dresden 2018.

11 Zitiert nach Brodkorb: Georg von Sachsen (wie Anm. 2), S. 27 f.

12 Vgl. Brodkorb: Georg von Sachsen (wie Anm. 2), S. 30.

13 Vgl. dazu den Beitrag »Die Greuel von Sorinnes und Dinant – Wendepunkt im Leben des Prinzen Max« im vorliegenden Band.

14 Dazu Sembdner: Georg von Sachsen (wie Anm. 2), S. 3 f.

15 Vgl. Wikipedia: Artikel »Georg von Sachsen«, Abruf 25. 1. 2019.

16 Zitiert nach Brodkorb: Georg von Sachsen (wie Anm. 2), S. 23, der sich auf die Neuauflage von 1940 bezieht.

17 Ebd., S. 58.

18 Ebd., S. 46.

19 Ebd., S. 47.

20 Ebd., S. 50 f.

21 Dazu Sembdner: Georg von Sachsen (wie Anm. 2), S. 18–21.

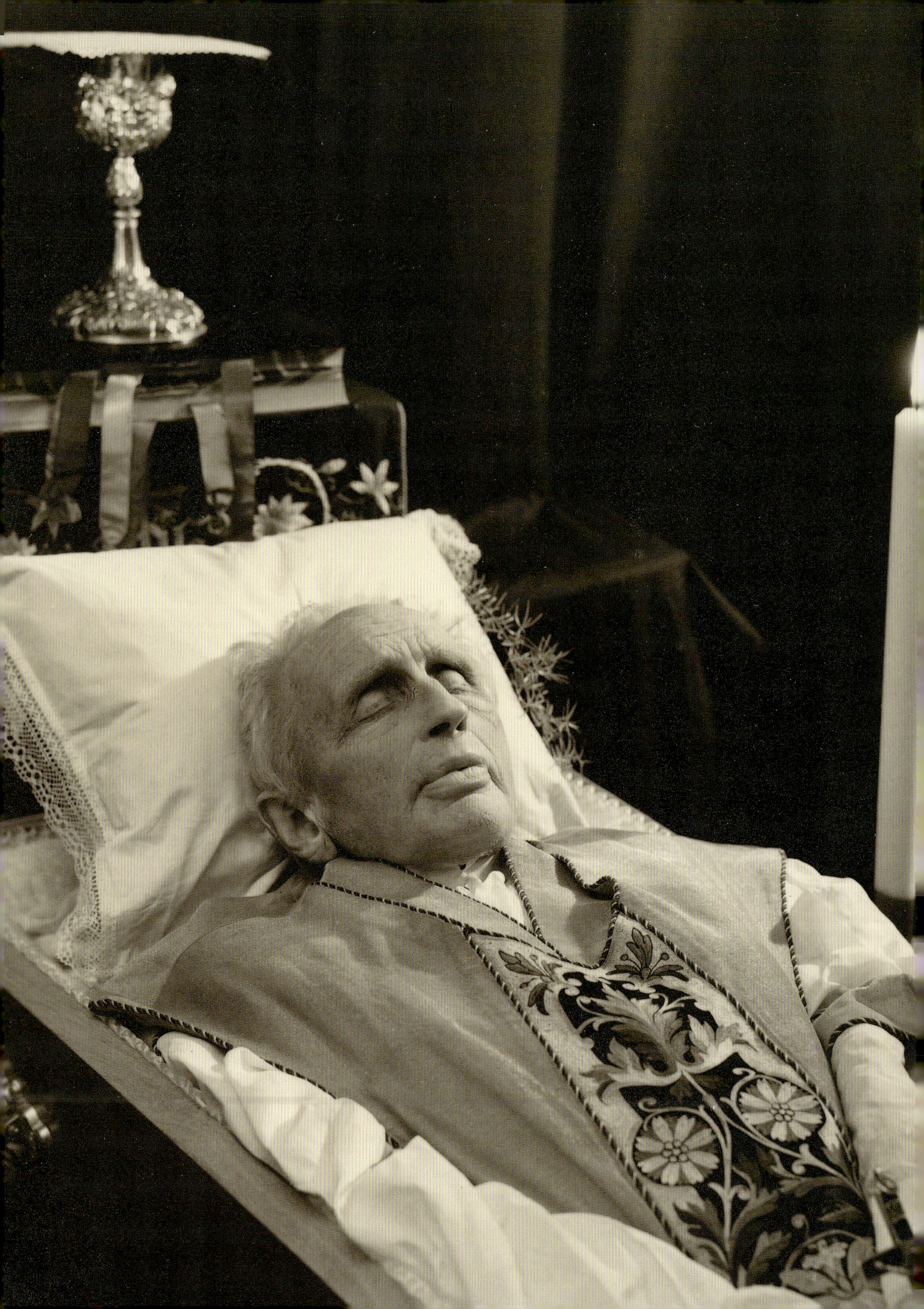

Der Tod des Prinzen Max von Sachsen und die Erinnerung an ihn

Tod, Beisetzung, Wahrnehmung als Heiliger

Im November 1950 konnte Prinz Max seinen 80. Geburtstag in guter Verfassung begehen, danach verschlechterte sich sein Gesundheitszustand. Am 27. Dezember wurde er nach einem Schwächeanfall in die St. Annaklinik Freiburg, heute Clinique Générale Ste-Anne in Fribourg (Schweiz), eingeliefert. Er starb dort am Freitag, den 12. Januar 1951, um 10.20 Uhr, nachdem er die Sterbesakramente empfangen hatte. Am gleichen Tag informierten die Kanisiusschwestern die Familie und den Rektor der Universität Fribourg.

Kirche und Staat in der Schweiz richteten dem Prinzen Max Trauerfeierlichkeiten aus, die einem Staatsbegräbnis ähnelten, nicht wegen der königlichen Herkunft, sondern wegen seines Wirkens und der Lebensleistung. Zeitungen und Rundfunk gedachten seiner in groß aufgemachten Artikeln, Kommentaren und Sondersendungen. Am 13. Januar 1951 druckten regionale und überregionale Tageszeitungen große Traueranzeigen ab, die von der Generaloberin der Kanisiusschwestern und dem Direktor des Kanisiuswerkes sowie von der Erziehungsdirektion der Kantonal-Regierung, vom Rektor und Senat der Universität und dem Dekan der Theologischen Fakultät geschaltet

Aufbahrung des Prinzen Max am 13. und 14. Januar 1951 im Marienheim in Fribourg (Schweiz).

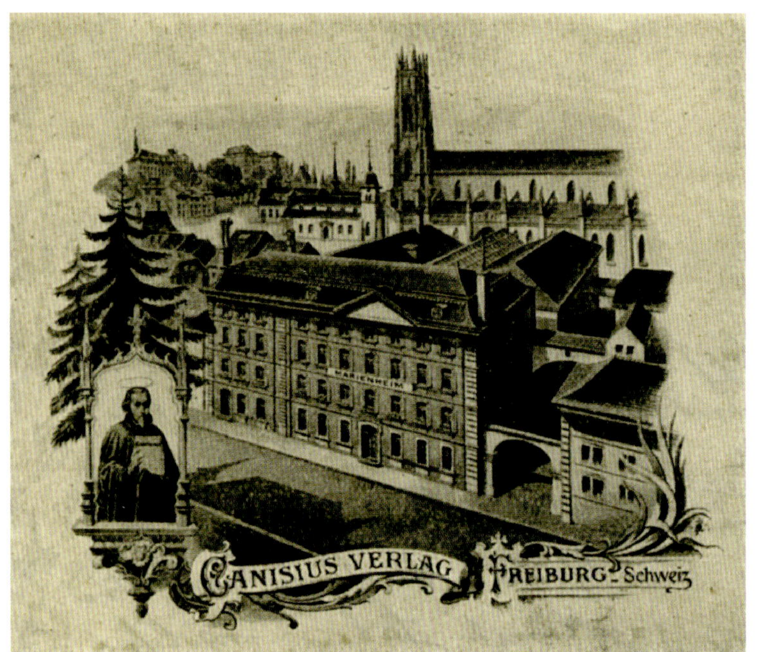

Links: Canisius Verlag, Freiburg Schweiz, Briefbogenmotiv, 1912.

Unten: Kondolenzbuch zum Tod des Prinzen Max mit den Unterschriften von Prinzessin Elisabeth Helene von Sachsen, Markgräfin von Meißen, und ihrem Sohn Prinz (Maria) Emanuel von Sachsen, rechte Seite, Zeilen 16 und 17, Januar 1951.

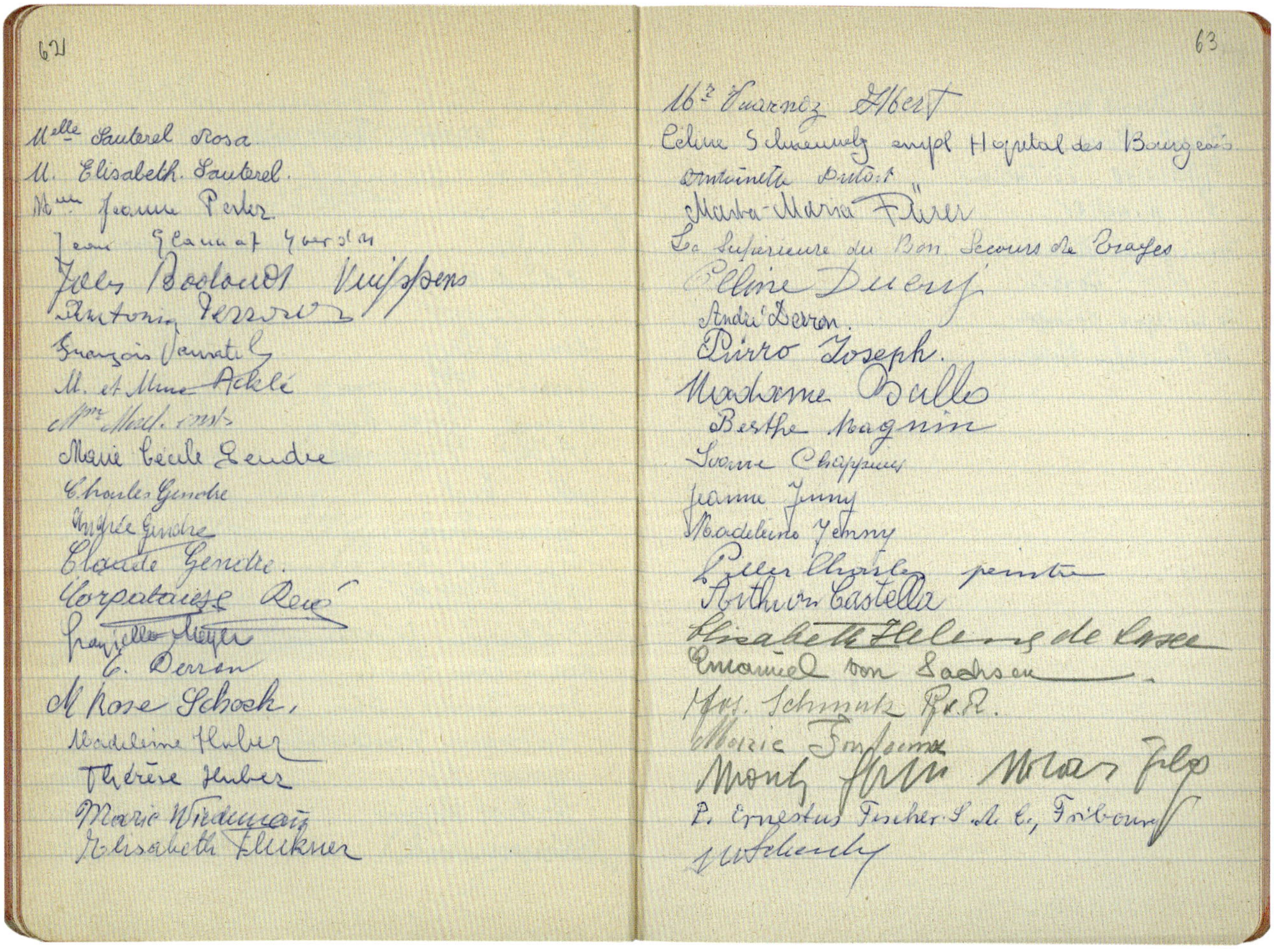
62
Melle Sauterel Rosa
M. Elisabeth Sauterel
Marie Cécile Gendre
Charles Gendre
Claude Gendre
G. Derron
M. Rose Schosk
Madeleine Huber
Thérèse Huber
Marie Wiedemann
Elisabeth Fleckner

63
Marta-Maria Fürer
La Supérieure du Bon Secours de Bragès
André Derron
Pirro Joseph
Madame Balle
Berthe Magnin
Jeanne Jenny
Madeleine Jenny
Elisabeth Helene de Saxe
Emanuel von Sachsen
P. Ernestus Fischer S. M. C., Fribourg

Marienheim in Fribourg, Postkarte, 1907.

wurden. Die Schwestern verschickten in der Hausdruckerei angefertigte Traueranzeigen an Familienmitglieder, Freunde, Bekannte und Weggefährten von Prinz Max, an kirchliche Würdenträger und Persönlichkeiten des öffentlichen Lebens.

Die Verehrung, die schon zu Lebzeiten einsetzte, wurde durch den Tod verstärkt. Über 4 000 Menschen nahmen an den beiden folgenden Tagen am offenen Sarg des in einem Messgewand im Marienheim Aufgebahrten Abschied, etwa 1 700 trugen sich in die Kondolenzbücher ein. Das im Leben zerfurchte, vom Alter gezeichnete Antlitz des Prinzen hatte sich im Tod völlig geglättet und strahlte eine besondere Würde aus. Für viele Trauernde war auch das ein Hinweis auf seine Heiligkeit.

Der Diözesanbischof von Lausanne, Genf und Fribourg François Charrière und Mitglieder des Domkapitels kondolierten persönlich bei den Kanisiusschwestern, ebenso der Bundeskanzler der Schweizerischen Eidgenossenschaft Oskar Leimgruber[1] und Staatsrat Jules Bovet, das Staatsoberhaupt des Kantons Fribourg. Auch aus seiner sächsischen Heimat, die sich nun auf der anderen Seite des eisernen Vorhangs befand und deshalb den Tod des großen Zeitgenossen staatsoffiziell ignorierte, gingen viele, häufig sehr persönliche Beileidsbekundungen ein.

Der Trauergottesdienst fand am 15. Januar 1951 vor einer großen Gemeinde unter Teilnahme zahlreicher Familienmitglieder aus den Häusern Wettin, Habsburg und Hohenzollern, von Geistlichen und Persönlichkeiten des politischen, wissenschaftlichen und kulturellen Lebens in der Wallfahrtskirche von Fribourg-Bürglen statt, in der Prinz Max auf seinem Weg von der Universität zu seiner letzten Wohnung oft Station für ein Gebet gemacht hatte.

Nach dem Ende des vom Universitätsrektor geleiteten Totenamtes richtete Bischof Charrière eine eindrückliche Ansprache an die Trauergemeinde, in der er unter anderem sagte: »Mehr denn je haben wir Männer nötig, die die Lehre Christi vorleben. Prinz Maximilian von Sachsen hat seinen Glauben ganz gelebt. Die großen Verdienste machen aus ihm auch einen Protektor unserer Heimat und wir dürfen versichert sein, dass wir durch seine Fürbitte Vieles beim göttlichen Meister erreichen werden.«[2] Er zeichnete eine Linie auf vom Heiligen Petrus Canisius, der 1580 nach Fribourg gekommen war, zu Prinz Max von Sachsen: »Ohne dem Urteil der Kirche vorgreifen zu wollen, verehrt Freiburg im Toten den zweiten Heiligen, den ihm das katholische Deutschland in schwerer Zeit geschenkt hat.«[3] Anschließend wurde Prinz Max auf dem Friedhof der Kanisiusschwestern beigesetzt.

Der Bericht über die Trauerfeierlichkeiten in den »Freiburger Nachrichten« schließt mit den Worten: »Wir müssen es heute sagen: das Freiburger Volk dankt der Vorsehung dafür, dass sie die Wege des Prinzen Max nach Freiburg lenkte, wie es auch immer dankbar ist, dass der hl. Kanisius in die Zähringerstadt gekommen ist. Wie Kanisius, so war auch Prinz Max ein Held der Tugend, dessen Beispiel wirksam sein wird und dessen Verdienste unserem Volke zugutekommen werden.«[4]

Die Auffassung vom heiligmäßigen Leben des Prinzen Max war weit verbreitet. Die Kanisiusschwestern ließen nicht nur eine Totenmaske anfertigen, bewahrten nicht nur

Links: Letzte Wohnung des Prinzen Max, Schlafzimmer (oben) und Arbeitszimmer (unten), Fotos, 1951.

Oben: Das Grab des Prinzen Max von Sachsen, Foto, um 1951.

Unten: Grab von Prinz Max von Sachsen, Fotos, 2018.

Haare des Verstorbenen und ein Stück Stoff aus seiner Soutane sowie andere persönliche Erinnerungsstücke auf. Sie berührten seinen Leichnam auch mit Rosenkränzen, die nach der erwarteten Selig- und Heiligsprechung als Berührungsreliquien zur Verfügung stehen konnten. In der Februarausgabe von 1951 der Monatszeitschrift »Kanisius-Stimmen« wurde seiner mit dem Beitrag »Ein Heiliger lebte unter uns« gedacht.[5]

Bei den Kanisiusschwestern, dem Kanisiuswerk und der Universität gingen zahlreiche Beileidsbekundungen ein. Darunter befinden sich Handschreiben des Erzbischofs von Köln, Josef Kardinal Frings, und des Markgrafen Friedrich Christian von Meißen, Herzog zu Sachsen. Menschen, denen Prinz Max geholfen hatte, schickten sehr persönliche Dankesworte, einige in Gedichtform. Übergeben wurden auch eine Skulptur und eine wertschätzend freundliche Karikatur, die Prinz Max und seinen Hund Netti so darstellen, wie man sich in Fribourg an sie erinnerte.

Auch eine Gebetserhörung ist überliefert. Ein namentlich nicht bekannter Mann berichtete in einem an die Kanisiusschwestern adressierten Brief, dass er sich in einer finanziellen Notsituation, die die Existenz seiner Familie ernsthaft gefährdete, im Gebet an Prinz Max gewandt habe. Dieser sollte durch seine Fürsprache bei Gott das

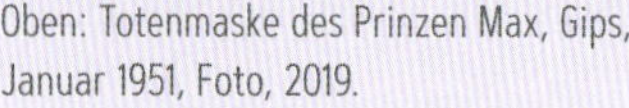

Oben: Totenmaske des Prinzen Max, Gips, Januar 1951, Foto, 2019.

Rechts: Maria Himmelfahrts-Bildchen, das an dem Leichnam des Prinzen Max berührt wurde. Das Bildchen Maria mit Jesuskind stammt aus seinem Besitz.

Rechte Seite: Gegenstände aus dem Nachlass des Prinzen Max, Fotos, 2019.

Oben links: Rosenkränze.

Oben rechts: Nachthemd.

Unten links: Ein Stück seiner Soutane.

Unten rechts: Haare des Prinzen Max.

Haare von
+ Prinz Max
gest. 12. Jan. 1951

Links: Skulptur des Prinzen Max mit seinem Hund Netti, angefertigt von einem Mitbürger, der Prinz Max sehr verehrte, Gips, 1951, Foto, 2019.

Oben: Kirche St. Joseph in Paris, Postkarten, o. J.

Unglück der Familie abwenden. Der kleine Sohn der Familie, den die Eltern über die prekäre Lage nicht informiert hatten, soll am nächsten Tag zu seinem erstaunten Vater gesagt haben: »Heute kommt Prinz Max!« Tatsächlich sei ein Bekannter gekommen, der finanzielle Unterstützung leistete. Obwohl das auch ein Zufall sein konnte, war sich der Vater sicher, dass Prinz Max dieses »Finanzwunder« bewirkt habe.

Neben weiteren katholischen Medien aus der Schweiz und aus Süddeutschland, darunter franziskanische Zeitschriften, würdigten auch Friedensverbände, Tierschutz- und Vegetarismus-Organisationen die Verdienste des Verstorbenen. In der religiös nicht gebundenen Vegetarischen Rundschau, Nummer 2/1951 wird er als Mann der Tat gewürdigt. »Wer sein einfaches Heim kannte, der war überzeugt, da muss auch Gott walten! – ›Das Christentum ist gut‹, sagte Gandhi, ›nur die Christen versagen!‹ – Professor Max hat nicht versagt!«[6]

Testament

Am Tag der Beisetzung, dem 15. Januar 1951, wurde das Testament vom 29. März 1948 vor den anwesenden Familienmitgliedern nach Schweizer Rechtspraxis von einem Friedensrichter eröffnet und einem Notar zur Verlesung übergeben. Prinz Max weist in dem zweiseitigen Text auf seine Mittellosigkeit hin, geblieben sei ihm nur das Eigentumsrecht an der deutschen katholischen Kirche St. Joseph in Paris, rue Lafayette 214, die er 1910 dem französischen Staat abgekauft hatte. Er vermachte die Kirche der »Mission en faveur des Luxembourgoise et des étrangers de langue allemande«. Seit 1991 gehört sie der Erzdiözese Paris.

Sämtliche Paramente, das heißt die Messgewänder und für die Liturgie verwendete Textilien, sowie Kelch und Patene hinterließ er seinem katholischen Heimatbistum Meißen. Bücher und Abschriften von Handschriften gingen an die Kantonal- und Universitätsbibliothek Fribourg, von ihm

plena

Ganz links und links: Messgewand des Prinzen Max von Sachsen, Fotos, 2019.

Unten: Rupert Mayer S. J., Postkarte, 1964.

selbst verfasste, noch nicht veröffentlichte Manuskripte an die Philosophische Fakultät der Universität. Bücher in kirchenslawischer Sprache wurden für die russisch-orthodoxe Kirche bestimmt, solche in griechischer Sprache für die griechisch-orthodoxe Kirche in Lausanne. Neffen und Nichten konnten sich unter den Bildern Erinnerungsstücke aussuchen. Möbel, Kleidungsstücke und alle übrigen Sachen hinterließ Prinz Max den Kanisiusschwestern.

In einer Erklärung vom 3. April 1951 baten Markgraf Friedrich Christian von Meißen und Markgräfin Elisabeth Helene, die dem Bistum Meißen zugedachten liturgischen Geräte und Gewänder solange in Fribourg bei den Kanisiusschwestern zu lassen, »bis bessere Landesverhältnisse« in Sachsen eingetreten seien, womit das Ende der kommunistischen Herrschaft gemeint war.[7] Schließlich sollte es bis April 2019 dauern, damit dieser Teil des letzten Willens von Prinz Max erfüllt werden konnte. Auf Grundlage eines Vertrages zwischen der Stiftung Katholische Universität Eichstätt-Ingolstadt und dem Bistum Dresden-Meißen wurden die seit 2006 im Universitätsarchiv befindlichen Objekte an das Bistum übergeben.

Erinnerung mit abnehmender Intensität

In den ersten Jahren nach dem Tod wurde das Grab von Prinz Max von Sachsen von vielen Menschen aufgesucht, die dort für ihre Anliegen beteten und auf seine Fürsprache bei Gott vertrauten. Sein fünfter und sein zehnter Todestag wurden mit gottesdienstlichen Feiern begangen, Zeitungen druckten Würdigungen ab. Auffällig ist die Ähnlichkeit mit der Verehrung des Seligen Paters Rupert Mayer S. J., der von 1876 bis 1945 lebte. Beider Weg führt nach beziehungsweise über Fribourg, beide waren unbedingt der Wahrheit verpflichtet und beide wurden schon zu Lebzeiten als Apostel der Armen heiligmäßig verehrt, Prinz Max von Sachsen in der Schweiz, Rupert Mayer in München und Umland.

Im Unterschied zu Rupert Mayer ging die Zahl der Pilger im Laufe der Zeit jedoch zurück, die Intensität der Erinnerung an Prinz Max nahm spürbar ab. Zum 100. Jahrestag seiner Geburt im November 1970 kam keine offizielle Gedenkfeier zustande, die Universität befürchtete eine zu geringe Teilnahme. Der Rektor veröffentlichte einen kurzen Beitrag in den Kanisius-Stimmen, und der Theologe Otmar Perler verfasste einen dreiteiligen Artikel für die »Freiburger Nachrichten«. Am 16. November 1970 versammelten sich Familienmitglieder in der Wallfahrtskirche Bürglen zu einer Heiligen Messe für Prinz Max. Danach schien er in Fribourg vergessen.

Nicht vergessen war sein visionärer theologischer Beitrag für eine neue Ökumene zwischen der römisch-katholischen Kirche und den Kirchen der Orthodoxie. Raymund Erni, einer der profiliertesten Ostkirchen-Theologen der Schweiz, schrieb 1971 in »Catholica Unio. Ostkirchliche Zeitschrift«, dass Prinz Max »nicht nur ein Kenner des christlichen Ostens war, sondern auch ein Pionier für eine neue Art der Begegnung der katholischen Kirche mit der Ostkirche [...] Es ist erstaunlich, mit welcher Klarheit er den Osten, seine Völker und Menschen charakterisiert, seine Situationen und Probleme erfasst und Wege für ihre Lösung aufzeigt [...] Er warnt ebenso vor Schwärmerei, Schönrederei und Utopie wie vor Engherzigkeit und Misstrauen. Er ist sehr realistisch.« Freilich hatten sich Diskurs und Praxis weiterentwickelt. Auch darauf weist Erni hin: »Wir können ihm nicht mehr in allem folgen, manches kann man heute nicht mehr so sagen und dies und jenes wird anders gesehen und beurteilt.«[8]

Die Wiederentdeckung des Prinzen Max von Sachsen

In den 1980er Jahren begann der Schweizer Religionswissenschaftler Iso Baumer mit Unterstützung durch den Schweizer Nationalfonds und die Universität Fribourg ein auf mehrere Jahre angelegtes Forschungsprojekt über Prinz Max von Sachsen. Zahlreiche Gespräche mit Familienmitgliedern, Zeitgenossen und Weggefährten von Prinz Max, Literaturstudien und Recherchen in Archiven, darunter auch kurz vor dem Fall der Mauer im heutigen Sächsischen Staatsarchiv, Hauptstaatsarchiv Dresden, ermöglichten ein umfangreiches biografisches Werk.

Links: Iso Baumer, Foto, 2019.

Unten: Eine Auswahl an Büchern von Iso Baumer, Biograf des Prinzen Max von Sachsen.

Armenisches »Chatschkar«-Kreuz mit Erinnerungstafel an Prinz Max in der Universität Fribourg (Schweiz), Foto, 2018.

Nach den kürzeren Abhandlungen »Prinz Max von Sachsen. Einheit der Kirchen, Lebensreform, Frieden«, Freiburg 1985, und »Prinz Max von Sachsen (1870–1951) und Armenien. Im Widerspruch zu gängigen Meinungen und Einstellungen in Kirche und Staat«, Bremen 1986, publizierte Baumer eine dreibändige Biografie. Sie besteht aus den Werken »Prinz Max von Sachsen. Priester und Professor. Seine Tätigkeit in Freiburg Schweiz, Lemberg und Köln«, Freiburg 1990, »Max von Sachsen. Prinz und Prophet. Jugend und Ausbildung. Einsatz für Frieden, Gerechtigkeit und Schöpfung«, Freiburg 1992, und »Max von Sachsen. Primat des Andern. Texte und Kommentare«, Freiburg 1996. Damit wurden nicht nur gewichtige Grundlagen für eine wissenschaftliche Prinz-Max-Forschung gelegt, sondern auch die Erinnerung an Prinz Max von Sachsen in der Schweiz und darüber hinaus erneuert.

1988 fand in Fribourg die vierte Konferenz der »Association Internationale des Études Arméniennes« statt. Die kleine Universitätsstadt wurde deshalb gewählt, weil dort Prinz Max von Sachsen gewirkt hatte. Seine theologischen Verdienste und humanitäre Unterstützung waren im christlichen Armenien unvergessen. Er wurde und wird als ein Apostel Armeniens verehrt. Als Zeichen der Wertschätzung schenkte die Assoziation der Universität eine Gedenkplakette an Prinz Max in Form eines armenischen Kreuzes. Der französische Fernsehsender Antenne 2 produzierte darüber die Dokumentation »Un apôtre de l'Arménie – Le prince Max de Saxe – 1989« (Ein Apostel Armeniens – Prinz Max von Sachsen), die im April 1989 ausgestrahlt wurde.

Zur gleichen Zeit wurde auch in Eichstätt die Erinnerung an Prinz Max von Sachsen wieder stärker. Sie war dort eigentlich nie ganz verflogen. Die Straße an der Kirche im Ortsteil Wintershof, in der er als Kaplan gewirkt hatte, ist nach ihm benannt, die von ihm der Gemeinde geschenkte Monstranz wird bis heute bei feierlichen Gottesdiensten verwendet, die Kreuzwegstationen, die er ebenfalls stiftete, wurden in die Anfang der 1950er Jahre neu gebaute Kirche übernommen.

Auch den Seminaristen des Bischöflichen Seminars blieb er bekannt. In der Hauska-

Ganz oben: Innenansicht der Kirche in Wintershof, Blick zum Altar, Foto, 2018.

Oben links: Kirche in Wintershof auf der Prinz-Max-Straße, Foto, 2018.

Oben rechts: Von Prinz Max gestiftete Stiche der Kreuzwegstationen (gestochen von A. Petrak nach Gemälden von J. Führich) in Wintershof, Fotos, 2018.

F 222 Tagungsraum
Prinz Max von Sachsen
Mo - Mi **14. - 16.01.19**

Oben: »Officium de Pace«, Gemälde von Walter Gaudnek, o. J.

Unten: Türschild des Raums Prinz Max von Sachsen im Seminar Eichstätt, Foto, 2019.

pelle der Eichstätter Bischöfe befand sich lange Zeit das von Prinz Max an Bischof Leonrod zum Abschied geschenkte Glasfenster mit dem sächsischen Königswappen. Heute befindet es sich in der Sakramentskapelle des Eichstätter Domes und ist allen Dombesuchern zugänglich. Ende der 1980er Jahre wurde auf Initiative des Regens Georg Härteis im Bischöflichen Seminar ein Seminarraum nach Prinz Max von Sachsen benannt.

Der deutsch-amerikanische Pop-Art Künstler Walter Gaudnek malte für diesen Raum das Bild »Officium de Pace«, das Max von Sachsen vor einer orthodoxen Kirche mit dem ihn segnenden Christus zeigt.

2006 konnte das Universitätsarchiv der Katholischen Universität Eichstätt-Ingolstadt den bei den Kanisiusschwestern befindlichen Teil des Nachlasses von Prinz Max übernehmen. Im gleichen Jahr veranstaltete die Universität im erwähnten Seminarraum eine kleine biografische Ausstellung, in der wichtige Stücke aus dem Nachlass erstmals in Eichstätt gezeigt werden konnten. 2014 fand anlässlich des 100. Jahrestages des Beginns des Ersten Weltkrieges eine größere Ausstellung »Prinz Max von Sachsen (1870–1951): Königssohn Feldgeistlicher und Pazifist im Ersten Weltkrieg« in der Staats- und Seminarbibliothek Eichstätt statt, die vom Universitätsarchiv und der Universitätsbibliothek gemeinsam mit der Diözesangruppe von Pax Christi konzipiert wurde. Diese Ausstellung erlangte auch international Aufmerksamkeit. Gäste kamen unter anderem aus Belgien und der Schweiz.

In Dinant, einer kleinen Stadt in der belgischen Region Wallonien, fand im Sommer 2014 zum 100. Jahrestag des von der sächsischen Armee an der Zivilbevölkerung verübten Massakers im Sommer 2014 eine Gedenkausstellung statt, in der Prinz Max eine Schautafel gewidmet war.

Der renommierte Kapuzinertheologe Pater Anton Rotzetter aus Fribourg, damals Präsident der Aktion Kirche und Tiere in der Schweiz (AKUT-CH), stand wie Prinz Max in der Tradition franziskanischer Spiritualität und setzte sich für einen verantwortungs-

Links: Prinz Max von Sachsen, Foto, nach 1940.

Rechts: Gebets-Gedenken »Consummatum est« (es ist vollbracht) der Familie Wettin an Prinz Max von Sachsen, 1951.

vollen und würdigen Umgang mit Tieren ein. Prinz Max war für ihn ein Vorbild, das auch den Menschen des 21. Jahrhunderts wichtige Impulse geben konnte. Wie Prinz Max war er ein konsequenter Vegetarier. Bei seinem Besuch der Eichstätter Ausstellung führte er Interviews und drehte einen Film. In Fribourg wollte er damit sein Projekt fördern, eine Prinz-Max-Gedenkstätte einzurichten und Prinz Max als Apostel des Tierschutzes bekannt zu machen. Sein überraschender Tod 2016 verhinderte die Realisierung.

Das Bistum Eichstätt richtete 2017 eine »Stiftungsprofessur Prinz Max von Sachsen für die Theologie des christlichen Ostens« an der Katholischen Universität Eichstätt-Ingolstadt ein. Mit dieser Professur soll das ökumenische Profil der Theologischen Fakultät in Lehre und Forschung gefestigt und in der Universität das Bewusstsein für Religion und Kultur des christlichen Ostens verstärkt werden. Gleichzeitig deckt die Professur den Bedarf des Collegium Orientale ab, einer vom Bischof von Eichstätt 1998 gegründeten ökumenischen Einrichtung, an der Studierende orthodoxer Kirchen miteinander studieren, beten und leben können. Zum Beginn des Wintersemesters 2018/19 konnte mit dem Theologen Thomas Kremer der erste Lehrstuhlinhaber der Stiftungsprofessur berufen werden.

In seinem Heimatland Sachsen und in seiner Heimatstadt Dresden blieb Prinz Max bis auf eine kurze Textstelle in Ludwig Renns Roman »Adel im Untergang« nahezu unbekannt. Das kommunistische Regime hatte kein Interesse daran, an einen Prinzen aus dem ehemaligen Herrscherhaus zu erinnern, der katholischer Geistlicher war, durch und durch Pazifist und Demokrat, der jede Art totalitärer und autoritärer Herrschaft kriti-

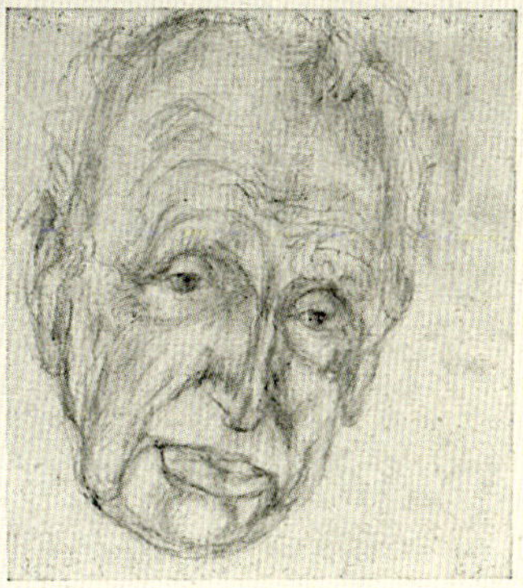

GEBETS - GEDENKEN

an

SEINE KÖNIGLICHE HOHEIT

den

HOCHWÜRDIGEN PRINZEN

Maximilian

Herzog zu Sachsen

geboren in Dresden 17. November 1870

gestorben in Freiburg/Schweiz
12. Januar 1951

†

Der Heimgegangene verbrachte seine Jugend in Sachsen. Nach seinem Abitur in Dresden studierte er in Leipzig, wo er in den Rechtswissenschaften promovierte. Dann tat er Dienst als Offizier im Ulanen-Regiment in Oschatz - Sachsen.

Dem Rufe Gottes folgend wurde er 1896 in Eichstätt in Bayern zum Priester geweiht. Dann war er in London und Nürnberg als Kaplan tätig. 1900 erhielt er den Ruf auf den Lehrstuhl für Liturgik und Kirchenrecht an der Universität in Freiburg / Schw. Hier blieb er mit einer Unterbrechung von einigen Jahren bis zu seinem Heimgang. Im ersten Weltkrieg war er Militärpfarrer einer sächsischen Division an der Westfront.

Die Liturgie der römisch - katholischen Kirchen des Orients war sein eigentliches Forschungsgebiet. So stammen von ihm umfangreiche Übersetzungen aus dem Armenischen und Griechischen, die in der Wissenschaft einen geachteten Platz einnehmen. Er unternahm Reisen nach dem Balkan und Vorderasien um sich eine gründliche Kenntnis der dortigen kirchlichen Verhältnisse zu erwerben. Hierzu erlernte er Armenisch und Russisch.

Er war aber nicht nur ein Gelehrter vom Fach, sondern auch ein Mensch mit einem großmütigen und warmen Herzen.

Wo er nur eine Not lindern konnte, da half er. Er liebte die Armen, aber auch die Armut als solche. 50 Jahre lang lebte er als Armer im Geiste des Heiligen Franziskus v. Assisi kindlich verbunden mit den Tieren als den Geschöpfen des lieben Gottes.

An seiner sächsischen Heimat, an seinen Verwandten und Bekannten hing er mit einer rührenden Treue und Dankbarkeit. Bis zum letzten Atemzug blieb er ein echter Seelsorger. Noch mit 80 Jahren bat er seinen Heimatbischof in Sachsen um seelsorgerliche Verwendung in der Ostzone. Sein schweres Leiden trug er mit großer Geduld und Ergebung. Der Herr gab seinem treuen Diener die ewige Ruhe R. i. P.

Ich rief und der Geist der Weisheit kam zu mir. Ich zog sie Königreichen und Thronen vor und hielt Reichtum für nichts im Vergleich zu ihr. Keinen Edelstein stellte ich ihr gleich, denn alles Gold ist neben ihr ein bischen Sand. Mehr als Gesundheit und Schönheit liebte ich sie. Ohne Falsch habe ich sie gelernt und neidlos teile ich sie mit und halte ihren Wert nicht geheim. Denn ein unerschöpflicher Schatz ist sie für die Menschen, die ihn gebrauchen, werden der Freundschaft Gottes teilhaftig, da sie sich Ihm empfehlen durch die Gaben, die die Zucht verleiht.

(Sap. 7, 7—14).

CONSUMMATUM EST

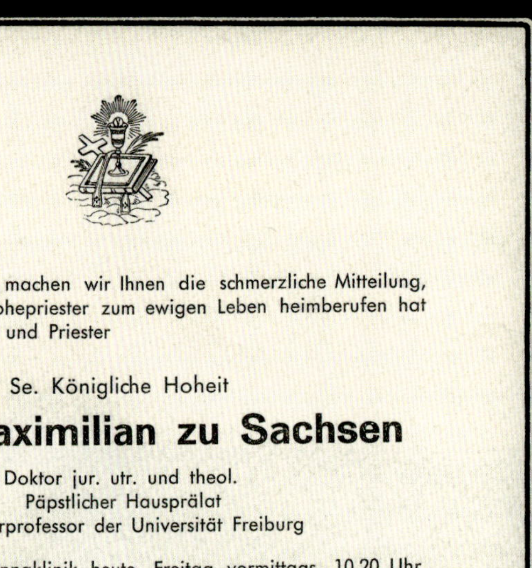

In christlicher Trauer machen wir Ihnen die schmerzliche Mitteilung, dass der göttliche Hohepriester zum ewigen Leben heimberufen hat seinen treuen Diener und Priester

Se. Königliche Hoheit

Prinz Maximilian zu Sachsen

Doktor jur. utr. und theol.
Päpstlicher Hausprälat
Honorarprofessor der Universität Freiburg

Er starb in der St. Annaklinik heute, Freitag vormittags, 10.20 Uhr, nach kurzer Krankheit, die er mit vorbildlicher Ergebung in Gottes heiligen Willen ertrug, wohlversehen mit den heiligen Sakramenten, im 81. Lebensjahr und im 55. seines Priestertums.

Der hochverdiente und allverehrte Priester wird dem Gebete aller und dem heiligen Opfer der Geistlichen empfohlen.

Freiburg / Schweiz, den 12. Januar 1951

In christlicher Trauer:
Frau Mutter und Kanisiusschwestern
Dr. Ath. Cottier
Direktor des Kanisiuswerkes

Requiem: Montag, den 15. Januar, um 9.30 Uhr in der Wallfahrtskirche Bürglen.
Beerdigung auf Wunsch des Verstorbenen auf dem Privatfriedhof der Kanisiusschwestern in Bürglen.
Die Leiche ist aufgebahrt im Marienheim, Rychengasse 58
Rosenkranz in der Liebfrauenkirche am Samstag um 20 Uhr
am Sonntag um 17 Uhr

Links: Todesanzeige der Kanisiusschwestern für Prinz Max, Januar 1951.

Rechts: Franz von Assisi, Chromolithografie, um 1900.

sierte, auch die kommunistische, für nachhaltige Entwicklung eintrat und den Fremden nicht als Bedrohung empfand, sondern als Bereicherung, unabhängig von Herkunft und Bekenntnis. Er passte nicht zum offiziellen Geschichtsbild, nicht zu den gängigen Klischees und war damit als Figur sozialistischer Erinnerungskultur völlig ungeeignet.

Zusammenfassung

Max von Sachsen war ein Visionär, dem bewusst war, dass eine auf Machtpolitik und Abschreckung beruhende Weltordnung immerfort Konflikte und Kriege produziert, eine ungerechte soziale und wirtschaftliche Ordnung und die Diskriminierung von Fremden Chancengleichheit verhindert und den inneren Frieden zerstört. Lange vor der Erfindung des Nachhaltigkeitsbegriffes hatte er eine klare Vorstellung von nachhaltiger Entwicklung, von der Notwendigkeit, eine radikale Wende im Umgang mit den Tieren zu vollziehen, ebenso beim Bewusstsein für den Schutz der Umwelt. Er wollte die Menschen davon überzeugen, ein gesundes Leben zu führen, auf übermäßigen Konsum zu verzichten und solidarisch gegenüber denjenigen zu handeln, die dieser Solidarität bedürfen. Daran hat er sein Leben mit größter Konsequenz ausgerichtet. Er sah darin ebenso einen göttlichen Auftrag wie ein schlichtes Gebot von Menschlichkeit und Mitmenschlichkeit. Seine Mitbürger in Fribourg haben das mit Staunen wahrgenommen und ihn, der unter einer Königskrone geboren, aus einer der reichsten Familien Europas stammte, als neuen Franziskus von Assisi und Heiligen verehrt.

Nachdem aber die drängenden sozialen Probleme in der Schweiz und Westeuropa gelöst schienen, eine neue Weltordnung etabliert wurde, die – leider mit dem Mittel der Abschreckung – die akute Kriegsgefahr reduzierte, mit der europäischen Integration ein Zeitalter des Friedens und der Zusammenarbeit zwischen den Völkern des europäischen Kontinents anbrach, die Epoche des Kolonialismus scheinbar endete und das Sensorium für den Schutz der Umwelt wuchs, nahm das öffentliche Interesse an Prinz Max von Sachsen ab. Man erinnerte sich nur noch innerwissenschaftlich an ihn als visionären Ostkirchen-Theologen. Mit dem Zweiten Vatikanischen Konzil und in den folgenden Jahrzehnten wurden die meisten seiner Vorschläge für einen gleichberechtigten und wertschätzenden Umgang mit den Kirchen der Orthodoxie von der römisch-katholischen Kirche umgesetzt, seine Leistungen als Vordenker fanden bisher noch keine nachdrückliche Würdigung.

Die Hoffnung, dass mit dem Ende des Ost-West-Konflikts alle Menschheitsprobleme gelöst werden könnten, hat sich als trügerisch erwiesen, das von Historikern prophezeite Ende der Geschichte ist nicht eingetreten. Neue internationale Konstellationen, die Rückkehr des Nationalismus, ein neuer Kolonialismus, die Herausforderungen des Klimawandels, zunehmende soziale und politische Konflikte in den hochentwickelten Staaten, auch im Zusammenhang mit anwachsenden Migrationsströmen, stellen eine neue Herausforderung dar, Orientierung darüber zu schaffen, wie eine gute Zukunft gestaltet sein soll, ein gutes und gelingendes Leben. In diesen Jahren einer neuen Unsicherheit ist die Erinnerung an das Wirken und an die Visionen des Prinzen Max von Sachsen neu erwacht, in der Schweiz, in Belgien und in Deutschland. Seine Themen sind wieder tagesaktuell geworden, das Wissen um seine Sicht der Dinge kann dabei helfen, Antworten zu finden.

1 Im Unterschied zu Deutschland und Österreich ist der Schweizer Bundeskanzler nicht Regierungschef, sondern unterstützt den Bundespräsidenten und den Bundesrat bei der Erfüllung ihrer Aufgaben. Von der Vereinigten Bundesversammlung für vier Jahre gewählt, gehört das Amt des Bundeskanzlers wie das der Bundesräte und Bundesrichter zu den höchsten Staatsämtern.

2 In: Freiburger Nachrichten. Tagblatt für die westliche Schweiz, 16. Januar 1951, S. 3.

3 In: Soso Blatt. Sonntagszeitschrift für die katholische Familie, Konstanz 4. Februar 1951, S. 2.

4 In: Freiburger Nachrichten. Tagblatt für die westliche Schweiz, 16. Januar 1951, S. 3.

5 Kanisius-Stimmen, Monatszeitschrift zur Verbreitung und Vertiefung der vollkommenen Hingabe an Jesus und Maria, Freiburg/Schweiz, Februar 1951, S. 25–31.

6 Zum Heimgang von Professor Max, Herzog zu Sachsen, in: Vegetarische Rundschau, 5. Jg, Nr. 5, Sontra Februar 1951, S. 21.

7 Testament von Prinz Max von Sachsen vom 29. März 1948 und Erklärung der Angehörigen vom 3. April 1951, in: Universität der Katholischen Universität Eichstätt-Ingolstadt, Nachlass Prinz Max von Sachsen, o. Bl.

8 Raymund Erni: Prinz Max, Herzog zu Sachsen. Zum Zentenarium seiner Geburt, in: Catholica Unio, 39. Jahrgang, Heft 1, Luzern März 1971, S. 11–14.

St. Petrus
St. Catharina
Ausländerausweis
Livret pour étrangers
Libretto per stranieri
C
Weitere behördliche Verfügungen
Autres décisions des autorités
Altre disposizioni delle autorità
L'autorisation de: établissement
accordée le 19 avril 1934
est renouvelée, aux mêmes conditions,
jusqu'au 31 mai 1942.
Fribourg, le 8 AOÛT 1941
Taxe Fr. 7.-
Bureau cantonal des Etrangers
Chef:
— 6 —
— 7 —

Der Nachlass des Prinzen Max

Am 12. Januar 1951 starb Prinz Max nach kurzer Krankheit in der St. Anna Klinik in Fribourg (Schweiz) und wurde am 15. Januar auf dem Friedhof der Kanisiusschwestern in Bürglen beigesetzt. Krankenhaus- und Beerdigungskosten konnten nur zum Teil durch Guthaben des Prinzen beglichen werden, in den Rest teilten sich die St. Anna- und Kanisiusschwestern.[1]

Schon in seinem Testament vom 29. März 1948[2] verweist Prinz Max darauf, nicht mehr über Geld zu verfügen. Der einzige ihm verbliebene Vermögensgegenstand ist die deutsche katholische Kirche St. Joseph in der Rue Lafayette in Paris. Diese vererbt er der Mission en faveur des Luxembourgeois et des étrangers de langue allemande (Mission für Luxemburger und deutschsprachige Ausländer), der heutigen Katholischen Gemeinde Deutscher Sprache Paris, St. Albertus Magnus.

Ganz links: Objekte aus dem Nachlass des Prinzen Max.

Links: Altersbild des Prinzen Max, Foto, um 1950.

Oben: Blick vom Schlafzimmer ins Arbeitszimmer des Prinzen Max in seiner letzten Wohnung in Bürglen, Foto, 1951. Auf dem Foto sieht man über dem Bett zahlreiche Gegenstände, die noch heute vorhanden sind.

Links: Die heilige Katharina, Detail von einer Stola aus dem Nachlass des Prinzen Max, Stickerei, o. J.

Rechts: Muttergottes mit Jesuskind, Porzellan, Königliche Porzellan-Manufaktur Meissen, 19. Jahrhundert. Auch dieses Objekt ist auf dem Foto im Schlafzimmer des Prinzen Max zu sehen.

Recht detaillierte Anweisungen hinterlässt Prinz Max für seinen beweglichen Besitz. Drei vermutlich von den Kanisiusschwestern nach seinem Tod aufgenommene Fotos zeigen sein Schlaf- und Arbeitszimmer[3] im Haus Josephshöhe in Bürglen und damit den größten Teil der ihm verbliebenen Habe. Seine Bibliothek umfasste etwa 2 500 Bände, dazu kommen Predigt-, Andachts-, Vorlesungs- und Buchmanuskripte sowie Abschriften und Fotokopien von Handschriften. Mit besonderen Ausnahmen vermacht er die Bibliothek der Kantons- und Universitätsbibliothek von Fribourg und die Manuskripte der philosophischen Fakultät der Universität. Im März 1951 wurde dieser etwa 3 000 Kilogramm schwere wissenschaftliche Nachlass in die Bibliothek transportiert. Dort übernahm Dr. Ferdinand Rüegg die Sichtung und Aufteilung entsprechend dem Testament. Russische Literatur, byzantinische Kirchenbücher in kirchenslawischer Sprache und religiöse Bilder (Ikonen) werden der russisch-orthodoxen Kirche in Genf übergeben. Die griechisch-orthodoxe Kirche in Lausanne erhält die byzantinischen Schriften und Kirchenbücher in griechischer Sprache. Ausdrücklich bringt Prinz Max durch diese Zuwendungen seine Sympathie für die orthodoxe Kirche zum Ausdruck.

Ein Teil der verbliebenen Bücher wird direkt in die Kantons- und Universitätsbibliothek eingeordnet, während andere sich heute im Bestand des Nachlasses von Prinz

Oben: Dr. phil. Ferdinand Rüegg (1884–1970), Bibliothekar, Gründer der Katholischen Internationalen Presse-Agentur (KIPA), Sterbebild, 1970.

Rechts oben: Urkunde des Prinzen Max zur Marianischen Congregation, Altötting, Wasserfarben auf Pergament, 1. August 1896.

Rechts unten: Prinz Max bei der Marianischen Jünglingskongregation, Freiburg, Foto, 1923.

Max in der Abteilung Handschriften, Inkunabeln und Archivalien befinden. Dr. Rüegg-Muggly begann mit der Erschließung des Nachlasses, welcher sich jetzt in 110 Archivkartons befindet. Ein Gesamtverzeichnis des Inhalts der Kartons fehlt. Der größte Teil verfügt auf der Stirnseite über eine kurze Inhaltsangabe.[4] Die Kartons enthalten Bücher der Bibliothek, Fotokopien und Abschriften von unterschiedlichsten Handschriften, unter anderem griechische, kirchenslawische, syrische und armenische sowie Predigten, Vorlesungen und Manuskripte des Prinzen. Dr. Rüegg konnte die Erschließung nicht mehr beenden, aber zwischen den Archivalien befinden sich zahl-

Oben: Prinz Ernst Heinrich von Sachsen, der Neffe von Prinz Max, mit seiner Ehefrau Sophie von Luxemburg, Foto, 1921.

Unten: Die gestopften Handschuhe des Prinzen Max, Foto, 2019. Der Prinz war zeitlebens sparsam. Seine Handschuhe, Kleidung und Socken stopften die Kanisiusschwestern, weil er sich von nichts trennen konnte und seine neuen Sachen selbst an Bedürftige verschenkte.

reiche Notizen von ihm. Zum Nachlass gehören weiterhin Zeitungsartikel und Zeitschriften, welche nach dem Tod von Prinz Max an diesen erinnerten. Auch persönliche Unterlagen und Familienfotos befinden sich im Bestand. Einige der Archivalien wurden durch die Bibliothek für die Ausstellung zur Verfügung gestellt.

Der persönliche Nachlass des Prinzen, alle Kleidungsstücke, Fotos und persönlichen Andenken, verblieben bei den Kanisiusschwestern. Die Familie scheint nur den Schriftwechsel mit dem Verstorbenen und einige Andenken entnommen zu haben. Aufbewahrt wurden die persönlichen Gegenstände in einer Truhe, wie sie auch zur

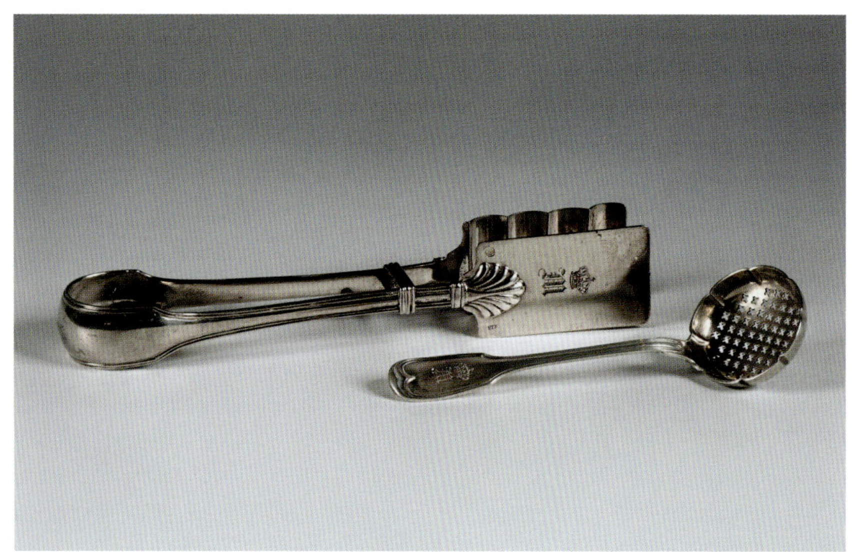

Aufbewahrung des Nachlasses verstorbener Kanisiusschwestern dient. Andachten, Vorträge und der gesamte Briefwechsel, welcher im Laufe der 50-jährigen Verbundenheit des Prinzen Max mit den Kanisiusschwestern entstanden ist, wurden dem Archiv der Schwestern eingeordnet. Ebenso verblieben die testamentarisch dem Bistum Dresden-Meißen vererbten liturgischen Gewänder und Textilien, Primizkelch und Patene bei den Kanisiusschwestern. Der Neffe des Prinzen Max, Friedrich Christian, Markgraf von Meißen, hatte darum gebeten, diese zurückzuhalten, bis in Sachsen stabilere Verhältnisse eingetreten wären.

Im Jahr 2006 stellte das Universitätsarchiv der Katholischen Universität Eichstätt-Ingolstadt in Vorbereitung einer Ausstellung über Prinz Max von Sachsen einen Kontakt zu den Kanisiusschwestern in der Schweiz her, um den Nachlass zu sichten. Dies führte dazu, dass dieser noch im gleichen Jahr von den Schwestern in die Obhut des Universitätsarchivs Eichstätt-Ingolstadt übergeben wurde. Prinz Max hatte am bischöflichen Lyzeum in Eichstätt, dem Vorgänger der heutigen Universität, zwischen 1893 und 1896 katholische Theologie studiert und war dort 1896 zum Priester geweiht worden.

Dass auch der Schweizer Prinz-Max-Forscher und Biograf Dr. Iso Baumer den größten Teil seiner Forschungsunterlagen an das Eichstätter Universitätsarchiv übergab, kann als Glücksfall für die weitere Forschung bezeichnet werden. Grundlage der Übergabe bildete ein Vertrag zwischen der Stiftung Katholische Universität Eichstätt-Ingolstadt und den Kanisiusschwestern, in dem sich die Universität verpflichtete, das persönliche und wissenschaftliche Andenken an Prinz Max wachzuhalten.

Im Zuge der Übernahme des Nachlasses und der Forschungsunterlagen von Iso Baumer wurde vom Universitätsarchiv ein detailliertes Verzeichnis angefertigt. Beide befinden sich heute in etwa 50 Archivkartons in einem Bestand. Da Iso Baumer seine Forschungen in den 1980er Jahren begann, war es ihm möglich, noch Zeitzeugen von Prinz Max zu befragen und die Ergebnisse zu dokumentieren.

Die im Nachlass enthaltenen persönlichen Gegenstände dokumentieren eindrücklich die sehr asketische Lebensweise des Prinzen. Hervorzuheben sind die vielen Fotos, seine von häufiger Benutzung gezeichneten Messbücher, persönliche Andenken und Publikationen.

Der Bestand des Universitätsarchivs bildet den Grundstock der Ausstellung. Die liturgischen Gewänder und Textilien, der Primizkelch und die Patene werden aber nicht mehr nach Eichstätt zurückkehren, sondern verbleiben – wie ursprünglich im Testament vorgesehen – beim Bistum Dresden-Meißen.

1 Baumer, Iso: Max von Sachsen. Priester und Professor. Freiburg/Schweiz 1990, S. 285 ff.

2 Kopie im Archiv der Katholischen Universität Eichstätt/Ingolstadt.

3 Siehe auch weitere Abbildungen auf S. 204.

4 Der Autor hat in Vorbereitung der Ausstellung, unterstützt durch den Eichstätter Studenten Johannes Leiber, eine überblicksmäßige Sichtung des Bestandes vorgenommen. Unser Dank gilt dem Leiter der Abteilung Handschriften Dr. Romain Jurot für seine Unterstützung, besonders für die unkomplizierte Bereitstellung der Archivalien.

Ganz links oben: Zange und Zuckerstreulöffel aus dem Nachlass des Prinzen Max, vergoldetes Silber, 19. Jahrhundert.

Ganz links unten: Feldbesteck des Prinzen Max aus seinem Nachlass, 1914.

Oben: Der Nachlass von Prinz Max wird im Universitätsarchiv der Universität Eichstätt-Ingolstadt verwahrt. Foto, 2018.

Links: Iso Baumer, Foto, 2019.

Abbildungsnachweis

Alamy: S. 131 u., S. 161; **Archiv der Erzabtei Beuron:** S. 57 o. r., S. 58 o. l./o. r./u. l./u. r. (Brief des Prinzen Max von Sachsen an Sebastian von Oer vom 15. März 1893), **Archiv Iso Baumer:** S. 212 o., S. 227 u.; **Arkivi-Bildagentur:** S. 77 (https://deref-gmx.net/mail/client/A5n7gVBWv_U/dereferrer/?redirectUrl=https%3A%2F%2Fwww.arkivi-bildagentur.de%2Fsearch%2Farticle%2Fa298089-portrait-von-papst-pius-x-auf-dem-heiligen-stuhl%3Fpage%3D1%26query%3DPapst%2BPius%2BX); **Bischöfliches Seminar Eichstätt (Priesterseminar):** S. 62 u., S. 215 o. (Foto Frank Höhler); **bpk Bildagentur Berlin:** S. 130 (Staatliche Kunstsammlungen Dresden), S. 142 o.; **Bücher:** S. 15 l. und S. 15 r. (Sponsel, Fürstenbildnisse aus dem Hause Wettin, Herausgeber Königlich Sächsischer Altertumsverein, Dresden, 1906), S. 17 o. und S. 17 u. (W. v. Metzsch, Friedrich August III. König von Sachsen, Ein Lebensbild, Berlin, 1906); S. 85 o. und S. 85 u. (Iso Baumer, Prinz Max von Sachsen und Armenien, Bremen 1986); S. 105 und S. 127 o. (Herrmann, Heinrich, Geschichte des Königlich Sächsischen Leibgrenadier-Regiments Nr. 100, Dresden, o. J.); S. 112 o. und S. 114 o. l. und S. 123 2. v. o. (LE CHANOINE JEAN SCHMITZ (SÉCRETAIRE DE L'ÉVÊCHÉ DE NAMUR) ET DOM NORBERT NIEWLAND (DE L'ABBAYE DE MAREDSOUS): DOCUMENTS POUR SERVIR A L'HISTOIRE DE L'INVASION ALLEMANDE DANS LE PROVINCES DE NAMUR ET DE LUXEMBOURG, QUATRIÈME PARTIE, LE COMBAT DE DINANT, I. LA CONQUÊTE DE LA MEUSE, BRUXELLES ET PARIS, 1921); S. 126 (Michel Coleau, Michel Kellner, Vincent Scarniet, Axel Tixhon, DINANT AOUT 1914 – Les rives sanglantes, Dinant 2014); S. 197 u. (Johannes Sembdner, Kronprinz Pater S. J. Georg von Sachsen, Markneukirchen, o. J.); **Diözesanarchiv des Bistums Eichstätt:** S. 165; **Domkapitel des Bistums Eichstätt mit der Kirche in Wintershof:** S. 68 (Foto Frank Höhler); **GDKE – Direktion Landesmuseum Mainz:** S. 90, S. 91; **Herder-Institut Marburg:** S. 192 o.; **Huth, Mike (Fotos):** S. 205 M., S. 205 u., S. 213; **Kantons- und Universitätsbibliothek Freiburg (Schweiz):** Innentitel S. 2, S. 18 (Signatur L 2137, Nr. 2.7), S. 35 o., S. 45 u., S. 47 r., S. 81 o., S. 81 u. (Signatur LA 20-7), S. 98 (Signatur LC 19-6), S. 159 u. (Signatur LB 10/17), S. 176 l./r. (Signatur LA 20-10), S. 218; **Kretschmann, Iris (Fotos):** S. 106 u., S. 112 u., S. 119 u., S. 121 o., S. 122 o., S. 214 o., S. 214 u. l., S. 214 u. r., S. 227 o.; **Krüger, Götz (Fotos):** S. 111 u., S. 119 o., S. 120 u. l., S. 120 u. r., S. 121 M., S. 123 o., S. 123 3. v. o., S. 123 u.; **Leiber, Johannes (Foto):** S. 215 u.; **Militärhistorisches Museum der Bundeswehr, Dresden:** S. 37 u., S. 47 l., S. 153 r.; **Nationalarchiv Prag, Familienarchiv der toskanischen Habsburger (RAT):** S. 62 o. (Foto-Kart. 15), S. 182 (Foto-Kart. 15); **Plakity Kunsthandel Dresden:** S. 29 u. (Foto Frank Höhler); **Prinz Alexander von Sachsen Herzog zu Sachsen:** S. 185 o.; **Privatarchiv Hans Cichon:** S. 196 o., S. 196 u., S. 197 o.; **Privatarchiv Dr. Hans-Christian Hoch:** S. 146 r.; **Privatarchiv Jacques Leclere, Belgien:** S. 122 M.; **Privatarchiv Robert Maury, Belgien:** S. 120 o.; **Privatsammlung:** S. 49 u.; **Privatsammlung Constanze Görlich-Wolf und Stefan Wolf:** S. 39 u.; **Privatsammlung Reinhold Herrmann, Dresden:** S. 102 o.; **Privatsammlung Iris Kretschmann, Dresden:** S. 24 l., S. 25 u., S. 26, S. 29 o., S. 38 u., S. 40 o., S. 44 u., S. 50, S. 100, S. 102 l. u., S. 102 r. u., S. 103, Doppelseite 106 o./107 o., S. 107 u., S. 108 o., S. 108 u., S. 109 o., S. 109 u., S. 110 o. l., S. 110 o. r., S. 110 u. l., S. 110 u. r., S. 111 o., S. 114 o. r., S. 114 u., S. 115 o., S. 115 u., S. 116 o., S. 116 u. l., S. 116 u. r., S. 121 u., S. 124 o., S. 124 u., S. 125 l., S. 125 r., S. 127, S. 142 u., S. 146 o. l., S. 151 r., S. 172, S. 180, S. 185 u., S. 186 u., S. 187, S. 188, S. 189 o., S. 189 u., s. 190 o., S. 193, S. 198 o., S. 198 u., S. 203; **Privatsammlung Götz Krüger, Dresden:** S. 104; **Privatsammlung Radebeul:** S. 41 o., S. 63, S. 73, S. 82 o., S. 82 u., S. 87, S. 88, S. 89, S. 97, S. 156, S. 158 o., S. 166 u., S. 167 u., Doppelseite 168/169, S. 175, S. 178 o., S. 219; **Royal Collection UK, wikimedia commons:** S. 38 o. l., S. 45 o.; **Sächsische Landesbibliothek – Staats- und Universitätsbibliothek Dresden, Deutsche Fotothek:** S. 37 o. (Foto Ermenegildo Carlo Donadini), S. 43 u., 52, 56 o., 57 l. o., 57 l. u., S. 84 u. (Foto Konrad Helbig), S. 130 o., S. 140 u., S. 141, S. 143, S. 144, S. 145 (Foto Richard Peter sen.), S. 150 l., S. 150 r. (Foto Walter Hahn), S. 152 o., S. 166 o.; **Sächsisches Staatsarchiv, Hauptstaatsarchiv Dresden:** S. 18 r. (12674 Personennachlass Georg Ernst, Nr. 1452), S. 19 (10006 Oberhofmarschallamt N 4, Nr. 11, S. 440), S. 20 (Bibliothek, X 898), S. 21 o. (10716 Haus Wettin Albertinischer Linie e.V., Nr. 299), S. 21 u. l. und S. 21 u. r. (12889.3 Zeitgeschichtliche Sammlung, vorläufige Nr. 14), S. 22 o. (10711 Ministerium des Königlichen Hauses Loc. 51 Nr. 15), S. 22 u. (11025 Oberlandesgericht Dresden, Nr. 176), S. 25 o. (12674 Personennachlass Georg Ernst, Nr. 2640, Bl. 43), S. 27 o. l. (Bibliothek, BB 108k), S. 27 o. r. und S. 27 u. (13312 Fürstennachlass Johann Georg Nr. 4), S. 31 u. (13893 Personennachlass Bernhard Eibes, Nr. 1), S. 32 o.(11045 Amtsgericht Dresden, Nr. 1400, VR 693), S. 35 u. (13321 Fürstennachlass Max, Prinz von Sachsen, Nr. 1, S. 1), S. 41 u. (12884 Karten und Risse, 13410 Nr. 1), S. 57 r. u. (12674 Personennachlass Georg Ernst Nr. 2640, Bl. 55), S. 75 o./u. (13321 Fürstennachlass Max, Prinz von Sachsen, Nr. 3), S. 117 r. (12884 Karten und Risse, 13410 Nr. 33), S. 155 (10006 Oberhofmarschallamt, Hierüber Nr. 3), S. 186 o. (13321 Fürstennachlass Max, Prinz von Sachsen, Nr. 3); **Staatliche Kunstsammlungen Dresden, Gemäldegalerie Alte Meister:** S. 183 u.; **Staatliche Schlösser, Burgen und Gärten Sachsen gGmbH, Schloss & Park Pillnitz**: S. 6 (Foto Frank Höhler), S. 16 o., S. 28 o., S. 28 u., S. 36 o. r., S. 42 o., S. 44 o., S. 66 o., S. 74 M., S. 78 u., S. 83 o. l., S. 83 o. r., S. 83 u., S. 84 M., S. 94, S. 96, S. 131 o., S. 132 o., S. 132 u., S. 138 u., S. 146 u., S. 151 l., S. 154 o., S. 154 u., S. 157, S. 171, S. 174 o., S. 174 u., S. 178 u., S. 181, S. 184 u., S. 190 u., S. 211 r., S. 231 (Foto Silvio Dittrich); **Staatliche Schlösser, Burgen und Gärten Sachsen gGmbH, Schloss Weesenstein**: S. 36 u. l., S. 36 u. r., S. 38 o. r., S. 39 o., S. 42 u., S. 43 o., S. 46, S. 48 o.; **Theologische Fakultät Fulda:** S. 10; **Universitätsarchiv der Katholischen Universität Eichstätt-Ingolstadt, Bestand: Nachlass Prinz Max von Sachsen**: Titelseite, S. 5, S. 8, S. 11 und S. 13 (Fotos: Frank Höhler), S. 14, S. 16 u., S. 23 o., S. 24 r., S. 30, S. 31 o. (Foto Frank Höhler), S. 32 u., S. 33 l., S. 33 M., S. 33 r., S. 34, S. 36 o. l. (Foto Frank Höhler), S. 40 u., S. 48 u., S. 49 o., S. 51, S. 54 (Foto Frank Höhler), S. 55, S. 56 u., S. 60 l. o./r. o., S. 60 r. M./r. u., S. 61 l. o./r. o./ l. u./r. u., S. 64 (Foto Frank Höhler), S. 65 l./r. o./r. u. (Fotos Frank Höhler), S. 66 u., S. 67, S. 71, S. 72 l. o., S. 72 r. o., S. 72 r. u., S. 74 o., S. 74 u., S. 76, S. 78 o., S. 80, S. 86, S. 92, S. 93, S. 95, S. 101, S. 113 o. und S. 113 M. und S. 113 u. (Fotos: Frank Höhler), S. 117 l., S. 128, S. 129, S. 133, S. 134 o., S. 135, S. 136 o., S. 136 M., S. 138 o., S. 139, S. 140 o., S. 147, S. 148, S. 149, S. 152 u., S. 153 (Foto Frank Höhler), S. 158 u., S. 159 o., S. 160, S. 162 o., S. 162 u., S. 164, S. 167 o., S. 170, S. 173 o., S. 177, S. 183 o., S. 184 o., S. 191 o., S. 191 u. (dargestellte Personen erstellt und recherchiert von Iso Baumer), S. 192 u., S. 195, S. 200, S. 201, S. 202 o., S. 202 u., S. 204 o., S. 204 u., S. 205 o., S. 206 l. (Foto Birgit Finger/Franz Gößl), S. 206 r. o., S. 206 r. u., S. 207 l. o./l. u./ r. u. (Fotos Birgit Finger/Franz Gößl), S. 207 o. r. (Foto Iris Kretschmann), S. 208 (Foto Frank Höhler), S. 209 l., S. 209 r., S. 210/211 r. (Fotos Frank Höhler), S. 212 M. l., S. 212 M. r., S. 212 u. l., S. 212 u. r., S. 216, S. 217 o.l/r., S. 217 u. l./r., S. 220 (Collage aus Objekten aus dem Nachlass von Prinz Max: Simone Antonia Deutsch unter Verwendung von Fotos von Birgit Finger, Franz Gößl, Frank Höhler und Iris Kretschmann), S. 221, S. 222 o., S. 222 u./223 (Fotos Frank Höhler), S. 224 l., S. 224 o./224 u. (Fotos Frank Höhler), S. 225 o., S. 225 u./226 o./226 u. (Fotos Frank Höhler), S. 228, S. 230 (Foto Frank Höhler); **© VG Bild-Kunst Bonn Franz Marc:** S. 137; **© VG Bild-Kunst Bonn Pablo Picasso:** S. 161; **Wikimedia:** S. 134 u. (https://commons.m.wikimedia.org/wiki/Հայոց_Ցեղասպանություն?uselang=de#/media/File%3ADeportationsf.png); S. 137 (https://commons.wikimedia.org/wiki/File:Franz_Marc_-_Die_W%C3%B6lfe_(Balkankrieg),_1913.jpg#/media/File:Franz_Marc_-_Die_W%C3%B6lfe_(Balkankrieg),_1913.jpg); **Wikiwand:** S. 84 o. l. (http://www.wikiwand.com/de/Andrej_Scheptyzkyj); **Zeitungen/Zeitschriften:** S. 23 u. (Illustrierte Zeitung, Leipzig, 20. September 1900); S. 122 u. (Dresdner Anzeiger, 30. August 1914); S. 173 u. (Der Feuerreiter, Nr. 1, 12. Januar 1952).

Prinz Max als älterer Priester, Foto, um 1920.

Autorenverzeichnis

Dr. Cornelia Aßmann
Technische Universität Dresden, Philosophische Fakultät, Institut für Katholische Theologie

Prof. Dr. Bernd Dennemarck M. A.
Lehrstuhl für Kirchenrecht, Theologische Fakultät Fulda

Dr. Birgit Finger
Kuratorin, Staatliche Schlösser, Burgen und Gärten Sachsen gGmbH, Schloss Weesenstein

Sybille Gräfe
Schlossleiterin, Staatliche Schlösser, Burgen und Gärten Sachsen gemeinnützige GmbH, Schloss & Park Pillnitz

Mike Huth M. A.
Kurator, Dohna

Maximilian Kaiser
Katholische Universität Eichstätt-Ingolstadt

Benedikt Köger
Katholische Universität Eichstätt-Ingolstadt

Marcel Krawietz
Universität Wien und Theologische Fakultät Fulda

Prof. Dr. Thomas Kremer
Stiftungsprofessur für Theologie des Christlichen Ostens, Katholische Universität Eichstätt-Ingolstadt, Theologische Fakultät

Iris Kretschmann
Kuratorin, Staatliche Schlösser, Burgen und Gärten Sachsen gemeinnützige GmbH, Schloss & Park Pillnitz

Götz Krüger
Dresden

Johannes Leiber
Katholische Universität Eichstätt-Ingolstadt

Fr. Victor Lossau OSB M. A.
Technische Universität Dresden, Philosophische Fakultät, Institut für Katholische Theologie

Gabriel Eduardo Mejia Cepeda
Katholische Universität Eichstätt-Ingolstadt

Niyazi Özcelik
Katholische Universität Eichstätt-Ingolstadt

Gisela Petrasch
Dresden

Andrea Pojer
Katholische Universität Eichstätt-Ingolstadt

Miriam Raschka
Katholieke Universiteit Leuven, Faculteit Theologie en Religiewetenschappen und Theologische Fakultät Fulda

Stefanie Sedlmaier
Katholische Universität Eichstätt-Ingolstadt

Ruslan Stetsyk
Collegium Orientale Eichstätt/Katholische Universität Eichstätt-Ingolstadt

Dr. André Thieme
Bereichsleiter Museen, Staatliche Schlösser, Burgen und Gärten Sachsen gemeinnützige GmbH

Dr. Christian Striefler
Geschäftsführer, Staatliche Schlösser, Burgen und Gärten Sachsen gemeinnützige GmbH

Prof. Dr. Frank E. W. Zschaler
Professur für Wirtschafts- und Sozialgeschichte/Universitätsarchiv, Katholische Universität Eichstätt-Ingolstadt

Abbildungsunterschriften

Titel: Prinz Max als junger Priester, Foto, 1901.

Rücktitel: Der heilige Petrus, Detail von einer Stola aus dem Nachlass des Prinzen Max, Stickerei, o. J.

Frontispiz: Prinz Max von Sachsen, Gemälde von Hiram Brülhart, 1935.

Linke Seite: Wildrosen (Mariensymbol), Detail von einer Casel (Messgewand) aus dem Nachlass des Prinzen Max, Stickerei mit Pailletten, o. J.

Oben: Schloss Pillnitz, Neues Palais mit Fliederhof, Foto von Silvio Dittrich, o. J.
Im Neuen Palais findet im Jahr 2019 die Sonderausstellung »Seiner Zeit voraus! Prinz Max von Sachsen – Priester und Visionär« statt.

Impressum

»Seiner Zeit voraus! Prinz Max von Sachsen – Priester und Visionär«

Sonderausstellung im Schlossmuseum Pillnitz vom 13. April bis 3. November 2019

Begleitbuch herausgegeben von Iris Kretschmann und Dr. André Thieme im Auftrag von Staatliche Schlösser, Burgen und Gärten Sachsen gemeinnützige GmbH, Schloss & Park Pillnitz

Textredaktion
Iris Kretschmann, Staatliche Schlösser, Burgen und Gärten Sachsen gGmbH (SBG), Schloss & Park Pillnitz
Dr. Birgit Finger, SBG, Schloss Weesenstein

Bildauswahl und Bildredaktion
Iris Kretschmann

Redaktionsschluss
19. März 2019

Korrektorat
Gudrun Diesel, Sandstein Verlag

Gestaltung
Simone Antonia Deutsch, Sandstein Verlag

Satz und Reprografie
Christian Werner, Jana Neumann, Sandstein Verlag sowie Liane Zuther

Druck
FINIDR s. r. o., Český Těšín

Die Deutsche Nationalbibliothek verzeichnet diese Publikation in der Deutschen Nationalbibliografie; detaillierte bibliografische Daten sind im Internet über http://dnb.dnb.de abrufbar.

www.sandstein-verlag.de
ISBN 978-3-95498-465-7

Team Sonderausstellung

Projektleiter
Dr. André Thieme SBG, Bereichsleiter Museen

Kuratoren
Mike Huth M. A.
Iris Kretschmann, SBG, Schloss & Park Pillnitz
Dr. Birgit Finger, SBG, Schloss Weesenstein

Wissenschaftliche Leitung
Prof. Dr. Frank E. W. Zschaler,
Katholische Universität Eichstätt-Ingolstadt
Prof. Dr. Bernd Dennemarck M. A.,
Theologische Fakultät Fulda

Studentisches Projektteam
- Katholische Universität Eichstätt Ingolstadt: Maximilian Kaiser, Benedikt Köger, Johannes Leiber, Gabriel Eduardo Mejia Cepeda, Niyazi Özcelik, Andrea Pojer, Stefanie Sedlmaier
- Theologische Fakultät Fulda: Maximilian Busch, Martin Hartung, Marcel Krawietz, Miriam Raschka

Ausstellungsgestaltung/Ausstellungsgrafik/ Produktionsleitung
Antje Werner in Zusammenarbeit mit Anja Maria Eisen

Schlossleiterin
Sybille Gräfe, SBG, Schloss & Park Pillnitz

Projektteam Pillnitz
Egbert Friedemann, Jens Hartwig, Antje Heinze, Susett Reetz, Andrea Richter, Thomas Riedel, Heike Scheer, Irmin Teske

Kunsttransporte
Radensleben Transporte GmbH Dresden

Kunstversicherung
Mannheimer Versicherung AG/Elbflorenz Assekuranz GmbH, Löhmann

Ausstellungsproduktion
Kreativ Innenausbau GmbH, MARX Werbung Gaupa, Malerhandwerk Volker Müller, Elektro Behlke

Exponateinrichtung
A-Team Dresden

Medienerstellung
Michael Sommermeyer

Lichtgestaltung
Jürgen Bretschneider

Dank

Wir danken unseren Leihgebern und allen anderen, die unsere Sonderausstellung »Seiner Zeit voraus! Prinz Max von Sachsen – Priester und Visionär« und das gleichnamige Begleitbuch unterstützt haben, recht herzlich.

Leihgeber
Archiv Erzabtei Beuron; Bischöfliches Seminar Eichstätt; Bistum Eichstätt, Domkapitel; Deutsche Nationalbibliothek Leipzig; Diözesanarchiv Bistum Eichstätt; Kantons- und Universitätsbibliothek Freiburg (Schweiz); Katholische Pfarrei St.Martin, Gemeinde St. Hubertus, Dresden Weißer Hirsch und Pillnitz; Katholische Universität Eichstätt-Ingolstadt, Universitätsarchiv; Sächsisches Staatsarchiv, Hauptstaatsarchiv Dresden sowie weitere private Leihgeber.

Besonderer Dank gilt
Christian Amand (Brüssel und Dinant), Dr. Cornelia Aßmann (TU Dresden, Philosophische Fakultät, Institut für Katholische Theologie), Markus Bamert (Kunsthistoriker, Abtei Einsiedeln, Schweiz), Dr. Iso Baumer (Fribourg, Schweiz), Manfred Beyer, Domkapitular Josef Blomenhofer, Barbara Böhm (Katholische Universität Eichstätt-Ingolstadt, Universitätsarchiv), Gabriele und Alfred Bonig (Katholische Pfarrei St. Martin, Dresden), Pierre Brochet (Dinant), Lisa Buchberger, Chor des Collegium Orientale Eichstätt (Leitung: Ruslan Stetsyk), Benjamin Dupuis (Frankreich), Dr. Claudia Grund (Stellvertretende Direktorin des Domschatz- und Diözesanmuseums Eichstätt), Petra Dolle, Bettina Erlenkamp, Annekathrin Heichler (SBG, Zentrale), Christian Heiß (Domkapellmeister und Diözesanmusikdirektor Eichstätt), Frank Höhler (Fotograf, Dresden), Dr. Romain Jurot (Schweiz), Schwester Juliana Gutzwiller und Kanisius Schwestern Fribourg (Schweiz), Martina Kowalski, Prof. Dr. Thomas Kremer (Stiftungsprofessur Prinz Max von Sachsen für Theologie des Christlichen Ostens), Götz Krüger, Jacques Leclere (Belgien), Fr. Victor Lossau OSB M. A. (Technische Universität Dresden Philosophische Fakultät, Institut für Katholische Theologie), Dr. Bruno Lengenfelder (Direktor des Diözesanarchivs Eichstätt), Dr. Jörg Ludwig (Referatsleiter Sächsisches Staatsarchiv, Hauptstaatsarchiv Dresden), Christiane Marciniak, Robert Maury (Belgien), Gisela Petrasch, Erzpriester Dr. Oleksandr Petrynko (Rektor des Collegium Orientale Eichstätt), Monika Pfaller (Katholische Universität Eichstätt-Ingolstadt, Professur für Wirtschafts- und Sozialgeschichte), Pfarrer Thaddäus Posielek (Katholische Pfarrei St. Martin, Dresden), Lutz Georg Röth, Miriam Röther (SBG, Zentrale), Hans-Michael Routschka (Amt für Kirchenmusik, Bistum Eichstätt), Prinz Alexander von Sachsen Herzog zu Sachsen, Prinzessin Gisela von Sachsen Herzogin zu Sachsen, Dr. Christopher Schmidberger, Dr. Alessandra Sorbello Staub (Bibliotheksdirektorin Theologische Fakultät Fulda – Hauptbibliothek/Bibliothek des Bischöflichen Priesterseminars Fulda), Wolfgang Schwarz, Martial Vasil (Neuburg an der Donau), Sebastian Weißgerber M. A. (Katholische Universität Eichstätt-Ingolstadt, Professur für Wirtschafts- und Sozialgeschichte), Dr. Peter Wiegand (Abteilungsleiter Sächsisches Staatsarchiv, Hauptstaatsarchiv Dresden), Michael Wohner (Regens des Bischöflichen Seminars Eichstätt).